经济学学术前沿书系
国家社会科学基金项目（18BMZ125）研究成果

生存成本优化路径研究

沈燕萍　程祺景　著

经济日报出版社
北　京

图书在版编目(CIP)数据

生存成本优化路径研究/沈燕萍，程祺景著．
北京：经济日报出版社，2025.2

ISBN 978-7-5196-0656-5

Ⅰ.①生… Ⅱ.①沈…②程… Ⅲ.①藏族—民族地区—城市化—研究—青海 Ⅳ.①F299.274.4

中国版本图书馆 CIP 数据核字（2020）第 010354 号

生存成本优化路径研究

SHENGCUN CHENGBEN YOUHUA LUJING YANJIU

沈燕萍　程祺景　著

出版发行：	经济日报出版社
地　　址：	北京市西城区白纸坊东街 2 号院 6 号楼
邮　　编：	100054
经　　销：	全国各地新华书店
印　　刷：	天津裕同印刷有限公司
开　　本：	710 mm × 1000 mm　1/16
印　　张：	17.5
字　　数：	286 千字
版　　次：	2025 年 2 月第 1 版
印　　次：	2025 年 2 月第 1 次
定　　价：	68.00 元

本社网址：www.edpbook.com.cn　微信公众号：经济日报出版社
请选用正版图书，采购、销售盗版图书属违法行为
版权专有，盗版必究。本社法律顾问：北京天驰君泰律师事务所，张杰律师
举报信箱：zhangjie@tiantailaw.com　　举报电话：（010）63567684
本书如有印装质量问题，由我社事业发展中心负责调换，联系电话：（010）63538621

前　言
FOREWORD

　　脱贫的目的就是要脱"贫"解"困"，实现解放生产力，达到提高生存质量的目标。具体而言，就是以额外的资源弥补生存所缺乏的成本支出不足。城镇化和精准扶贫是实现这一目标的有效途径。

　　2020年年底，我国已实现贫困人口全部脱贫，贫困县全部"摘帽"，贫困片区全部解决区域性贫困问题，演绎的就是这样一个过程。2014年的脱贫标准为农村年人均收入2800元，2020年这个标准提高到4000元，这是贫困人口生存底线上升的趋势，是收入上升的趋势，更是收入弥补生存成本能力提升的趋势。

　　精准扶贫的最低收入标准是贫困户的最低消费支出，是保障生存的底线。此时的最低收入线与最低消费支出线重合，研究视其为"生存成本线"。每一个贫困人口的脱贫，每一个贫困县的"摘帽"，每一处贫困片区解决区域性贫困问题，其实质就是保证生存成本达到"最低标准"。这一保证取决于不同地区在资源基础之上解决问题的策略，其途径的选择根据哲学原理，取决于内外合力对生存成本弥补能力的强弱。

　　首先，内外力作用的相互影响、相互制约和对立统一，决定了内外力作用总是同时在改变着生存成本。其次，内外力的相互依存与相互作用是不断推动弥补能力发展变化的动力。长久而言，内外力的关系决定了级差始终存在，内力对弥补能力的发展变化起着主导作用，外力始终在缩小级差的运动过程中。最后，在内外力的共同作用下，生存成本水平在缩小级差的过程中得到提高。从内外力作用的角度划分，保证生存成本弥补能力提高，使生存成本达到最低标准是实现可持续脱贫的途径：第一是以内力作用为主的脱贫途径，第二是以外力作用为主的脱贫途径。在内力不足的前提下，精准扶贫的实际意义在于动员全社会的力量，通过以外力作用为主的途径缩小级差，提高个体的弥补能力，从而逐步提高个体的生存成本水平与生存质量，并以此外力行动的示范，唤醒内力作用的自觉性，通过全方位的培养和扶持，促进内力成长。故每个贫困人口、每个贫困县和每个贫困片区根据各自短板，结合禀赋资源，找到唤醒内力作用的途径，是非常关键的问题。

在物价稳定的前提下，生存成本水平反映了生存质量，因此，生存成本水平需要不断地提高标准。精准扶贫的标准在不同的环境中，即便是相同的生存质量，其表现的项目结构也不尽相同；即便是相同的环境，也可能因为生活习惯不同而存在结构性差异。因区域发展不平衡，我国的贫困人口分布呈现不平衡的特征，精准扶贫所弥补生存成本的能力及其绩效也不平衡。青海省某些地区是所在区域经济发展的短板，也是重要的贫困区域，其弥补生存成本的内力与发达地区不同，更多的是依赖外力作用，城镇化是外力作用促进其内力成长、发挥作用和解决问题的有效途径。

根据历史经验来看，城镇化是人类发展过程的必然趋势。各个主体在推进城镇化的过程中，都融入了禀赋资源及以其为依托的产业特色，形成了不同的城镇化模式，以此支撑不同的生计模式，从而优化生存成本项目，实现脱贫的可持续性。在城镇化过程中，人们不断地探索和提升城镇承载能力，以演绎生存成本补缺能力的对策，实现生计模式转型，螺旋式地把城镇化推上台阶，每一个台阶都展示了城镇化、生计模式和生存成本的关系。以禀赋资源为特色的产业化支撑的城镇化，增强了生计模式的承载能力，优化了生存成本结构，这为我国城镇化进程提供了可资借鉴的宝贵经验，使我国城镇化在不断探索中形成了特色，绘就了历史性的画卷。

注：2020年1月24日，青海省人民政府网发布《政府工作报告》，14.55万户、53.9万建档立卡贫困人口全部脱贫。

目 录
CONTENTS

第1章 绪论 ·· 1
1.1 研究背景与研究意义 ·· 2
1.2 研究内容与方法 ··· 25
1.3 创新之处与不足 ··· 31
1.4 研究重点和难点 ··· 33
1.5 小结 ·· 34

第2章 研究现状和理论依据 ·· 35
2.1 国外研究现状 ·· 36
2.2 国内研究现状 ·· 45
2.3 概念界定 ··· 60
2.4 理论依据 ··· 70
2.5 小结 ·· 76

第3章 城镇化生计模式、生存成本特征 ································ 79
3.1 城镇化特色 ·· 80
3.2 城镇化生计模式与禀赋资源契合特征 ······································ 84
3.3 小结 ·· 90

第4章 青海城乡居民人均收支结构及趋势特征 ···················· 93
4.1 青海城镇居民人均收支结构及趋势特征 ·································· 94
4.2 青海农村居民人均收支结构及趋势特征 ································· 114
4.3 青海城乡居民人均收支项目结构及趋势特征 ························· 134
4.4 青海可支配收入中位数结构及趋势特征 ································ 151

4.5 青海城乡居民恩格尔系数结构及趋势特征 ……………………153

4.6 小结 ……………………………………………………………165

第5章 青海涉藏地区城乡居民人均收支结构及趋势特征 ………169

5.1 青海涉藏地区城镇居民人均收支结构及趋势特征 …………170

5.2 青海涉藏地区农村居民收支结构及趋势特征 ………………188

5.3 青海城镇居民人均收支框架下涉藏地区的结构特征 ………201

5.4 青海农牧区居民人均收支框架下涉藏地区结构特征 ………203

5.5 小结 ……………………………………………………………208

第6章 青海涉藏地区生计模式与生存成本转型升级个案分析 ……211

6.1 ZK县HR镇生存成本支出 ……………………………………212

6.2 HR镇牧业生计模式及其生存成本 …………………………215

6.3 DGER社区牧业生计模式及其生存成本 ……………………219

6.4 小结 ……………………………………………………………222

第7章 青海涉藏地区生存成本结构性差异的决定因素 ……………225

7.1 生计模式决定了经济基础结构性差异 ………………………226

7.2 观念和意识差异 ………………………………………………228

7.3 语言障碍 ………………………………………………………230

7.4 产业转型升级困境 ……………………………………………232

7.5 小结 ……………………………………………………………235

第8章 青海涉藏地区优化生存成本路径及对策 ……………………237

8.1 生计模式城镇化路径 …………………………………………239

8.2 特色旅游产业体系路径 ………………………………………245

8.3 国家通用语言文字推普路径 …………………………………249

8.4 小结 ……………………………………………………………253

第9章 启示与展望 ·································· 255
　9.1 启示 ······································· 256
　9.2 展望 ······································· 258
　9.3 结束语 ····································· 259

参考文献 ··· 262

后　记 ··· 270

第1章 绪论

100多年前恩格斯说过，250万人集中于伦敦使每个人的力量增加了100倍。城镇化使机器设备让创造能力增加的同时，收支也在城镇强大的过程中增加，这是经济繁荣的标志。城镇是政治、经济、文化的中心，是文明的中心，是人们向往的地方。城镇生活方式是人们向往的生活方式，是生存成本项目时代化的驱动力，是生活品质提升的承载体。城镇化是经济发展历程中，提高综合实力的必经阶段和必要的路径；城镇化是获取生存成本所需收入的过程，也是生存成本弥补能力增强的强大动力来源。

1.1 研究背景与研究意义

1.1.1 研究背景

精准扶贫国家化是青海涉藏地区生存成本优化路径的宏观背景。从实际国情出发，消除贫困、提高生存质量和生活水平，自力更生是根本保障。我国以本土化特色的模式，以适合国情的自力更生扶贫路径，对国际反贫困做出了显著贡献。世界银行在2018年发布的《中国系统性国别诊断》《推进更加包容、更加可持续的发展》报告中指出，中国在经济快速增长和减少贫困方面取得了史无前例的成就。世界银行测算并发布全球消除贫困估计数[①]，中国在1990—2015年贫困人口减少量占同期全球减贫人口的65.3%，为全球减贫和千年发展目标实现做出了巨大贡献。（郝志景，2019）根据国家统计局数据，我国1978—2014年贫困发生率下降了90.3个百分点，贫困人口年均减少率为6.4%（见表1-1）。截至2014年，我国对全球减贫贡献率为72%。尤其是改革开放以来，我国以中国方案和中国经验从战略高度分阶段分步骤将减贫纳入国家行为，取得了有目共睹、前所未有的成就。（宋洪远，2018）

[①] 资料来源：2015年《中国实施千年发展目标报告》，https://www.cn.undp.org/content/china/zh/home/library/mdg/mdg-report-2015/.

党的十八大以来，党中央以"五位一体""四个全面"为布局，以政府为主导，从国情出发，发挥制度优势，有组织、有计划地调动全国之力，精准扶贫、精准脱贫，这是对实现国际反贫困目标的制度、理论和实践贡献。更大的贡献在于自力更生思想的培育，意识、观念、认识的跨越式提升，人心凝聚和政府公信力的提高，基层社会的稳定。由此带来的贫困地区、贫困家庭、贫困人口理念的更新，这是对全球减贫更深刻的贡献。《国家八七扶贫攻坚计划（1994—2000年）》（简称"八七计划"）是扶贫进入攻坚阶段的里程碑；《中国农村扶贫开发纲要（2001—2010年）》进一步下沉扶贫工作重心，整村推进、进村入户，扶贫的广度、深度进一步延伸；《中国农村扶贫开发纲要（2011—2020年）》标志着扶贫开发进入巩固温饱成果阶段。2011—2014年，农村贫困人口年均减少19.3%。《中共中央 国务院关于打赢脱贫攻坚战的决定》提出，确保到2020年我国现行标准下农村贫困人口实现脱贫。2016年，国务院印发《"十三五"脱贫攻坚规划》，这是我国长期以来扶贫理论思想的进一步具体化，是解决现实矛盾、摆脱困境、突破"瓶颈"的顶层设计。党的十九大报告提出"精准扶贫、精准脱贫""'让贫困人口和贫困地区同全国一道进入全面小康社会，'的新任务、新要求""注重扶贫同扶志、扶智相结合""重点攻克深度贫困地区脱贫任务"。

生存成本国家化

改革开放以来，我国扶贫开发工作经历了三个阶段，前后阶段具有叠加承接期的特征。第一个阶段是从改革开放之初到20世纪末，国家扶贫开发的政策扶持集中指向农村未解决温饱的绝对贫困人口。衡量绝对贫困的标准，是根据基本生存需要测算的206元的人均收入（1986年）。20世纪末按照物价指数测算是625元的标准。第二阶段是21世纪初到2008年底，扶贫主要着眼于两个层面，一个是农村尚未解决温饱的绝对贫困人口；另一个是初步解决了低收入人口温饱成果的巩固。第三个阶段是党的十七届三中全会提出的"把尽快稳定解决扶贫对象温饱并实现脱贫致富作为新阶段扶贫开发的首要任务"。《政府工作报告》正式宣布实行人均收入1196元的扶贫新标准，这是扶贫开发进入新阶段的标志。（刘永思，2009）这也是从保证基本生活、弥补生存成本新标准、解决温饱，到优化生存成本、脱贫致富的过程。

生存成本国家化，就是国家确定脱贫指标，明确脱贫标准，国家供给资源，达到国家要求的脱贫标准，以保证一个都不能少，一个都不能掉队的前提来实现小康目标。所谓"贫",一是相对于"富"而言,二是表现为缺乏、不足。对所谓"脱贫"的"贫"的界定是一个质和量辩证统一的概念,量化的指标是一个相对概念,既相对"富",也相对所处环境。相对于环境,所获资源收入少到不能提供满足个体在相应环境下生存所需的足够资源,这种状况即为"贫"。因此,"贫"就是每个个体应对的态度不同,陷入不同的境况。有的因贫而被困住手脚,此谓"贫困"。打破因"贫困"而举步维艰的生存境地,则需要脱贫。那么,多少资源供给才能满足活着的消费需求而脱贫?单从数量来说,这个量化的指标即生存成本线,也就是生活的最低水平线。当生活水平低于这个生存成本线,则为贫;当生活水平高于这个生存成本线,则为脱贫。而生活水平的高低,取决于所获资源对生存消费支出即生存成本的弥补程度。生存成本与所获补偿资源都处于最低标准时,两者是重叠的。脱贫的判断标准取决于生存的消费支出或弥补这一支出的收入,是否超越最低的生存成本线,也是超越弥补生存成本的最低收入。

以2016年农村年人均收入是否超过了2952元为衡量依据,来判断脱贫目标的实现程度,即农村年人均收入2952元是弥补生存成本底线的收入金额。当收入大于生存成本底线2952元时,生存成本得到了足够的弥补,视为脱贫,且有结余;当收入小于生存成本2952元,则该收入不能足够弥补生存成本的需要,视为贫困;当年人均收入等于年人均生存成本,则这个人均收入与生存成本处于生存的临界点。判断是否脱贫,在不同的时间节点判断的标准是不同的,但是趋势是上升的。"这是贫困水平刚性发展使然,也是贫困人口分享经济发展成果的具体体现,从而是世界各国贫困问题的一条共同发展规律。"假设不考虑其他因素,随着扶贫标准的提高,意味着生存成本的提高及其生活质量的改善(参见表1-1)。

生存成本需要补偿,以获取的收入弥补生存的成本支出,才能实现可持续生存。我国扶贫分阶段实施,自2001年开始每10年发布一次的中国农村扶贫开发纲要到2020年,对贫困人口生存水平的要求从温饱、温饱加巩固温饱成果、温饱加发展,到温饱加两不愁三保障,达到稳定脱贫的标准,不断提升。在保证收入弥补生存成本的同时,还要稳定实现扶贫对象不愁吃、不愁穿,保障其义务教育、基本医疗和住房。四个层次的内涵不同,生存成本具有上升的趋势特征。对生存成本的要求在不断提高,保障的程度也更加可靠。这是以支定收的贫困人口生存的最低收入底线演绎,如硬币的两面,精准扶贫最低收入标准也是贫困户生活的最低消费支出标准,这是保障最低生存消耗的底线,也就是研究所谓的生存成本。

表1-1 按现行农村贫困标准衡量的农村贫困状况

年份	当年价贫困标准（元/年·人）	贫困发生率（%）	贫困人口规模（万人）	年份	当年价贫困标准（元/年·人）	贫困发生率（%）	贫困人口规模（万人）
1978	366	97.5	77039	2012	2625	10.2	9899
1980	403	96.2	76542	2013	2736	8.5	8249
1985	482	78.3	66101	2014	2800	7.2	7017
1990	807	73.5	65849	2015	2855	5.7	5575
1995	1511	60.5	55463	2016	2952	4.5	4335
2000	1528	49.8	46224	2017	2952	3.1	3046
2005	1742	30.2	28662	2018	2995	1.7	1660
2010	2300	17.2	16567	2019	3218	0.6	551
2011	2536	12.7	12238				

资料来源:国家统计局《中国农村贫困监测报告(2020年)》。

每一个贫困人口的脱贫,每一个贫困县摘帽,每一个贫困片区解决区域性贫困问题,其实质就是解决这样一个问题,即保证生存成本至少要达到最低标准。这一保证的延伸,取决于禀赋资源基础之上的途径的决策。途径的选择根据哲学的原理,取决于内外合力对生存成本弥补能力的强弱。根据内外力作用的关系可知,首先,内外力作用的相互影响、相互制约和对立统一决定了内外力作用总是同时改变着生存成本水平。但内力不断拉大了生存成本弥补的能力级差,外力试图调试生存成本弥补的级差,不断提高贫困人口的生存成本弥补的能力级差,它们总是从相同的方向改变着生存成本弥补的能力级差。内力作用总的趋势是使获得收入弥补生存成本的能力趋于高低不同,生存成本弥补能力存在强弱级差;外力作用使获得收入弥补生存成本的能力趋同,生存成本弥补能力通过外力的补差趋于同一水平;其次,内外力作用相互依存和相互作用,是不断推动生存成本弥补能力发展变化的动力。从长久而言,内外力关系决定了生存成本弥补的能力级差始终存在,外力在缩小级差的运动过程中始终发挥着作用。一般来说,内力作用对生存成本弥补能力的发展变化起着主导作用;最后,在内外力共同作用下,生存成本水平在缩小生存成本弥补能力级差的过程中提高。所以，从内外力作用角度划分，保证生存成本弥补能力提高，并使生存成本达到最低标准实现可持续脱贫的途径为：第一，是以内力作用为主的脱贫途径；第二，是以外力作用为主的脱贫途径。在内力不足的前提下，精准扶贫实际意义在于动员全社会力量通过以外力作用为主的途径缩小生存成本弥补能力级差，提高生存成本弥补能力，逐步提高每个个体的生存成本水平从而提高生存质量。以此外力行动的示范唤醒内力作用的自觉性，通过全方位培养、扶持，促进内力自省而成长。每个贫困人口、每个贫困县和每个贫困片区根据各自短板，结合禀赋资源寻求内力作用的途径以求达到目的，这样才能可持续性实现国家战略任务。

　　生存成本水平反映生存质量，对理想的生存质量的追求体现在生存成本水平不断提高的过程中，因此，这将促进精准扶贫不断上台阶并提高标准。精准扶贫的标准在不同的环境中，即便是相同的生存质量，表现的项目结构也会不尽相同；即便是相同的环境，也可能因为生活习惯不同，同样存在结构性差异。我国的贫困人口分布因区域发展不平衡呈现不平衡的特征，精准扶贫所弥补生存成本的能力及其绩效也不平衡。精准扶贫是典型的以国家力量为主的脱贫模式，精准扶贫充分体现了我国制度的优越性，确保的就是生存支出的成本底线。以多途径的收入，无论是货币收入，还是实物收入；无论是个人劳动所获得的收入，还是转移的扶持收入；无论是国家资源的投入，还是帮扶者的收入再分配，所有收入之和足以保证生存底线支出的成本弥补。到2020年，按照标准贫困人口要全部脱贫，贫困地区、贫困县全部退出贫困序列，其现实意义在于首先从制度层面确定脱贫时间节点；其次确定衡量贫困人口是否脱贫的标准；最后发挥制度的优越性，动员全社会力量分步进行收入再分配。通过外力填平缺口以实现收入达标，守住生存支出的成本底线，稳定实现农村贫困人口"两不愁三保障"。以支定收，最低消费支出明确最低收入标准，以此底线作为判断到2020年年底贫困人口能否满足最低生活要求的生存成本标准。贫困是相对概念，衡量贫困的指标——生存成本是相对概念。生存成本既包括量化的指标，也包括质的结构内涵，在不同环境下其标准不同，到2020年脱贫标准的演绎反映出生存质量的不同。实现脱贫摘帽，生存质量不断上台阶。

　　精准扶贫以生存的最低生活消费支出作为衡量所扶之"贫"的标准，为生存成本界定提供了理论和现实的依据。将脱贫的底线设定为生存成本，其意义在于以量化指标作为获得弥补最低收入的依据，为贫困人口获得保证足够弥补生存成本稳定超过标准线的收入提供量化目标。如果生活消费支出最低要求有收入来源做保证，则达到了生存的基本保障水平，达到了"两不愁"的生存和"三保障"的可持续性生存的既定标准，意味着脱离了因"贫"所致的生存困境。当获得的收入超过此标准且足以弥补生存所需的基本消费支出，则界定为脱贫，这部分贫困人口为脱贫人口；当达不到既定标准说明难以获得足以弥补基本生存消耗的收入，即为贫困，处于这种境遇下的人口为贫困人口。精准扶贫要动员全社会的力量保证既定的生存成本有足够收入来源以弥补不足，从而完成脱贫任务以保障贫困人口稳定生存，最终提高贫困人口及其所在地综合发展能力。

如何保证贫困人口生存成本得到弥补，有诸多途径。第一是发展生产和就业脱贫一批，第二是易地搬迁脱贫一批，第三是生态补偿脱贫一批，第四是发展教育脱贫一批，第五是社会保障兜底一批。这"五个一批"扶贫途径主要依靠国家力量，解决贫困人口生存问题，达到脱贫目标。如果要实现可持续性脱贫，需要以内力为主的作用。城镇化是将外力和内力融合统一的有效途径，在外力的作用下，通过自身的努力科学合理开发禀赋资源，谋求产业发展，改变城乡、产业、生计模式结构，创造就业机会。以不同岗位供给，满足劳动力对不同职业的需求，则可能提供稳定收入来源弥补生活最低消费支出，改善生活质量，提高生活品质。

中国特色城镇化

世界银行《中国系统性国别诊断》的报告主题"推进更加包容、更可持续的发展"指出，中国经济快速增长使得范围广泛的改革成为可能，这些改革将一个政府主导、农业为主、封闭型的计划经济体转变成为一个更加市场化、城镇化和开放型的经济体。[①]我国任何一个民族区域都在国家力量的推动下，参与了市场经济体制改革。在城镇化顶层设计切实落地和对外开放过程中，其生计模式随之发生结构性转型，城镇化程度越高，则现代智能的生计模式替代原有生计模式越广泛和越深刻。

党的十五大提出城镇化远景目标，党的十六大提出城镇化特色要求，党

---

① 资料来源：https://weibo.com/ttarticle/p/show?id=2309404210192878287825#_0。

的十七大要求合理布局完善城镇功能，党的十九大指出以城市群为主体构建大中小城市和小城镇协调发展的城镇格局，加快农业转移人口市民化。《乡村振兴战略规划（2018—2022年）》提出，坚持乡村振兴和新型城镇化双轮驱动的对策，到2020年，常住人口城镇化率达到60%，户籍人口城镇化率达到45%。国家政策从稳妥推进城镇化到加快城市群进程，从主体形态到协调发展，从以硬件为标志的空间城镇化到以软件为标志的"人的城镇化"，展示出城镇化生计形态的转型，国家关注点的转换。从最初搬迁的简单空间的位移到人的教育、思想、观念位移，城镇化从不成熟到逐步成熟的历程，反映的不仅仅是生计模式外在形式的转变，而且是生存成本及其成本项目结构和对收入结构要求的转变，反映了与之匹配的人的思维模式内涵同步化转变，这是城镇化和精准扶贫质的飞跃。

随着城镇化渐进的动态过程递延推进，城镇化与工业化相互创造基础条件，并且不断赋予各自新的内涵。经济增长与工业化密切相关，在一定条件下城镇化水平与工业化程度呈正相关关系，不同阶段的工业化与城镇化阶段相互对应。（Eric E. Lampard，1955）现代工业化成为新型城镇化的标志，也为新的居民生计模式赋予现代工业化特征提供了条件，新的居民因此可能获得稳定收入以弥补生存成本的支出，现代工业可能因此积累稳定的人力资源。常住的城镇人口之所以能常住，也在于可依赖的现代工业为其提供就业岗位，满足新市民的不同岗位需求，使其所获收入至少可以持续弥补其以生存为目的的消耗。产业间就业人口的增减变化说明获取补偿生存成本收入的生计模式发生了结构性的变化，第一产业减少的就业人口，通过城镇化向第二、三产业聚集。因第二、三产业不断向城镇聚集实现变迁，城镇化率随收支差距实现动态的跨越，这是生计模式、生存成本结构动态演变的过程。

生计模式转变使就业形态转变，意味着生存成本及其成本项目结构性转变，对应着生活质量的不同。新中国成立时我国城镇化率为10.64%，改革开放初期为17.92%，2015年达到56.1%，2016年为57.35%，[①] 2017年提高到了58.52%。（宋冬林、姚常成，2018；谢传会、赵伟峰、程业炳，2019）2016年，乡村常住人口减少1373万人；[②] 2019年，乡村常住人口减少1239万人。这些

---

① 人民网—财经频道.国家统计局：2016年GDP增6.7% "十三五"国民经济开局良好［EB/OL］.（2017-01-20）［2019-04-07］.http：//finance.people.com.cn/n1/2017/0120/c1004-29038589.html.
② 人民网—财经频道.国家统计局：2016年GDP增6.7% "十三五"国民经济开局良好［EB/OL］.（2017-01-20）［2019-03-17］.http：//finance.people.com.cn/n1/2017/0120/c1004-29038589.html.

动态数据的背后，是人口角色及其生计模式的城镇化转型。城镇化成为生计模式及其生存成本演变推力的同时，也成为农村劳动力转移推力。当城镇化率提高，更多的人成为"城市人"，这些人基本的衣食住行支出需要新的生计模式作为就业保证，需要通过原有城镇剩余承载力和新建城镇创设的新的承载力合力承接。承接带来的就业收入足以弥补这一群体的生存成本，并且具有可持续性，则城镇化具有可持续发展，也将成为支持可持续性脱贫的途径。中国城镇化率进程见表1-2。

表1-2　中国城镇化率进程

年份	1949	1965	1978	1981	1996	2003	2007	2011
城镇人口（万人）	5765	13045	17245	20174	37304	52376	60633	69079
乡村人口（万人）	48402	59493	79014	79901	85085	76851	71496	65656
年末总人口（万人）	54167	72538	96259	100072	122389	129227	132129	134735
城镇化率（%）	10.64	17.98	17.92	20.16	30.48	40.53	45.89	51.27
城镇人口年增长率（%）	—	—	3.46	5.39	6.06	4.31	4.02	3.14
年份	2012	2013	2014	2015	2016	2017	2018	2019
城镇人口（万人）	71182	73111	74916	77116	79298	81347	83137	84843
乡村人口（万人）	64222	62961	61866	60346	58973	57661	56401	55162
年末总人口（万人）	135404	136072	136782	137462	138271	139008	139538	140005
城镇化率（%）	52.57	53.73	54.77	56.1	57.35	58.52	59.58	60.6
城镇人口年增长率（%）	3.04	2.71	2.47	2.94	2.83	2.58	2.2	2.05

资料来源：根据《中国统计年鉴2020》整理。

生存成本因所处环境不同，其标准也不同，采取的扶贫模式也不同。1978年年末，农村贫困发生率约97.5%，[①] 主要表现为绝对性贫困状况，最需要解决的是温饱问题，即在低水平上保证农民的基本生存需要，使大多数人口免于饥馑。（张磊，2007）计划经济体制恰恰在当时以其平衡资源的职能，满足了救济式扶贫模式对资源的需求，（郝景志，2019）解决了温饱所需的生存成本问题。这种绝对贫困包括两种，一种是长期的，这部分人群在任何时

[①] 国家统计局. 扶贫开发成就举世瞩目 脱贫攻坚取得决定性进展——改革开放40年经济社会发展成就系列报告之五.2018-09-03. http://www.stats.gov.cn/ztjc/ztfx/ggkf40n/201809/t20180903_1620407.html.

候都需要国家力量来保障，也就是采取最低生活社会保障制度才能兜底的贫困对象，所兜底的是最低的生存成本底线；另一种是暂时的贫困，往往是突发性的和可逆性的，这部分人群通过救济措施可以解困。毛泽东时代有效地消除了我国极端贫困现象，为进一步消除绝对贫困，减少相对贫困，以及反贫困奠定了重要基础。（胡鞍钢，2012）除了这部分绝对贫困人口之外，其他的是相对贫困人群。这部分人群的解困主要在改革开放以来，分两个阶段完成。第一阶段采取以国家力量为主的自力更生路径，通过大规模扶贫开发得到解决；第二阶段采取以贫困地区、贫困家庭和贫困人口自力更生为主，国家帮扶为辅的路径，实现脱贫。这里分三种情况，第一种，以财政帮扶为主的路径。在第一个阶段国家力量的培育下，绝大多数的贫困人群，无论是集体还是个体，都凝练了解困的核心能力，能够以自力更生路径为主，通过国家财政或国家政策的帮扶实现温饱，甚至丰衣足食。在个体以自觉、自悟、自省为主，实现脱贫的过程中，财政的帮扶除了直接以资金帮扶外，还以项目的形式投注于产业，引导集体、个体核心能力的自我实现；第二种，国家政策的帮扶路径，主要是依靠各种优惠政策实现帮扶。这种情况下，能使脱贫更具有可持续性；第三种，"财政＋政策"共同作用的帮扶路径。这部分贫困人口通常在自然环境及其衍生的观念、思想等束缚的条件下产生，需要在财政和政策帮扶下，改善基础的语言问题、教育问题、卫生问题、医疗问题等基本的生存条件，培养其相应的能力，并进一步培育自我可持续脱贫的核心能力，以保证生存成本满足温饱的需求。

研究主要从改革开放以来，以保证温饱支出的生存成本为基调，分析以外力为主转换为以自力更生为主，逐步从被动扶贫到主动脱贫，实现温饱加"两不愁三保障"再到民富国强的途径。这是我国从解决温饱问题到丰衣足食的过程，以国家为主的创造改变生存环境条件的扶贫，到核心能力孕育可持续性消除贫困。这个过程在制度整体扶贫（1949—1985 年）、区域扶贫开发（1986—2013 年）和精准扶贫（2014 年至今）三个阶段渐进发展。（孙德超、周嫒嫒、胡灿美，2019）以此为标志，我国开发式扶贫战略正式形成。从解决温饱问题、巩固温饱成果到加快脱贫致富，不仅要满足生存需要，而且还得满足发展需要。每一层级贫困人口的生存质量，随着生存成本的提高而不断得到改善。

不同的标准实现减贫、脱贫目标，最终都要依靠内在的自力更生核心能力才能可持续性脱贫。《关于帮助贫困地区尽快改变面貌的通知》指出，改变贫困地区面貌的根本途径是依靠当地人民自己的力量，按照本地的特点，因地制宜，扬长避短，充分利用当地资源，发展商品生产，增强本地区经济的内部活力。（郝景志，2019）《中国农村扶贫开发纲要（2001—2010年）》强调："走出一条符合实际的、有自己特色的发展道路。""提高贫困农户自我积累、自我发展能力。"[①]《中国农村扶贫开发纲要（2011—2020年）》强调，"更加注重增强扶贫对象自我发展能力""鼓励和帮助有劳动能力的扶贫对象通过自身努力摆脱贫困""自力更生，艰苦奋斗，加强引导，更新观念，充分发挥贫困地区、扶贫对象的主动性和创造性，尊重扶贫对象的主体地位，提高其自我管理水平和发展能力，立足自身实现脱贫致富""发展特色支柱产业，改善生产生活条件，增加集体经济收入，提高自我发展能力""发展特色产业，增强贫困地区发展内生动力"。[②]总之，国家主导下的精准扶贫、城镇化、生计模式和生存成本具有国家化的特征。

精准扶贫区域化背景

区域发展不平衡是我国长期以来存在的问题，贫困的结构倾向边远山区、民族区域、革命老区、省际交界区等，表现了贫困人口所属共性的区域特点。我国最大面积、最深程度的贫困地区在自然环境恶劣的民族地区，生态环境脆弱与贫困形成恶性循环，进一步加深了民族地区的贫困程度，形成集中连片的特困区域，即连片特困区。除物质贫困之外，这类地区还普遍存在教育贫困、国家通用语言文字能力贫困、卫生意识贫困、市场竞争能力贫困、就业技能贫困、外出务工意识贫困、法治意识贫困等。造成多维贫困特征的因素复杂，各个地区差异较大，大致可归纳为自然因素、历史因素、经济因素、社会因素和人文因素等。语言障碍、文盲和半文盲的文化水平、薄弱的基础设施、欠缺的公共服务、不成熟的社会基础制约着增收补支的生存供需，影响脱贫预期绩效的实现，制约着现代化发展进程。反贫困大决战把民族贫困地区作为扶贫攻坚的主要阵地和精准对象，加大扶贫力度，保证"精准扶贫"思想的切实落地。如此宏大的精准扶贫背景，改变了包括青海涉藏地区在内

[①] 资料来源：国务院印发《中国农村扶贫开发纲要（2001—2010年）》，http://www.gov.cn/zhengce/content/2016-09/23/content_5111138.htm.

[②] 资料来源：国务院印发《中国农村扶贫开发纲要（2011—2020年）》，http://www.gov.cn/gongbao/content/2011/content_2020905.htm.

的民族贫困地区的生产生活模式，改善了短板区域的深度贫困格局。随着扶贫标准不断上台阶，解决了温饱问题，优化了生存成本结构，提高了整个地区居民的生存质量和生活水平。

2011年，国家进一步确定了"11+3"个连片特困地区，被称为14个片区。尤其是3个特殊的民族地区片区，即西藏整体片区、南疆片区和四省的涉藏地区片区，成为精准扶贫重点帮扶的地区。要求贫困地区人均纯收入增长幅度高于全国平均水平，这就意味着纯收入的增长速度要快于全国平均水平，扭转了发展差距扩大的趋势。中央第五次西藏工作座谈会，首次要求青海、四川、甘肃和云南四省党委和政府，把加快涉藏地区发展列为重要任务。《中国农村扶贫开发纲要（2011—2020年）》明确将实施特殊政策的西藏，包括青海、四川、云南、甘肃四省在内的涉藏地区，以及其他连片特困地区确定为未来10年扶贫攻坚主战场。（游俊，2013）这个主战场是典型的"老、少、边"贫困地区，集中了诸多贫困类型，既有绝对贫困、区域贫困、精神贫困，又有相对贫困[①]、阶层贫困、物质贫困；（钟鸣、王逸，1999）这些地区不仅仅是村落贫困，还存在城镇贫困的状况，并集中了剩余的贫困人口，其减贫效应具有脆弱性。因为"贫困陷阱""梅佐乔诺陷阱"，（蔡昉，2010）其可持续性脱贫需要在以国家力量为主因地制宜援助的基础上，加强自我发展能力，强化生存能力。

2011—2014年，农村贫困人口年均减少19.3%。《国家新型城镇化规划（2014—2020年）》提出"培育发展中西部地区城市群、建立城市群发展协调机制""资源节约型和环境友好型"，重点关注成本、环境和可持续发展的关系。2015年，"精准扶贫"的思想在民族地区"全面实现小康，少数民族一个都不能少，一个都不能掉队"中得到进一步阐释。2018年，《中共中央 国务院关于打赢脱贫攻坚战三年行动的指导意见》提出三年总体要求。让人民过上幸福美好的生活是我们的奋斗目标，全面建成小康社会，一个民族、一个家庭、一个人都不能少。

为了将精准扶贫与经济社会发展相结合，2020年，青海省《政府工作报

[①] 绝对贫困人口主要包括不发达地区的乡村贫困人口、没有收入来源或收入水平低于现阶段政府最低生活保障线的城镇贫困人口，这些人面临的最大问题是缺乏食物保障；相对贫困人口则是指发达地区的乡村与居住在城镇的部分低收入家庭，其收入能够维持其食物保障，但无法满足在当地条件下被认为是最基本的其他生活需求。

告》提出持续推进循环经济，坚持"种养结合、农牧互补、草畜联动、循环发展"，加快发展资源节约型、环境友好型和生态保育型循环农牧业，决胜全面建成小康社会。多渠道促进城乡居民增收，持续缩小城乡、行业和社会成员之间收入分配差距，确保城乡居民人均收入比2011年翻一番。推进城乡融合发展，促进城乡基本公共服务普惠共享，让广大农牧民与城镇居民同步共享幸福生活，这为贫困人口实现收入目标提供了保证。从一定意义上说，精准扶贫嵌入城镇化，共同支撑着生存成本，补齐短板。城镇化是收入来源的载体，精准扶贫在城镇化中为生存成本提供资源，弥补生存成本缺口，在助推生存质量上台阶的同时，易地扶贫搬迁也助推着城镇化进程。伴随着城镇化的推进，在精准扶贫可持续性弥补生存成本过程中，人们对城镇化的意识有了切身的感受。基层农牧居民生存水平、质量及幸福指数日渐提高，凸显出精准扶贫的绩效，具体反映出生存成本结构不断优化的趋势。这不仅表现为生活消费支出习惯的不断改变，更多地表现为意识、观念的转变和进步。精准扶贫也提高了自身的衡量标准，在缩小生存成本级差的过程中，为城镇化发展夯实基础。

生存成本区域化

党的十八大关注西部地区存在的短板效应，这个地区集合的贫困因素，成为生存成本的短板，补偿处于低水平，且内部存在结构性差异。除了原始的贫困原因，从理论的角度分析，生存成本现代智能化，结构的转型，意味着与其匹配的衣、食、住、行成本支出项目也逐渐被城镇化，并具有城镇特征，从量化指标见证了这一过程。生存成本市民化、市场化和社区化的元素，由于生存成本项目凸显，生存成本结构的差异，反映了生活方式追求层级及总体的现代智能化特征。确切地说，生存成本项目更多地融入了现代化元素和科技元素，与禀赋资源结合形成了自身的特色。假如现代智能化生存成本支出及其收入来源匹配性的弥补途径，具有制度全方位和系统化的安排，以解决后续就业、社保、教育、医疗等问题，弥补城镇生存成本的缺口，则城镇化的成本效益原则自然会得到更加充分的显现，否则，将加大生存成本，扩大贫困的范围和层级。在绝对贫困人口持续减少的同时，原来不属于贫困人口的低收入者，在收入增长不快的情况下，将迅速落入贫困阶层，扩大相对贫困人口规模。（许飞琼，2006）

青海涉藏地区是重要的贫困区域，弥补生存成本的内生力比发达地区要弱。该地区生存成本弥补能力增强的途径，更多地是依赖国家力量。而且对国家精准扶贫政策的依赖不断递延，持续性的依赖影响内生力的增强，反过来也会影响脱贫的可持续性。如何解决这一问题？通过外力作用的途径，改变观念、理念，重构内力作用的途径，寻求多种途径增加收入，是必然的选择。城镇生计模式发生需求升级以及生活需求的多元化，需要依靠城镇化所生成的对产业及其职业的容量、承载能力的支撑。城镇化是通过产业创造就业岗位，满足原有市民和新市民对弥补生存成本收入来源的需求。精准扶贫是为了让那些赶不上城镇化历程的贫困人口赶上城镇化进程，赶上时代要求，以增加其经济收入为主，助推其生存成本超越贫困线。

随着生计模式的改变，不容回避的是生存成本增加的问题。生存的过程就是消费的过程，获得收入的目的，就是为了充分地弥补生存所耗支出归集的成本。而仅仅以精准扶贫弥补城镇化带来的生存成本上的级差缺口，是不足以支撑其可持续性的。因此，还是需要提高城镇化率，满足其对生存成本级差弥补的承载能力。随着生存成本的增加，生计模式获得的收入超过生存成本的距离越大，则超越贫困线的距离越大，城镇化功能及其承载生计模式的能力越强，则可持续性脱贫能力越强。生存成本是生计模式的经济基础，是该地区城镇化的基础经济问题。由扶贫开发可知，并不是生存成本越低越好，也不是生存成本项目越单一越好和生存成本结构越整齐划一越好，更不是生存成本越高越好，而是在一定的时代条件下，满足生存的支出为底线即可，这符合其生存的理念。优化生存成本既是城镇化的核心，也是精准扶贫的基础。从一定意义上说，城镇化广阔的市场为生存成本优化提供平台，是解决社会、经济发展短板，缩小贫富差距的必然途径。

区域特色城镇化

2016年，政府工作报告明确提出以人为核心的新型城镇化理念，引导中西部地区就近城镇化。在解决精准扶贫凸显的生存成本差异弥补的问题中，各民族拓宽了生计途径，增强了生存能力，提高了生存质量。每一个家庭，每一个个体都在潜移默化地成为城镇化的直接、间接的受益者。但是，各区域间、各区域内的禀赋资源差异决定了产业发展不同，城镇化发展水平参差不齐。城镇化水平对生存成本弥补能力、精准扶贫绩效的提升，达不到预期的目的，表现为极度的不平衡。在东部地区全面进入城镇化中期减速阶段时，中西部地区才开始进入城镇化的加速阶段，（钟海燕，2015）中西部民族区域之间的差距很大。2000—2010年，民族地区城市化与工业化关系不协调，城镇化率和工业化率不匹配。城镇化滞后于工业化水平，表现为滞后型城镇化特征。城镇布局分散，工业化程度低，难以形成空间集聚和规模经济。缺乏工业支持的城镇化，社会经济发展水平会反过来影响民族地区产业集聚发展。农牧业为主的第一产业，资源开发比例偏重的第二产业，民族手工业为辅的经济产业结构支撑着民族地区不足 40% 的城镇化率。城镇化地区生计模式过度依赖土地和草场等自然资源，随着城镇化水平提高，弱化对传统生计模式的依赖；太多的人口需要在城镇化中，需要多元化的产业形成产业群，为其提供适合的就业岗位，获得支撑生存成本支出的收入，提高生存成本可持续性弥补的能力，从而反过来支持城镇生存，易地扶贫搬迁的绩效可见一斑。

各区域之间、各区域内的资源禀赋不同，产业发展水平参差不齐。产业契合禀赋资源而生存，即为城镇化契合禀赋资源而生存。脱离禀赋资源的产业会加大生计模式的生存成本，加大城镇的生存成本，而城镇吸纳人口能力有限，城镇聚集功能和辐射功能较小，(青觉，2015) 这意味着城镇化将是无源之水；而且脱离原来生计模式的就业人口需要适应新的生计模式的职业技能和人口素质要求，否则，与岗位供需矛盾突出，(焦开山、张丽君，2015) 城镇就业率低，生存收益与生存成本支出失衡，限制了民族地区经济发展。(曹大明等，2014) 城镇化在提高生存质量的同时，提高了生存成本。西部民族地区城镇化具有自身显著的特点，(丁波，2019) 涉及民族关系、民族融合、民族文化传承和社会稳定等元素，(焦开山，2015) 相对于消除贫困的能力要弱得多。根据城镇化与经济增长的因果关系，低收入国家和高收入国家均符合双向显著的理论。(Liddle，Messinis，2015) 城镇化是贫困地区自身可持续性发展的要求，也是实现全面建成小康社会目标的要求。

青海省从 20 世纪中后期随西部大开发开始加速城镇化，(那小红，2008) 在国家城镇化大背景下，出台了一系列规划及方案。《青海省城乡一体化规划（2010—2030）》《青海省新型城镇化规划（2014—2020 年）》《关于深入推进青海省新型城镇化建设的实施意见》《关于印发全省特色小镇和特色小城镇创建工作实施意见的通知》《关于印发青海省美丽城镇（乡）建设工作方案（2019—2025 年）的通知》等，都是为了确保西部欠发达地区的农牧区与城市发展同步，农牧业发展以结构调整来拓宽产业及农牧民收入的渠道，保证多途径收入来源，补偿生存成本支出的需要，为提高生存质量创造条件。从 2014 年开始，包括涉藏地区在内，青海省"全面推进以人为本的新型城镇化建设"，立足生态文明的基本理念，推进新型城镇化与新型工业化、农牧业现代化和信息化的协同发展，实现青海省跨越发展、绿色发展、和谐发展、统筹发展，将全省建设成为国家矿产战略资源接续地、清洁能源基地、特色农产品生产加工基地和高原旅游目的地，全省城乡成为国家生态安全屏障和生态文明先行区、循环经济发展先行区和民族团结进步示范区。"截止到2020年，将要建成80个地域、文化、民族特色突出，生态环保、设施配套、宜居宜业、社会和谐、人民幸福的特色美丽城镇。"（解丽娜，2014）《青海省城镇体系规划（2015—2030年）》以2015年作为青海省城镇化的节点，到2020年全省城镇化水平达到60%，城镇体系格局明显优化，以城市群为主体形态，建成以西宁市为中心城市，海东市、格尔木市、德令哈市、玉树市为区域中心城市，小城市、小城镇（建制镇）有机协调的城镇规模四级结构体系，显著提高城镇基础设施和公共服务设施水平，明显改善人居环境。由《关于开展国家新型城镇化综合试点工作的通知》《国家新型城镇化综合试点方案》可知，青海省被列入试点的各批次名单分别是海东市、西宁市、门源县、海晏县、贵德县、玛沁县、循化县街子镇。自此，青海省城镇化进入新型城镇化的阶段，预计到2030年全省城镇化水平将达到68%，城镇体系空间格局基本完善，城镇绿色发展、创新能力、城镇化质量、城乡发展指标与全国平均水平同步。（苏海红，2013）"2013年城镇化率达到48.51%，较'十一五'末，提高4.51个百分点。"（谢丽娜，2014）到2014年，"城镇体系初步形成"。截至2019年年末，城镇常住人口占总人口的比重（常住人口城镇化率）为55.52%，比2018年年末提高1.05个百分点（参见表1-3）。

表1-3 青海2001—2019年城镇化率进程

年份	2001	2002	2003	2004	2005	2006	2007	2011
城镇化率（%）	36.32	37.7	38.18	38.53	39.25	39.26	40.07	46.22
城镇人口年增长率（%）	——	4.84	2.21	1.92	2.76	-1.51	5.24	17.92
年份	2012	2013	2014	2015	2016	2017	2018	2019
城镇化率（%）	47.44	48.51	49.78	50.3	51.63	53.07	54.47	55.52
城镇人口年增长率（%）	4.34	3.08	3.6	1.92	3.52	3.64	3.47	2.71

资料来源：根据青海省2002—2020年国民经济和社会发展统计公报整理。

青海省城镇化区域特征显著，首先表现为城镇化发展极不平衡；其次涉藏地区城镇化发展在城镇化率增长率波动的进程中与青海省同步，但不同幅。涉藏地区2007年城镇化率为25.6%，而青海省为40.07%；2011年，涉藏地区城镇化率为31.2%，青海省为46.22%；2012年，涉藏地区城镇化率为

32.7%，青海省为47.44%；2013年，涉藏地区城镇化率为34.2%，青海省为48.51%；2014年，涉藏地区城镇化率为35.5%，青海省为49.78%；2015年，涉藏地区城镇化率为36.3%，青海省为50.3%；2016年，涉藏地区城镇化率为37.2%，青海省为51.63%；2017年，涉藏地区城镇化率为31.5%，青海省为53.07%；2018年，涉藏地区城镇化率为46.61%，青海省为54.47%；2019年涉藏地区城镇化率为31.02%，青海省为55.52%（参见表1-3、表1-4）。由此可见青海省及其涉藏地区城镇化发展不平衡的状况。然而，除2007年、2017年、2011年和2019年外，涉藏地区城镇化率呈现上升的趋势。

表1-4 青海涉藏地区1978—2019年城镇化率进程

年份	新中国成立初期	1978	2006	2007	2010	2011	2012
城镇化率（%）	1.64	7.9	27.19	25.6	39.11	31.2	32.7
城镇人口平均每年增长（%）	—	32.2	—	15.76	—	13.93	3.04
城镇化率增长率（%）	—	—	—	−5.85	—	−20.23	4.81
年份	2013	2014	2015	2016	2017	2018	2019
城镇化率（%）	34.2	35.5	36.3	37.2	31.5	46.61	31.02
城镇人口平均每年增长（%）	2.71	2.47	2.94	2.83	2.58	2.36	——
城镇化率增长率（%）	4.59	3.8	2.25	2.48	−15.32	47.97	−33.45

资料来源：根据2007—2020年青海省统计年鉴整理。

涉藏地区在青海省城镇化率增长率变动趋势稳定的同时，呈现出"大起大落"波动的特征。2011年和2010年相比，其城镇化率增长率为−20.23%，随后又呈现上升趋势；从2012—2016年，在此期间城镇化率增长率和青海省的城镇化率增长率呈现同步发展的态势，甚至在2012—2014年，略高于青海的城镇化率增长率；然而在2016—2017年，其城镇化率增长率又呈现下降趋势。2017年相比2016年，其城镇化率增长率为−15.32%；随后，2017—2018年呈现反转，骤然上升。2018年，城镇化率增长率为47.97%；自2018年开始，进入快速下降的通道，2019年城镇化率增长率为−33.45%（参见图1-1）。调研中随处可见整片的易地扶贫搬迁安置房，贫困户通过精准扶贫跨越式进入城镇的行列，生计模式随着农牧区不断步入与城镇一体化的进程而实现结构性的调整。从社会发展看，城镇化是涉藏地区传统社会向现代社会，农牧业社会向工业社会和信息社会、智能社会，封闭性社会向开放性社会转型的

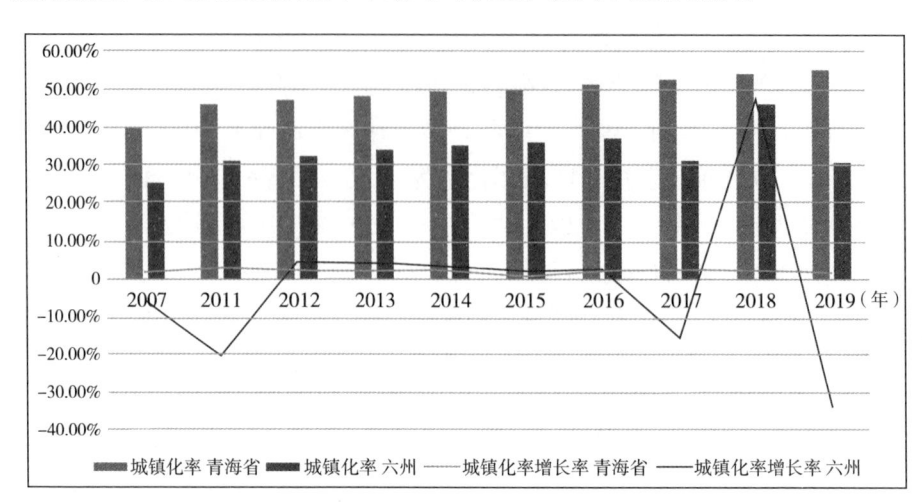

有效途径。各民族在城镇化中不断与时俱进，提高了生存品质。

图 1-1 城镇化率及增长率的趋势

涉藏地区所处地理环境与其他地区相比，其所拥有的禀赋资源条件，与国家城镇化要求所具备的共性条件是有差别的。从区域环境观察，犹如观察河中的涟漪，内含诸多圆圈，每一个圆圈都是一个区域环境，所不同的是划分标准不同，各个圆圈半径不同、大小不同、结构不同和功能不同。各区域环境都是自然和社会因素的总和。因为极端的地理环境，城镇化发展滞后于其他地区，生计模式在封闭的环境中传承。由于自然环境的极端性属性，人口聚集度低、居住分散，交易成本高，决定其生计的多元层级模式及其差异，即便是同一生计模式，因处于不同地区而发展水平不同；处于同一地区的不同的生计模式也存在发展水平的迥异。（陈佐忠等，2000；沈燕萍等，2014）这决定了城镇化高成本及其对生存成本支撑的困境，决定了生存成本级差弥补对国家精准扶贫的高度依赖及其绩效达不到预期的困境，决定了精准扶贫的持续性。涉藏地区是青海省新型美丽城镇化系统的重要组成部分，也是短板部分。根据地理位置、区域角色、面积大小、民族结构及短板效应，涉藏地区城镇化水平决定了青海省整体的城镇化水平。

城镇化是破解该地区城乡隔离，实现同步发展的制度设计，是国家层面将不同生计模式置于城镇化背景，使其趋于"四化同步"的过程。这既促使农牧区动态城镇化，又促使农牧民赖以生存的传统生计模式升级，或随之匹配城镇化条件，或满足城镇化要求的转型，这是可预见的趋势。依赖国家力量打破城乡格局，为该地区补齐短板创造条件，以实现农牧民享受到与城镇居民同等文明、实惠的目的。城镇化在一定程度上促进其生存模式升级、转型，改善了农牧区生活环境，推动了社会发展。生存成本高低、收入补偿能力及其趋势，结构性差异的调整见证了生计模式升级换代以及这一过程的绩效。同时，证明城镇化承载功能和能力的局限性，要达到政策设计的预期目标还有一定提升空间。

根据涉藏地区地理区位，原有生计模式主要包括畜牧业、农业和服务业等。传统生计模式通过城镇化而转换，这一转变是观念上质的飞跃。同时，高速城镇化也凸显生计模式转换加大生存成本的现状。（刘选端等，2010；沈燕萍等，2014）生计模式发展水平的差异，集中反映出生存成本的差异，这是城镇化的基础问题。在以往的生计模式下，人们习惯于自给自足的生存成本支出的传承方式。城镇化使越来越多的农牧民进入城市，引起了农牧民生活环境的改变。当传统生计模式转化为现代化的生计模式，促进了消费水平的提高和消费结构的改变，则必然会提升居民生存状态和品质。但是当现代的整齐划一的城镇化建设的布局、质量、体系以及承载功能和能力，难以实现曾经差异化的效果，可预期的生存成本支出加大及生存成本项目结构性变化趋势是不可避免的。（刘志勇，2007；丁学东，2009；王国刚，2010；沈燕萍等，2014）

客观地说，假设没有国家的优惠政策和转移支付，生存成本趋高的缺口依靠内力作用的途径弥补是巨大的挑战，这是客观存在的现实，这是生活在城镇的个体最显然的体验，无论是国内还是国外。（沈燕萍等，2014；约翰·弗里德曼，2017）城镇化程度越高，意味着原有生计模式被替代的广度和深度，当农牧民离开农牧区聚集在城镇后，会从多方面影响社区治理效能，这对政府治理成本的意义是积极的。但是，涉藏地区城镇化布局、质量、体系以及承载功能和能力都还没有达到预期要求，2018年城镇化率为46.61%。（参见表1-4）显然，涉藏地区走在"全面推进以人为本的新型城镇化建设"的路上，也正在可持续性脱贫的征途中。"现代化的历史就是乡村城市化的历史。"[①] 根据木桶理论，借鉴发展的先进理念，依托本土差异化资源，设计适合涉藏地区的城镇化模式及其产业体系，是摆脱所处短板状况的选择。

---

① 马克思恩格斯全集（第46卷·上）[M]．北京：人民出版社，1979：480．

综上所述，精准扶贫、城镇化、生计模式、生存成本具有区域化的特征。在以人为本的前提条件下，设计稳定、可持续良性循环的新型城镇化生计模式，生存成本决定着生计模式对国家城镇化布局的认可程度，甚至决定着对政策支持力度以及与政府行政的默契配合程度。(沈燕萍等，2014)生存成本的演变，意味着个体在"新型美丽城镇"深化内涵的过程中的受益程度，涉及个人、家庭、村落的利益，以及符合价值理念的人与自然环境融合程度的生计模式的选择、可持续的繁衍生存问题。青海省委十二届十三次全体会议进一步明确部署"四个转变"①，这是依托禀赋资源和短板理论明确发展空间的青海特色城镇化模式。将自然环境、人文特色资源化融入国家战略，以人为本、宜居宜业的生计模式，对涉藏地区意味着传统的生计模式发生质的转型。(苏凯等，2019)长期以来，农牧民赖以生存的是"单一种植、养殖、生态看护"的传统生计模式，相比缺乏资源的工业化模式而言，从另一个视角审视其依托迥异的自然资源及其种植养殖、生态看护生存模式、衍生的文化资源和多种形态的生命价值观而实现生计模式的转型，不失为是系统化合理规划成本，实现社会和谐、人民幸福的方式。涉藏地区也正在为地域、文化、民族特色突出，生态环保、设施配套、宜居宜业，社会和谐、人民幸福的特色美丽城镇作出贡献。

1.1.2 研究意义

研究具有理论价值。

综观研究，关于"收入"的研究成果颇丰，主要集中在农耕区城镇化与经济增长、工业化与经济增长关系的分析，单向反映收入及其趋势。随着精准扶贫的进村入户，建档立卡数据库的逐步完善，收入与生存成本及其关系研究有了一定成果，也逐步引起国内外诸多学者的关注。有研究认为幸福与过去的收入没有关系，过去的收入对应过去的生存成本，现在的收入对应现在的生存成本。个人收入与生存成本比较，生存成本越高，幸福感越差，生存成本越低，幸福感越强。收入不断增长而生存成本变化不大，则幸福感更强。尤其涉及教育、医疗和住房，关系到民生支出的生存成本骤然升高，且

---

① 人民网—青海频道.薛军：青海省委十二届十三次全体会议召开[EB/OL].[2016-12-30].[2019-1-15].http://qh.people.com.cn/n2/2016/1230/c182775-29535532.html.

其增加的速度快于收入增长的速度和幅度，则幸福感不会增强，反而会降低。（高连奎，2013）实际上，研究者已经关注到了生存成本与收入、生存质量关系问题。

根据研究对生存质量、生存成本和收入关系的认识，人们存在收入积累的习惯，生存质量和累积的收入有着现实的关系。收入不是衡量也不等同于生存及生存质量的方式，单向度的收入指标，没有相对体，是没有办法判定其对相对体生存的实质性意义，更不能证明生存状况随着收入增加就一定是与其匹配的，只能说明个体通过各种途径的收入及其趋势。收入在任何情况下都不等于生存成本，并不是收入越高，生存的质量就越高，单纯的收入研究，不足以支撑对生存的理解，关键取决于生存成本及其项目结构是否能被收入所覆盖，收入的增加速度和幅度是否超越了生存成本的增加速度和幅度。单方面的收入研究或单方面的生存成本研究，可能会割裂收入累积的历史，如果缺乏对两者逻辑关系的分析，都不足以从实质上认识到生存成本及其优化路径在消除贫困或精准扶贫上对城镇化的意义。

以青海涉藏地区为例，如果以2017年城镇居民人均纯收入和人均消费支出来判断生存质量高低，会得到矛盾的结果。单纯地以收入越高生存质量就越高的理念判断，果洛州人均纯收入为30678元，则果洛州生存质量位于青海涉藏地区之首；单纯地以生存成本越低生存质量越好的理念判断，在假设人均消费性支出为生存成本的基础上，显然果洛州是最不理想的。扩大比较的范围，拿2017年与2005年比较，涉藏城镇居民人均纯收入增长率排序为海南州＞黄南州＞海北州＞果洛州＞玉树州＞海西州，则得出涉藏地区生存质量高低的顺序；而城镇居民人均消费性支出的生存成本增长率在涉藏地区排序为果洛州＞黄南州＞海南州＞海北州＞海西州＞玉树州，则得出另外涉藏地区生存质量高低顺序的结果。那么通过收支结合、收支结余可得到这样的结果，玉树州在2017年达到16637元，是收入增长最多的地区，果洛州为9780元，是收入增长最少的地区，增长率排序为海南州＞玉树州＞黄南州＞海北州＞海西州＞果洛州，由此可见其中的矛盾。根据绝对数和相对数可推断，单向度的人均纯收入，或人均消费性支出生存成本，又或者单纯的增长率都不足以支持得出生存质量高低的判断结果。以生存成本的测度计量为基础，结合收入指标，才能判断出切合实际生存状况的结论。

生存的过程是消费支出成本形成的过程，（Black，Henderson，1999）是涉及环境及收入对其的弥补过程。以生存为目的的消费支出是生存成本，这是生存的底线，也是扶贫的界限。对于不同的环境，生存成本是反映生存状况的基础指标。当生存成本与收入结合，则生存成本测度计量能为多途径收入提供量化依据。长期以来，理论界对收入比生存成本关注得多，生存成本没有统一的定论，（张丽君，2015）生存成本丰富的内涵、形成的复杂过程、人与地理环境的动态关系，增加了生存成本研究的难度。青海涉藏地区谋求城乡居民收入增加以弥补生存成本的生计模式的逻辑关系，需要理论补缺。生存成本既是逻辑问题，也是数量关系问题。研究以地理环境理论为基础，以马克思成本理论为核心，以补齐短板理论为目标，以优势发展为理论，以跨越式发展趋势为依据，将此关系置于精准扶贫背景，触摸生存成本的内涵和外延；以城镇化为主轴，提出生存成本优化的理念。从收入和生存支出成本两个角度计量，凸显精准扶贫对生存成本补缺的贡献。通过借鉴生存成本分析模型，从青海涉藏地区地域差异特征方面，诠释生存空间和生存成本的基本特征及各因素变量的对应关系，为生计模式及其生存成本的差异性研究确定范围，为分析生存成本影响因素、弥补生存成本途径提供理论与实际支撑。根据青海省旅游产业竞争力对经济增长的影响，产业、经济增长对收入的支撑能力，提出以乡村特色文化旅游产业群为基础的产业体系以增强内生力的路径。从内力作用为主的途径来扩大收入来源的思路和可持续性生存的视角延伸生存成本理论的研究，以改变生存成本越低越好的固有思维定式。

  研究具有一定的现实意义。

  青海省城镇化、精准扶贫的关键点、重点与难点都在涉藏地区。涉藏地区多民族聚居，多宗教并存，多文化多资源共生，贫困人口总量较多，贫困面广、程度深，经济欠发达，生态环境脆弱而战略地位重要，这些特征决定了生存成本优化的复杂性和特殊性，决定了全面建成小康社会的任务之重。缺乏区位优势的涉藏地区，由于地势复杂，地理环境欠佳，水、电、路等基础设施落后，文教卫等社会服务薄弱；缺乏工业和特色产业的开拓，竞争力、经济发展有限，影响就业，影响收入，影响生存成本的补缺能力，影响生存质量和生存水平。青海涉藏地区随着城镇化的深入，暴露出一个关键问题，即生计模式转换带来的生存成本缺口及其弥补问题，这也是精准扶贫的困境。现实地说，城镇化后生计模式的生存成本随广义消费模式改变而趋高，这是客观存在的。（李泽惠，2017）这是每个生活在城镇的个体最显然的认识，无论是国内还是国外。(刘志勇,2007;丁学东,2009;王国刚,2010)通过借鉴发展理念,在国家力量作用下,依托本土化差异资源,探讨城镇化赖以维系的匹配各阶段特征的生计模式,是实现内力可持续性使社会政治、经济、文化等进入良性循环的治理轨道,(丁波,2019)获得足以弥补生存成本缺口的收入的关键。(Hollis Chenery, Moises Syrquin, 1975)研究以封闭式环境的自给自足生计模式,到开放式环境的生计模式为分析基础,在成本理论的框架下,对生存过程中的成本问题展开分析。随着城市化、工业化进程的加快,依赖土地的生计模式演变为以工业为主的生计模式。研究认为生存成本的高低不仅是重要问题,更关键的是生存成本及其缺口有没有足够的弥补来源,也就是说是否收大于支的问题。而涉藏地区自身的经济发展速度和经济增长所提供的就业机会及收入,难以弥补生存归集的成本。假设每年一定的农牧区剩余劳动力转变为有稳定工作和收入的居民,则每年需要相应的岗位提供至少等于生存支出的收入,保证这些转变身份的居民的生存成本的缺口得到弥补。而城镇化前后,涉藏地区的生存成本呈现上升趋势,收入多半来源于国家资源的扶持。

从生存成本和收入了解到城镇居民的生存状态,涉藏地区生存成本是农牧居民生存、城镇化生存的首要条件,具有全国城镇化生计模式及其生存成本的普遍性问题,也具有极强的区域性特征。从收支角度看,城镇准入成本、居家成本、学习成本、就业成本、社交成本等加大了生存的消费支出,加大了生存成本的同时也加大了生计模式转型的成本缺口,这限制了农牧居民实际意义的市民化进程,也就限制了从城镇化中受益的程度;从政策与实践的关系看,政策的滞后和执行的局限性约束了农牧居民城镇化的进程;从制度看,城镇化与工业化发展的不配比限制了农牧居民的就业能力。农牧区户籍转变为城镇户籍及其不同户籍带来的利益、不同层次的社会保障制度、教育资源在城乡间的不平衡,农牧居民自身文化素质、技术层次与现实社会要求的不符,与城镇居民之间的距离,使其处于就业市场的底层。就业制度和就业市场不断提高的准入门槛与城乡所能提供的不同素质和文化水平及技术能力之间的矛盾和错位等,使其就业竞争能力普遍偏低。没有可持续性的薪酬做保障,农牧居民有限的生存和发展能力无法使其在城镇安身立业,不仅因此加大生存成本,而且难以通过自身获取收入,弥补生存成本缺口。调研的11个贫困村,2017年外出务工的情况反映了整体就业能力。A村外出务工的人数占总人口的 15.76%，B 村占总人口的 10.7%，C 村占总人口的 11.31%，D 村占总人口的 11.32%，E 村占总人口的 11.54%，F 村占总人口的 10.32%，G 村占总人口的 13.33%，H 村占总人口的 10.27%，I 村占总人口的 11.68%，J 村占总人口的 10.29%，K 村占总人口的 5.56%。（参见表 1-5）

表 1-5　2017 年 11 个行政村外出务工情况

单位：%

地区	外出务工占比	地区	外出务工占比	地区	外出务工占比
A 村	15.76	E 村	11.54	I 村	11.68
B 村	10.7	F 村	10.32	J 村	10.29
C 村	11.31	G 村	13.33	K 村	5.56
D 村	11.32	H 村	10.27		

不同的地区生存成本不同，不同的生计模式需要不同的生存耗费，对生存成本计量比较，可以为城镇化可持续性发展提供理论依据。也只有成本投入生存环节，才能通过耗费获得收益。在涉藏地区这一既定地理环境中，探讨选择多元生计模式，有利于在弥补生存成本的前提下改善生存状态。（丁波，2019）虽然涉藏地区本身不发达，但是禀赋资源是这个地区可开发的高附加值的产业依托。生态环境的完整和原始性，生态禀赋资源和其他人文特色资源有其优势，也是高附加值特色产业的基础。如何才能补齐短板，涉藏地区不能简单模仿其他发达地区发展模式，应该基于城镇化和精准扶贫的国家化行动，选择基于禀赋资源，以生态保护为前提条件的经济社会发展模式进行创新。精准扶贫注重挖掘贫困地区自身的禀赋资源，培植特色产业，着重培育自我可持续储能的核心能力，多途径增加收入，以经济发展、生态安全、文化传承和社会稳定为根本目标，优化生存成本的路径，提高生存成本弥补能力。国家城镇化长期的历史性任务是逐步消除城乡差距，城镇化有助于促进公平发展，逐步缩小城乡和地区发展差距，劳动力流动缩小了城乡收入差距。（王学龙等，2012）随着涉藏地区城镇化进程持续加快，在 2030 年青海省城镇化率将达到 68% 的背景下，将城镇化作为时间轴，比较不同生计模式的生存成本，分析城镇化居民生存成本及其收入弥补的可靠性，将拓展农牧居民的生存空间，提高其对国家投入以及现代化成果的受益度，研究具有现实意义。

1.2 研究内容与方法

1.2.1 研究内容

根据成本会计对成本的多维定义，成本是对象化了的费用，则生存成本是以生存为对象的费用的集合。收入转化为以生存为对象的消费支出的费用归集即为生存成本，生存成本只有不断得到收入才能弥补，并可持续性生存。收支是生存问题的两个方面，当所获收入仅仅弥补生存成本的时候，该收入等于生存成本，可以将此收入界定为生存成本。收入不一定等于消费支出，消费支出也不一定生成以生存为对象的成本；当收入大于生存成本时，弥补的部分可以视同生存成本。根据精准扶贫过程中建档立卡户的生存成本项目，生存成本由衣、食、住、行等成本项目构成，是生存方式和生活质量的直接体现。研究以国家设定的不同时期的贫困线作为判断生存成本的依据，根据涉藏地区经济的实际发展水平，将人均基本消费支出视同人均生存成本，通过理论模型计算其生存成本，采用水平分析法和垂直分析法对城乡居民收入与生存成本信息进行比较，以此反映城镇化生存成本的特征及差异。

青海涉藏地区生存成本支出，随着精准扶贫的实施有了城镇市民化、市场化和管理社区化的城镇元素。生存成本项目结构，反映了生活方式追求与城镇相符的现代化特征。但是，随着人口城镇化率的提高，城镇空间分布与产业空间分布，产业与生计方式呈现分离的状态。部分人在进入城镇后，因为预设的产业未及时到位，不足以获得支撑可持续性收入来源接续弥补生存成本，但是生存成本却不断增加。比较城镇化不同生计模式的生存成本，在于为弥补缺口的产业规划、生计模式抉择提供依据。在此基础上提出优化生存成本的对策，减轻国家经济负担，加速城镇化。研究内容基于定格的生计模式的假设，再进行框架结构的搭建。

本书共九章。通过这九章搭建的框架结构，完成了内容的梳理。内容包括：绪论、研究现状和理论依据，青海涉藏地区城镇化生计模式、生存成本特征，青海城乡居民人均收支结构及趋势特征，青海涉藏地区城乡居民人均收支结构及趋势特征，青海涉藏地区生计模式与生存成本转型升级个案分析，青海涉藏地区生存成本结构性差异的决定因素，青海涉藏地区优化生存成本路径及对策、启示与展望，支撑精准扶贫背景之生存成本优化路径研究。

第1章绪论。本章具有对整个研究提纲挈领的功能,以精准扶贫国家化、生存成本国家化、中国特色城镇化和精准扶贫区域化、生存成本区域化、区域特色城镇化维度,为青海涉藏地区生存成本优化路径研究展开了国家化和区域化的背景画卷。从研究背景与现实的矛盾,从理论价值和现实意义阐述研究的必要性,综述精准扶贫、城镇化、生计模式、生存成本具有区域化特征基础上,依托禀赋资源和短板理论,明确一定发展空间的青海特色城镇化模式。根据差异化资源的理念,相比于缺乏资源的工业化模式,从另一个视角审视农牧民赖以生存的"单一种植、养殖、生态看护"的传统生计模式,认为依托迥异的自然资源及其种植养殖、生态看护生存模式、衍生的文化资源和多种形态的生命价值观而实现生计模式的转型升级,不失为系统化优化生存成本,是实现社会和谐、人民幸福的有效途径。研究内容基于定格的生计模式,以理论依据构建研究内容的框架结构。在假设有效支出的基础上,借鉴研究成果,提出生存成本与生存质量相关关系,摒弃生存成本越低越好的观念。对于相同的生存成本需要优化生存成本结构,使生存质量符合时代特征的观念,以实现以下创新内容。

第一,跨学科研究,理论补缺。根据国家、区域、地方统计数据和实际调研案例,构建城镇化、精准扶贫、生计模式、生存成本的逻辑关系,进行跨学科研究;第二,测度计量生存成本,定量分析生存成本和收入的结构性差异,收入与生存消费成本支出演变的特征,收入弥补生存成本的状况,以此证明产业支持收入来源和生计模式与禀赋资源契合的意义,为可持续性生存的契合禀赋资源的城镇化生计途径提供依据;第三,根据涉藏地区禀赋资源和社会成熟度,预设契合资源禀赋的发展产业以及构建本土化生计模式,以此拓展弥补生存成本缺口的途径。

第2章研究现状和理论依据。本章具有支撑研究内容框架结构章节的功能,以文献研究法和个案研究法,爬梳国内外研究成果演变,以假设为前提搭建适合研究的理论依据框架。以学术思想为脉络界定基本概念,清晰研究对象和范围的内涵和外延,明确内在逻辑关系,提炼选题的缘起和研究目的,明确主要观点;跨学科输入了对生存成本别样的理解,假设消费支出即生存成本,生存成本不仅仅是消费,也是生存的起点,是生存质量和生存水平的象征。拓展成本的管理属性,再重新审视地理决定论的局限性,演绎生存成本的固有功能。(1)在青海涉藏地区特定地理环境下,借鉴成本思想和地理环境决定论，诠释生存成本理念。基于地理决定论，演绎城镇化生计模式差异，诠释地理环境决定生存成本的差异的原因。(2) 诠释成本及成本会计理论，以成本理论为核心，支持生计模式生存成本差异探讨。借鉴盈亏平衡理论，诠释生存成本收支平衡关系。着重从木桶理论的机理，以补齐短板理论为目标。基于后优势发展理论的视角，支持生存成本优化路径，跨越式发展的城镇化生计模式补缺可持续性生存能力。在启示中，提出生存成本并不是越低越好的观念。针对低成本的观点，结合时代的脚步，提出优化生存成本的理念。根据生存成本与生计模式关系，明确其对生存质量，生活品质的经济与社会功能。就生存成本结构性差异，在国家城镇化和精准扶贫背景下，提出差异即资源，差异化资源的路径提升生存能力、增加收入、弥补生存成本的思想。

第3章青海涉藏地区城镇化生计模式、生存成本特征。本章具有纽带功能，起到承上启下的作用。从国家城镇化基础、青海涉藏地区城镇化基础条件，演绎城镇化进程，青海涉藏地区城镇化是国家城镇化的缩影。城镇化、精准扶贫、生计模式、生存成本国家化宏观背景和区域化要求的微观背景下，青海涉藏地区特色城镇化、生计模式转型升级，衔接的生存成本具有区域性特色，解决生计模式城镇化及其生存成本衔接的困境是城镇化的难题。借鉴国外城镇化发展经验，这不仅仅是某一种模式，或者是某一种曲线，而是具有综合性的特征。所呈现的S形曲线变化更为平滑，体现了与世界及各国城镇化进程的差异。(陈明等，2013)以城镇化基础条件和城镇化、恩格尔系数与生存成本关系，展示国家城镇化特色语境中，契合禀赋资源，青海涉藏地区城镇化区域特色。城镇化基础条件决定了青海涉藏地区城镇化进程与经济发展之间的关系，反映了青海涉藏地区与其他地区不同的多元生计模式和生存成本特征及其生存状态，决定了生计模式及其生存成本特征，决定了生计模式与收入来源契合的特征。决定了生计模式与恩格尔系数和生存成本的关系，也反映了生存成本项目结构的区域间差异。要超越差异，则面临生计模式城镇化跨越式转型。城镇化是现代化背景质的飞跃，城镇化多元生计模式与禀赋资源契合，为解决生存成本间的衔接困境创造了前提条件。为此，将城镇化作为一个时间窗，通过生计模式的转型演绎生存成本的转型，为深入就地城镇化思路提供依据，为涉藏地区生存成本优化途径探讨奠定基础。

第4章青海城乡居民人均收支结构及趋势特征。本章通过统计数据及其图示，分析城镇化过程中青海省1984—2017年城乡收支结构及其趋势特征。根据研究成果可知"最低生存成本"的客观限制，据此得出在可支配收入低的情况下，不得不把收入花费在生存上的结论；并以青海省可支配收入中位数结构及趋势特征、青海省及城乡居民恩格尔系数结构及趋势特征分析，认为尽管改革开放至今，青海省涉藏地区经济已得到长足发展，但相对全国发达地区，却仍然处于经济发展的初期。大多数城乡居民的收入都被用于生计，整体的经济呈现"无钱可用""低起点"的特征，以及生存支出成本很大程度由国家转移支付支持的现状。

第5章青海涉藏地区城乡居民人均收支结构及趋势特征。本章是核心章节，通过青海省1984—2017年城乡收支、城乡居民人均收支结余和现行农村贫困衡量标准及分析结果，为青海涉藏地区生存成本及其收入弥补能力分析，铺垫了现实基础。为了展示涉藏地区收支现实情况，以城乡居民生计模式的收支两条线分析生存成本测度计量结果，以此反映城镇化演绎的青海涉藏地区的短板、困境、矛盾，以及国家力量精准扶贫对该地区补齐短板的积极作用。通过城镇化显示的生存成本的结构性差异及趋势，收入的结构性差异及趋势，以及收入差异与生存成本支出差异关系，为涉藏地区契合资源禀赋的城镇化模式及其生计模式提供设计方案，独立自主提高国家力量，城镇化和精准扶贫、乡村振兴战略实施绩效，为生存水平和质量上台阶提供依据。

第6章青海涉藏地区生计模式与生存成本转型升级个案分析。本章具有注解演绎生存成本测度计量的功能，研究采取田野调查，以命题为核心对青海涉藏地区相关问题着重从成本会计学的角度，以家庭和村落为例，结合生计模式在城镇化背景下比较生存成本现状，描述差异缺口及存在的问题。通过生计模式和生存成本差异案例，验证生存成本测度计量及其分析结论。城乡生存成本结构性差异显著，以个案演绎城镇化生计模式转型与生存成本关系，可以弥补青海城乡居民人均收支结构、趋势以及生存成本、生存成本测度计量的不足。

第7章青海涉藏地区生存成本结构性差异的决定因素。本章分别从生计模式受制于地理环境，决定经济基础结构性差异、观念和意识、语言障碍、产业转型升级困境等方面，分析青海涉藏地区生存成本结构性差异的决定因素。青海涉藏地区是以藏族为主的多民族共同聚居区，因自然条件迥异，决定了家庭经济来源的分化。为了扩大收入来源，政府通过产业扶贫、劳务输出、易地搬迁、生态保护、教育支持、低保兜底、医疗救助、关爱服务等途径，增加生存成本的补偿能力，优化生存成本。2020年，贫困县摘帽、贫困村全部退出贫困序列、贫困人口全部脱贫，至少意味着收支平衡，收入对生存成本的弥补能力。

第8章青海涉藏地区优化生存成本路径及对策。本章从生计模式城镇化路径、旅游产业竞争力路径、推广普及国家通用语言文字路径，提出社会经济运行中突出矛盾和问题解决的对策。优化生存成本的路径有很多，符合国家战略要求，与禀赋资源契合的路径才是最有效路径。青海最大的价值在生态、最大的责任在生态、最大的潜力也在生态。青海对国家生态安全、民族永续发展负有重大责任，必须承担好维护生态安全、保护三江源、保护"中华水塔"的重大使命，对国家、对民族、对子孙后代负责。基于此，假设生存成本随着城镇化生计模式转型升级而发生增加的趋势，审视青海涉藏地区经济所处的短板位置、生存成本缺口弥补的困境和丰富的禀赋资源之间的矛盾，提出解决问题的对策：立足高原特有资源禀赋，积极培育新兴产业，增强经济发展内生动力，以实现进一步推进城镇化，可持续性脱贫和产业转型升级的良性循环。

第9章启示与展望。本章对未尽研究之重点、难点内容，根据启示，提出了进一步演绎的展望。

据此可见本文内容的框架结构。（参见图1-2）

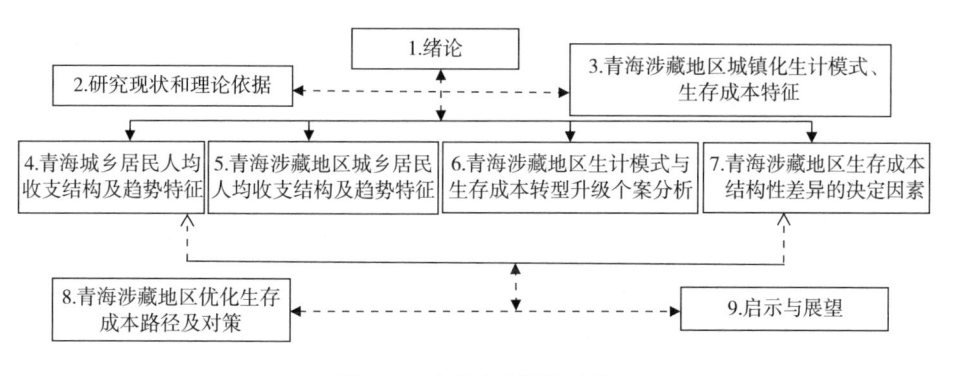

图1-2 本文内容框架结构

1.2.2 研究方法

研究方法服从内容，研究采取了定量与定性相结合的方法，通过不同方法和技术路线，梳理了在精准扶贫方面国家力量对城镇化生计模式转型中生存成本的贡献。选择具体的研究方法，主要基于以下内容和要求考虑：第一，根据研究成果与选题的空间，在借鉴和启示中设定命题。第二，选题源于实际调研。需要依托精准扶贫背景和区域性城镇化发展趋势，从青海涉藏地区生计模式转型的困境中，根据主题词城镇化、精准扶贫、生计模式与生存成本的逻辑关系，抽象出生存成本及其项目结构，展示城乡居民生存的结构性差异特征。第三，内容研究需要根据理论依据构建框架结构，需要设计技术路线实施实地调研。（参见图1-3）第四，研究需要从统计数据与个体案例中探讨并验证分析其中的逻辑关系。第五，根据研究背景与现实的矛盾关系，提出达到研究目的的对策，完成研究意义。

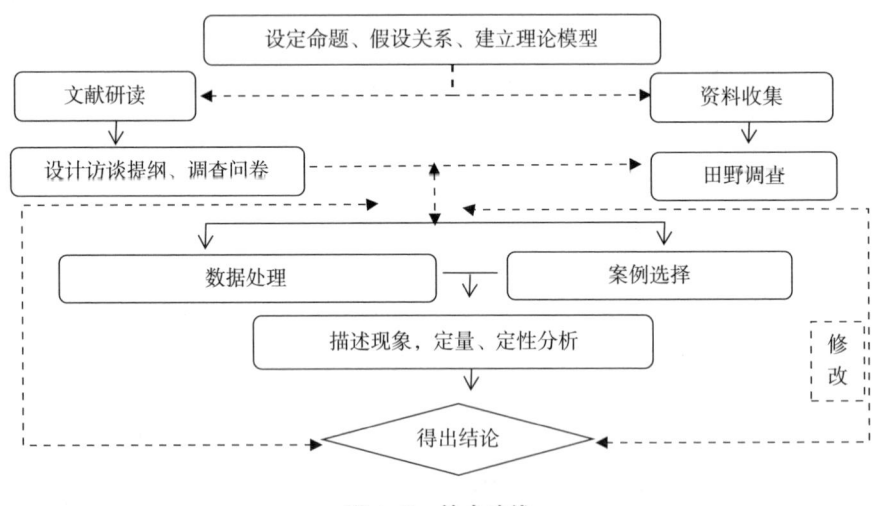

图 1-3 技术路线

具体研究方法：第一，文献研读法。通过多学科的理论、方法和成果的阅读，借鉴理论前沿，试图厘清相关的理论脉络。尝试了解前人研究成果以及给予研究的借鉴和启示。从基本概念开始思考，引入不同学科的理论，从这些理论的视角审视研究内容的逻辑关系。根据国内外成果与研究之间的空间，设定命题，建立模型。犹如建造房子一样，通过这个逻辑关系，搭建框架结构。并在田野调研的基础上，完成研究内容的定量和定性比较分析，为研究目的提供材料支持。第二，调查研究法。选题源于实际调研，根据调查问卷和访谈提纲，从青海涉藏地区城镇化中，抽象出农耕区和农牧区以及游牧区生计模式的生存成本缺口。依托研究背景要求和区域性发展趋势，生存成本平衡关系假设，研究利用统计量化分析的基本方法，在建立定量逻辑关系基础上，从村庄、家庭等层面，对城镇化生计模式转型升级的生存成本现状、困境进行描述分析，归纳出相关矛盾，做出解释和预测。通过由此产生的资料的阐述，确定结构性量化差异。为归纳收入和消费支出的生存成本，及其成本项目的结构差异特征与趋势提供材料。第三，个案研究法。基于理论依据框架，根据主题词城镇化、精准扶贫、生计模式、生存成本及其之间的逻辑关系，结合量化差异，以个案为例，多重分析生存成本项目结构，以及其中存在的生存成本问题、矛盾、困境。通过个案材料，为假设进行注解。以此案例资料，检验并提出对策（参见图1-4）。

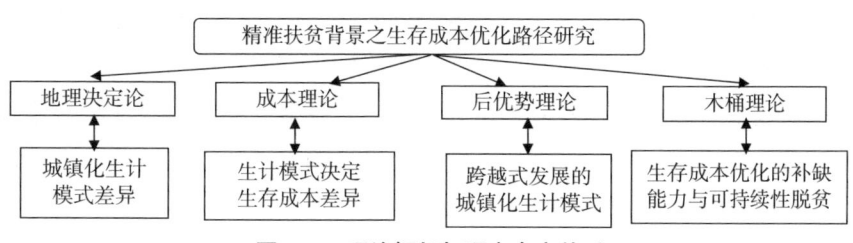

图 1-4 理论框架与研究内容关系

1.3 创新之处与不足

1.3.1 创新之处

本书在假设有效支出的基础上，借鉴研究成果，提出生存成本与生存质量相关关系，摒弃生存成本越低越好的观念，对相同的生存成本需要优化其结构，使生存质量符合时代特征，第一，跨学科研究，理论补缺。根据国家、区域统计数据和案例，构建精准扶贫背景下城镇化、生计模式与生存成本的逻辑关系，进行跨学科研究。在青海涉藏地区特定地理环境下，借鉴成本思想，诠释生存成本理念；借鉴地理决定论，诠释生存成本的结构性差异；借鉴盈亏平衡理论，诠释收支平衡关系。以补齐短板理论为目标，后优势发展理论为支持，为搭建理论框架结构提供适合研究的依据。第二，测度计量生存成本，分析收支结构性差异，收入与消费支出生存成本演变的特征，收入弥补生存成本的状况，以此证明产业支持收入来源和生计模式与禀赋资源契合的意义，为可持续性减贫、脱贫的契合禀赋资源的乡村振兴生计途径提供依据。这不仅意味着一方百姓生存的受益程度，还意味着实现可持续解决生存问题。第三，根据涉藏地区禀赋资源和社会成熟度，预设契合资源禀赋的分阶段发展产业体系，以及构建生计模式体系的观点，以此拓展弥补生存成本缺口的途径，进一步深化城镇化，改善农牧区生活条件，提高生活质量，实现可持续发展和社会良性运行的目的。

1.3.2 不足

生存质量和生存水平是一个相对概念。生存贫困具有相对性，贫困人口规模和贫困标准的高低相关，随着标准的变动贫困人口规模也会发生改变。生存贫困的标准不同，贫困人口的规模则不同。家庭规模越大，其生存贫困标准相对就低。根据规模效应理论，家庭人口越多，资源的共享性会摊薄生存的消费支出成本。生存贫困的认定是社会平均水平比较的结果，当收入没有达到全社会平均水平的60%时，或如果个人收入水平达不到中值指标收入的60%，则这些人口就被界定为贫困人口。按照这些标准，贫困永远存在。[①]我国建成小康社会，就要提高生存水平以及提高判断贫困的生存标准，这一标准随着经济发展、物价变动和生存水平的提高而不断升级。而现有研究成果显示，生存成本没有完整的理论体系，并且人们对生存成本与生存质量、生存水平关系的认识，固化在收入越高越好，生存成本越低越好的层面，局限了思维模式。实际上，收入再多，如果不足以弥补消费支出的生存成本，同样不能反映生存质量和生活水平的实际意义；即便收入不多，如果足以弥补消费支出的生存成本，同样可以反映生存质量和生活水平的现实意义。如果农牧居民收入与生存成本结合，就能真实反映贫困人口的生存状况。为此，缺乏生存成本依据，仅仅依靠收入回答生存是否可持续性，有待探讨适应特定环境的理论依据。青海涉藏地区城镇化生计模式的生存成本具有区域特点，

---

① 中国国际扶贫中心课题组. 世界各国贫困标准研究[R]. 中国国际扶贫中心研究报告，2010（1）：4-5. https://www.docin.com/p-1158154967.html.

调研样本在特定范围和层面具有一定的代表意义。但研究尚属尝试，进一步扩大范围，使区域的、个性的特征既能自成体系，又能嵌入共性的、普遍的特征之中，才能进一步诠释多元化的生存成本理念，为适合的产业和生计模式选择提供理论依据。

1.4 研究重点和难点

1.4.1 研究重点

重点之一是理论的进一步诠释。成本理论需要延伸成本和收入关系的研究，明确生存成本优化也能产生效益的逻辑关系。在这个逻辑关系中，无论是城镇化前还是城镇化后，生存成本优化的不同路径取决于地理环境生成的生计模式对生存成本优化的功能，在于收入和生存成本与地理环境及其禀赋资源的关系。根据资源短缺理论，本研究试图从特定地理环境诠释生计模式及其生存成本结构性差异，使得生活成本的最低层级——生存成本不断上台阶。以此补齐短板，为实现可持续生存的目的提供理论依据。

重点之二是青海省收支特征演绎精准扶贫对生存条件改善的贡献。分析城镇化中青海省收支特征，为涉藏地区收支测度计量及结构性差异分析铺垫背景，并为精准扶贫对收支补缺功能及生存条件改善的贡献提供依据。

重点之三是青海涉藏地区城镇化中不同阶段生存成本演绎生存质量提高的历程。以个案观察、体验，从村落、家庭视角提出生存成本趋高假设。基于理论成果及实际调研数据，计量分析1984—2005年、2006—2009年、2010—2017年青海涉藏地区城乡居民生存成本趋势特征。为比较分析依托禀赋资源的生计模式设计提供参考和基础。

1.4.2 研究难点

难点一是跨学科研究。选题没有现成的参考模板，研究试图以生存成本为集合点，跨学科探索城镇化不同阶段对生计模式、生存成本的影响程度。

难点二是测度计量及关系的处理和依据的选择。生存成本既包括量化指标也包括本质内涵，在不同环境下其标准不同，精准扶贫为生存成本界定提供了理论和现实的依据。研究试图以贫困线作为生存成本比较的参考，为弥补生存成本的最低收入提供量化指标。生存成本除了贫困线可依据外，还有理论测算的数据以及视同生存成本的人均消费支出，如果收入来源足以成为最低层次的生活消费支出即生存消费支出成本的保证，则生存就有了基本保障；当所获收入超过此标准，足以弥补生存所需的基本消费支出，则界定为脱贫；当不足以弥补生存所需的基本消耗支出成本，即为贫困。精准扶贫就是要全社会动员，以全社会的力量保证既定的最低生存成本有足够收入来源加以弥补。而生存成本是多维的，其间的逻辑关系处理、生存成本测量以及比较依据的确定，都是值得探讨的课题。

1.5 小结

本章从研究背景与现实的矛盾、从理论价值和现实意义方面阐述研究的必要性。从研究角度提出单方面的收入，或单方面的生存成本，或者割裂收入累积的历史，或者缺乏两者逻辑关系的分析，都不足以从实质上全面认识生存成本及其优化路径对消除贫困或精准扶贫，以及对城镇化的意义。综述在精准扶贫、城镇化、生计模式、生存成本具有区域化特征基础上，依托禀赋资源和短板理论，明确一定发展空间的青海特色城镇化模式。根据差异化资源的理念，相比于缺乏资源的工业化模式，从另一个视角审视农牧民赖以生存的"单一种植、养殖、生态看护"的传统生计模式，认为依托迥异的自然资源及其种植养殖、生态看护生存模式、衍生的文化资源和多种形态的生命价值观而实现生计模式的转型升级，不失为系统化优化生存成本，实现社会和谐、人民幸福的有效途径。研究内容以定格的生计模式为框架结构进行搭建。

研究方法服从研究内容，通过文献研读法、调查研究法、个案研究法等不同的方法和技术路线，多重分析其中存在的生存成本问题、矛盾和困境。以理论依据构建研究内容的框架结构。在假设有效支出的基础上，借鉴研究成果，提出生存成本与生存质量相关关系，摒弃生存成本越低越好的观念。对于相同的生存成本需要优化生存成本结构，使生存质量符合时代特征的观念，实现内容创新。

第 2 章 研究现状和理论依据

本章具有支撑研究内容框架结构的功能，以文献研究法和个案研究法，爬梳国内外研究成果演变，以假设为前提搭建适合研究的理论依据框架。以学术思想为脉络界定基本概念，明晰研究对象和范围的内涵和外延，明确内在逻辑关系，提炼选题的缘起、研究目的和主要观点；跨学科介绍了生存成本别样的理解，假设消费支出即生存成本，生存成本不仅仅是消费，是生存的起点，生存质量和生存水平的象征。拓展成本的管理属性，通过重新审视地理决定论的局限性，演绎生存成本的固有功能。（1）在青海涉藏地区特定地理环境下，借鉴成本思想和地理环境决定论，诠释生存成本理念。基于地理决定论，演绎城镇化生计模式差异，诠释地理环境决定生存成本差异的原因。（2）诠释成本及成本会计理论，以成本理论为核心，支持生计模式生存成本差异探讨。借鉴盈亏平衡理论，诠释生存成本收支平衡关系。依据木桶理论的机理，以补齐短板理论为目标。基于后优势发展理论的视角，支持生存成本优化路径，跨越式发展的城镇化生计模式补缺可持续性生存能力。在启示中，提出生存成本并不是越低越好的观念。针对低成本的观点，提出优化生存成本的理念。根据生存成本与生计模式关系，明确生存质量，生活品质的经济与社会功能。就生存成本结构性差异，在国家城镇化和精准扶贫背景下，提出差异即资源，通过差异化资源的路径提升生存能力，增加收入，弥补生存成本的思想。

2.1 国外研究现状

2.1.1 城镇化

　　城镇化是世界各国工业化进程中必然经历的历史阶段，"现代化的历史就是乡村城市化的历史"（马克思，1872）。国外学者赋予城镇化各发展阶段不同的内涵，从一个概念的提出到模式的分析，理论在实践中由点到面逐渐成熟，进而不断指导实践。"城镇化"最早出现在《城市化基本理论》一文，认为，城镇化是乡镇—城市发展的一个过程，是乡村空间缓慢的城镇化、城市化过程。所谓缓慢，是针对环境发展的速度与时间关系而言。研究更多强调人口由农村向城镇的迁移，最终达到相对稳定的城乡人口分布状态的过程。（恩格斯，1872）世界城镇化、城市化是经历了过去一百多年发展起来的。其间，城镇化概念被打上了学科的烙印，每一学科对其内涵都具有实际意义的贡献。各学科界定的概念，构建了要素结构。城镇化模式由人口元素、一个平面的点元素、一个有着边界的扁平的地理元素到立体的架构，是一种生动的生活生产方式。人口学关注了居住在城市地区的人口为主体的比重上升的现象，侧重于研究人口的城镇化；地理学回答了主体所在的空间，从地域空间界定城镇化。城镇是指镇及以上的各级居民点，城镇化包括乡镇和城市两部分，两者的关系是：城市是乡镇过程化的结果；经济学为城市的崛起和发展列明了必备的生产要素，强调各种非农产业发展中的经济要素向城市集聚的过程，既包括农村劳动力向城市第二、第三产业的转移，也包括非农产业的资本、技术以及生产能力向城市集聚的过程。生产要素随着乡镇向城市模式同一方向转移演变，逐渐成为系统化的演绎过程。经济学对城镇化的认识具有方向性，既描述了非农产业发展中的经济要素，又阐述了经济要素具有方向性地向城市集聚的过程。发展经济学进一步从模式角度对城镇化进行探讨，（A. Serda, 1867；A. W. Lewis, 1955；Fei, C. H., Ranis, G, 1961；Christopher Wilson, 1986）对城镇化有以下不同观点。

第一，三阶段论。包括三阶段论，S形三阶段曲线的观点。（Cervero R, Duncan M, 2004）所谓三阶段论，即城市化、市郊化和反城市化与内域的分散三个阶段，是近200年全球各地区城市化的三阶段。许多国家的城市化都出现了城市向郊区转化的现象，有的地区甚至出现了逆城市化现象，这符合三阶段论。尽管城市化发展有其规律性，但这个过程非自发形成，和经济、社会发展阶段密切相关。（Northam R. M., 1975）所谓S形三阶段曲线观点，认为城镇化发展的一般规律是一个国家或地区城镇化轨迹，呈现出一条近似被拉平的"S"形的曲线。（Ray. M. Northam, 1979）这是在英国、美国等西方国家工业化进程中城镇化率变化趋势分析的基础上得出的结论。城镇化过程在这条曲线上，按照从左往右、从下往上的方向大致分为三阶段：第一阶段是S形曲线的左下部分，斜率较小，称为城镇化初级阶段，或者为城镇化起步阶段。这个阶段最大的特点是将轻纺工业作为支撑产业，吸纳城镇化后新增的劳动力，其至少承担着自身的生存成本，也支撑着背后家庭的生存成本，反过来也支撑着城镇化初级阶段的推进。这个阶段受产业的局限、劳动力素质困境、生产技术局限等因素，使得城镇化率低于30%，量化指标可见其发展缓慢的特点，城镇化的规模、范围、深度和广度是有限的。换句话说，人口身份转换，对就业岗位的需求，对衣食住行医教娱乐的需求限于城镇化率30%以内。这个时期，是缓慢发展的城市化初期阶段。第二阶段是S形曲线的中间部分，斜率相比增大，称为城镇化中期阶段。这个阶段最大的特点是钢铁、化工、机械等重化工工业支撑城镇化的快速发展。这个阶段城镇数量、规模都在快速增加、扩大，城镇化率高于30%，并以较快的速度向70%攀升。随着人口和产业向城镇集中，并随着人口城市化率在大于30%，小于70%的区间运行，城镇化快速发展为中期阶段，并且显示了这个阶段显著的"城市病"问题：如劳动力过剩、交通拥挤、住房紧张、环境恶化等。随着企业和个体生存成本的增加，交通的便利使企业和人口迁往郊区这类生存成本低的地区，这便是郊区城市化现象，是城镇化的加速阶段。第三阶段是S形曲线的右上部分，斜率逐渐减小，称为城镇化后期，或稳定发展阶段。这个阶段的最大特点是第二产业上升到40%，随后缓慢下降，而平稳发展甚至滞后的同时，第三产业则蓬勃兴起，成为这个阶段发展的支撑产业。城镇化总水平比较高，人口城市化率大于70%，但增长速度趋缓甚至停滞。城市区域不断向农牧区回流，大城市的人口和相应的工商业迁往离城市更远的农村和小城镇，致使人口减少，出现"逆城市化"现象（参见表2-1）。

第二，两阶段论。城镇化发展阶段，城市化过程分为城市化Ⅰ和城市化Ⅱ。（约翰·弗里德曼，2017）将第一产业剩余劳动力转向工商业和服务业，农村面貌向城市面貌转变的过程称为城市化Ⅰ；将农村人口生活方式、生活水平和生活理念向城市生活方式、生活水平和生活理念转变这一过程称之为城市化Ⅱ。

表2-1 城镇化阶段及其特点

阶段	城镇化率（%）	模式特征
第一阶段即初级阶段	低于30	依托轻纺产业的模式，缓慢发展
第二阶段即中期、扩张期	30—70	依托重工业的模式，加速发展
第三阶段即加速阶段	大于70	依托第三产业的模式，逆回流扩展

第三，其他观点。从长期看，城镇化有助于促进公平的发展，逐步缩小城乡和地区发展差距。（亚当·斯密，1776；Liddle，Messinis，2015）《国富论》中就都市商业对农村改良的贡献作过精辟的阐述，工商业都市的增加与富裕能为农村产品提供巨大而便利的市场，促进农村土地开发，并使农村突破传统关系制约变得更有秩序，有好的政府和个人安全、自由。（亚当·斯密，1776）其他方面的研究主要是城镇化发展动力和理论，如均衡水平决定、发展阶段划分和推进模式、人口迁移、要素流动和扩大内需的城镇化经济增长效应、城乡差距的城镇化收入和消费效应等。

①城镇化发展动力。城镇化的发展在于城乡二元经济和农村剩余劳动力向城镇转移，（Kuznets Lewis，1954）城市生产技术水平和劳动生产率是拉动农村人口进城、促进城镇化的重要动力。这一论述开创了农村劳动力转移机制研究新纪元，建立了城乡人口流动模型，得出结论"预期收入差距将致使农村劳动力流入城市"。（Rains，Fei，1961；Todaro，1969；Harris-Todaro，1970）强调农民进入城市后技能学习和积累人力资本的重要性，在劳动力不完全流动情况下，Todaro模型不同。（Wei，Yabuuchi，2006）农村劳动力转移机制对农民转移决策和城镇化推进是一个有益的过程，有助于向工业部门迁移，缩小城乡差距。

②城镇化经济增长效应。城镇化是现代经济增长的推动力，人口在城市聚集所产生的规模经济效应将降低私人和公共投资平均成本和边际成本，产生更大市场和拉高利润空间。人口随着经济活动向城市集中，市场需求迅速增长并多元化，这会促进专业化分工，提高经济效率。大量研究肯定经济增长与城市发展具有高度的正相关性，（Lampard，1955；世界银行，2009）城镇化发展能够有效促进经济增长，无论是高收入国家，还是低收入国家。（Chenery，1975）只是在低收入和高收入两个极端处均是双向显著关系，在中等偏低收入国家没有显著的格兰杰因果关系。（Liddle，Messinis，2015）新型业态也需要随着经济全球化，依托城市发展得到扩张，形成新兴产业。（OECD，2010）

③城镇化的收入和消费效应。世界各国的人均国内生产总值和城市化水平的统计，反映出两者是正相关关系。（H.Chenery，1957）城镇化与消费的关联机制研究，最早提出旅游城市化概念，这是以享乐消费为基础的城市化模式。（Mullins P.，1991）城镇化对居民食品消费的影响更为显著，（Herrmann，

1967）分析城镇化对消费的影响机制可知，(Ioannides，1994)城镇化增长水平不是对每一项消费都有影响，而是影响与生计有密切关系的项目。(Black 和 Henderson，1999)城镇化、工业化、经济发展与人口发展关系，在于城市化高峰、工业化高峰和人口发展高峰是"三位一体"的发展模式。(罗天昊，2014)《发展的格局1950—1970》解释了城镇化不同阶段与产业转型的关联性，人均收入超过500美元（1964年）时，城镇人口在总人口中占主导地位；超过700美元时，工业就业人口超过初级生产部门；当收入水平超过2000美元时，这些过渡过程才告结束。(Hollis Chenery，Moises Syrquin，1975)城镇化和工业化关系的演进具有阶段性特点。工业化初期，城镇化率伴随工业就业比重增长而上升；工业化中期，产业结构优化和消费结构升级的作用将超过集聚效应，城镇中第三产业就业比重升级。(郭克莎，2001)世界各国城镇化的发展历史表明，工业化推动了城镇化的发展，不同层级的工业化对城镇化的推动力量不同，结果也呈现层级差异。

　　城镇化概念所凸显的特征及其模式给予青海涉藏地区城镇化定义的启示。城镇化是人口就业、经济产业结构和消费结构的转化过程，是其和城乡空间社区结构的变迁过程。一是人口空间转移；二是非农产业向城镇聚集；三是农业劳动力向非农业劳动力转移；四是三个方面相互依存，互为前提。城镇化具有四个方面的特征：一是时间特征，表现为过程和阶段的统一，以渐进为主；二是空间特征，表现为城镇结合，以城镇结合不同环境下的不同历史阶段；三是就业特征，表现为农工结合，非农为主；四是生活方式特征，表现为传统与现代，以新为主。立足人口学、地理学与经济学、发展经济学等学科，城镇化构建一个模式的框架结构，由人口元素、一个平面的点元素、一个有着边界的扁平的地理元素到立体的架构，是一种生动的生活生产方式。当人口学回答了城镇化的主体，地理学回答了主体所在的空间，经济学为城市的崛起和发展列明了必备的生产要素，生产要素随着乡村向城镇模式的演变，逐渐成为系统化的演绎过程。当文化融进了这个进程，则城镇化就有了传承、有了灵魂。"城镇化"是一个过程，是一个适合的模式形成的过程。它实现了从乡村到城镇的转变，是发展的需要和结果。世界城镇化可分为发展型城镇化与发达型城镇化。发展型城镇化有五个特点：一是原始积累主要来自农业；二是偏重发展第二产业，而非发展第三产业；三是具有明显的二元结构；四是主要是推力而非拉力的动力机制；五是城市贫民占有很大比重。

2.1.2 生计模式

要生存，最重要的是发展出一套能从生存环境中谋取衣食和居所的方法。这种方法和手段便是生计（subsistence），或者称为生存战略（Survival Strategy）。对个体来说，生计模式就是为了获取满足生存需要的资源而采取的与自然条件和自然规律相匹配的最优成本的方式；对社会来说，生计模式是为了获取满足生存需要的资源，在遵从社会不断创新法则，遵循社会演进的基本原则，以及社会创新法则和社会演进原则二者相互作用的前提条件下所采取的适合自然条件，遵循自然规律的最优成本的方式。现实中，在缺乏强制约束条件下，理性的个体到群体的最优生计策略是没有节制、竞争性地过度使用或侵占公共草场以降低自身生计成本，争取自己收益最大化，直到资源枯竭。"公有资源灾难"与生计博弈的结果，是地理环境的灾难及其衍生的生计模式的灾难。最终生计模式随着以公共草场、牧场为代表的地理环境彻底退化或废弃，无源而亡。（加勒特·哈丁，1968）地理环境决定着生计模式的内涵、分类、变迁和可持续发展，尽管不同阶段有不同的意义，但总归是递进的。

有研究关注了游牧生计模式及其文化对环境的适应问题，（Evans. Pritchard，1969）提出了强有力的对生计模式赖以生存的地理环境保护的约束机制对策。适应性研究丰富了生计方式变迁的内涵。生计模式是谋生的方式，由生活所需要的能力、有形和无形的资本以及活动组成，是解决可持续生存发展的方法的组合。（Sen A.，1981）不同民族或区域的生计模式生成过程，是生计资本结构不断调适地理环境的过程。生态人类学视域研究游牧、游牧民族，通常是将"调适（适应）"作为其关键词，试图探讨人类群体对生存环境的适应性，形成相应的风俗习惯、社会、经济、政治生活。（Salzman，Attwood，1996）生计资本是生计模式及生存成本的基础，由自然资本、物质资本、社会资本、人力资本、金融资本构成。（参见图2-1）通过对环境的适应性，可以应对生态环境脆弱出现的生存风险。（Bebbington A.，1999）人文视野了解生计模式及其与文化的关联性发现，"人类学保持着对相互关联的价值观念和实践体系的敏感，在文化背景中关注特定的生计和生活方式"，（奈杰尔·拉波特，乔安娜·奥佛林，1999）生计方式包括狩猎和采集、园艺、畜牧、集约农业以及工业等，游牧这一生计方式也是适应环境的表现和结果。(Marjolein C.J. Caniëls, Herman van den Bosch, 2011) 生计模式是通过文化认识资源，通过技术获取资源，人力资源是最宝贵的资源。当赖以生存的环境发生改变，认识资源与获取资料的方式也会随之发生变迁。脆弱的生态环境制约了可持续性生存。土地压力下的移民家庭的生计战略，也随之变化。(Koczberski, Curry, 2005) 为可持续性生存提供生存成本支出的来源。(Glavovic, Boonzaie, 2007) 贫困文化理论认为，贫困人群共享的价值观念、生活方式、行为方式等贫困亚文化一旦形成，便难以改变。(奥斯卡·刘易斯；陈恩，2019) 显然，对生计模式的认识，给予青海涉藏地区以启示，生计模式本身内含着为获取满足生存需要的资源，而采取与自然条件和自然规律相匹配的最优成本方式抉择的逻辑关系。

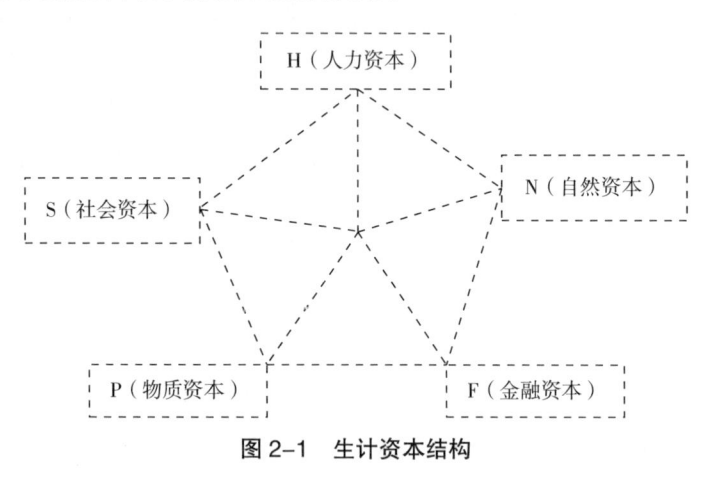

图 2-1　生计资本结构

2.1.3 生存成本

生存是个体在一定时间段、一定地理环境空间，通过可持续性劳动耗费从地理环境换取劳动力生存所需资料，延续自身劳动力存在的过程。(约阿希姆·拉德卡，2004) 如果家庭所获全部收入，不足以维持身体机能正常运转之需的最低数量的生活必需品，那么这个家庭就处于贫穷状态。(朗特里，1901) 这个最低数量的生活必需品就是生存必需品，其货币计量即可视为生存成本。生活成本的衡量方法，包括主观法 (Graham, 1987)、比较法、(Wightman, Foreman, 1991)、生活水平法 (Saunders, 2006)、直接支出法 (Frisch, 2001)、预算标准法 (McHugh, Marilyn, 1999)。国外最早的定义认为贫困的生活是一种状态，是基于能否满足人的基本生存的需要来判断的。

第 2 章　研究现状和理论依据

贫困是指人的总收入不足以继续维持人身体正常所需的最低生活品质的一种生活状态，强调维持基本生存的生活条件。贫困除了包括不能正常获得食物以外，还包括没有能力或条件参加其他的社会活动。（汤森，1979）欧洲对于贫困的认定，是与全社会平均水平进行比较。当收入没有达到全社会平均水平的60%，就是贫困，这可视同货币计量的贫困与生存的分界线。人均生活水平使用中值指标，按照这个标准，贫困永远存在。"循环因果关系"认为低收入是贫困循环的原因，（冈纳·缪尔达尔，1957，1968）经济的贫困只不过是贫困的外在现象而已。（Adela Delalic 等，2017）显然，低收入难以弥补生存成本需要而成为贫困循环的原因。

生存成本与环境相关。古典经济学把成本归结为劳动耗费的思想，启迪了生存成本概念的确定。把环境资源作为影响成本的因素，建立成本与环境资源之间的联系。人口理论将人口增长与资源之间的矛盾刻画出来，促进对环境资源问题的研究和思考。20世纪70年代，经济学发展到了新古典经济学阶段，包括新古典综合派等，仍然把生产成本作为各种成本的分析基础和典型形式。（陈新锋，2005）传统制度经济学把成本理解为为适应经济制度环境而付出的代价，这是生存成本的一种特殊形式，即由经济环境引起的生存成本。环境成本论涉及自然资源环境与人的生存成本的关系。资源经济学、环境经济学、生态经济学等边缘学科对自然环境与生存成本关系研究的核心是资源环境的外部性问题，环境经济学以"帕累托最优"理论和外部性理论分析环境经济问题。环境通过正外部性改善生存，负外部性提高生存的代价。

生活成本是以生存成本为基础的生存状况的反映。第一，有研究从消费者行为推断生活成本的真实变化。随着城市住房市场的最新发展，生活差异空间成本应会增加。大多数价格差异是地区间产生的，如果忽略生活成本差异，那么中国城市空间不平等水平就被高估了27%。与普遍看法相反的是，中国地区不平等现象正在减少。（Chao Li，John Gibson，Geua Boe-Gibson，2019）第二，以替代价格指数与官方指数比较研究。中国大规模移民导致了生活成本变化，这没有反映在消费者价格指数中。（Jonathan A.，2019）生活成本影响因素很多，最低工资调整直接和间接影响生活水平提高，最低工资增加影响地区生活成本。（Sarik Lilahajiva，2014）贸易自由化通过影响个体或家庭的就业和工资变动，又或者通过进口关税削减对国内消费品价格的不完全传导，从而产生劳动收入效应、消费效应以及应对冲击的行为调整，影响生活成本。(Jun Han, Runjuan Liu, Beyza Ural Marchand, Junsen Zhang, 2016; Phillip McCalman, 2018)优质专业人员的平均工资高于平均水平，不同地区的工资溢价不同。有的地区生活成本指数与全国平均水平比较，工资很难弥补较高的生活成本。(Anonymous, 2014)生活成本和工资存在正相关关系，生活成本对工资产生积极影响。工资可能会随生活成本调整而调整，调整幅度并不等于生活成本水平所表明的差异。(Michael C. Sturman, Andrey D. Ukhov; Sanghee Park, 2017)

大学的教育成本费用是家庭生存成本的组成部分，集中在学费和杂费，食宿费和其他生活费用津贴超过了大学总成本费用的50%。(Kelchen, Goldrick-Rab, Hosch, 2017)收入与生活成本的关系是区域经济福祉的两个关键要素。1990—2016年，美国96个城市地区的数据反映收入和生活成本是相关的，但不是对等的，生活成本对于人均收入似乎没有弹性。两者都与城市规模呈正相关关系，城市收入在很大程度上受劳动力参与、教育程度和产业结构的影响。(Harrison S. Campbell, Ryan D. James, 2020)收入、价格变化和家庭消费支出模式是影响生活成本上升的原因。(Muhamad Suriyani, 2020)

研究成果给予青海涉藏地区生存成本界定的启示，生存成本与生活成本是不同层级生存状况的反映，生存成本是生活成本最低的生存条件。当收入不足以覆盖生存消费支出时，则生存状况为贫困；生存与贫穷的分界线，也是生存与贫穷的关系线。当所获取的生活必需品的最低数量足以维持身体机能正常运转的状态时，道出了生存与生活的关系。这个分界线是生活最低层面的状态，也就是生存状态。可见，生存就是生活。假如把生存从生活中抽象出来，单独成为一种生活状态，则这个分界线之上的生活，就是更高层次的状态。与此相应的是，满足生活必需品的最低数量收入的支出，就是生存成本。超越生存成本的收入的支出，就是生活成本。无论是生存成本还是生活成本，都会受制于地理环境及衍生的生计模式，且与时俱进。

2.1.4 城镇化、生计模式、生存成本关系

产业不断转型支撑不同阶段的城镇化。城镇化的生命周期是以产业转型为依托支撑其不同发展阶段，(Northam R. M., 1975)每个阶段都在追求弥补生存成本的生计模式。如英、美等国初级阶段的工业化发展支撑了城镇化，成为生计模式获取收入以弥补生存成本而赖以依托的基础。这一阶段因为工

业化程度和规模限制，城镇化率低于30%。根据诺瑟姆的分析，城镇化率由30%向70%攀升而扩大，源于哺育城镇化的产业转变为钢铁、化工、机械等重工业规模的扩大，并随之迅速发展，到达生命周期的中期或者称为扩张期，即城镇化的第二个阶段。相对于产业的负荷能力，城镇化进入饱和期。重工业成为这一阶段生计模式的依托，成为弥补生存成本、增加收入的基础。当这一阶段产业发展到不足以支撑城镇化进程，以满足生计模式提供收入弥补生存成本需求时，诸多问题的解决将城镇化推向第三阶段，也就是产业和人口开始回流的逆向流动发展模式的阶段。这一阶段表现为形式载体变动，承载内涵变动。（Northam R. M., 1975）

上述研究给予了青海涉藏地区启示，溢出效应把城市外延拓展到乡村，人口从城市逆流向乡村。这一阶段不是简单的人口逆流，随之到达乡村的是一种不同于乡村条件下的生活方式和思维模式。城镇化是城市思想观念和生活方式向乡村地区扩散的变动过程，这一阶段产业转型以第三产业为主。正是第三产业的兴起，支撑"逆流阶段"模式的产生。此时，城镇化总体水平比较高，并且将城镇化率进一步提高到大于70%。边缘不断向农村延伸的结果，是大城市的人口和工商业随之逆行，前往更偏远的乡镇、农村。基于资源背景，每一阶段都在追求弥补生存成本的生计模式。

2.2 国内研究现状

2.2.1 城镇化

城镇化是一个动态概念，是生产要素空间以城镇为主导再配置的过程。2004年，苏州大学成立"中国农村城镇化研究中心"，2009年，更名为"中国特色城镇化研究中心"。（段进军，2013）狭义理解，城镇化一般是指人口城市化，是指城市数量增加和城市规模扩大，人口在一定时期内向城市聚集的过程。其实质是这样一个过程，即工业社会时代，社会经济发展导致农业活动比重逐渐下降、非农业活动比重逐步上升。与此经济结构变动相对应，乡村人口逐渐降低，城镇人口比重上升，生计模式逐渐向城镇性质转化和强化。国内较早的城镇化概念是城市化，是指一个国家或者地区非农人口占比不断增加的过程，主要反映了城镇人口和非农人口分布的变化，工业和城乡之间的关系，城镇现代化建设等方面。（吴友仁，1979）《非农化与城镇化研究》使用并拓展了"城镇化"概念，城镇化是将生产要素、空间以城市为主导，再配置的过程。（辜胜阻，1991）"乡村内生城市化"是我国典型的城镇化的观念。（顾骏，2006）城镇化的官方定义："城镇化又称城市化、都市化，是指人口向城市集聚、城市规模扩大以及由此引起一系列经济、社会变化的过程，其实质是经济结构、社会结构和空间结构的变迁"。（中国社科院，2013）城镇化的含义不仅包括城市化，而且强调中小城市和中心城镇的地位，是指经济社会发展到一定阶段，表现特征出现了改变，即城镇经济结构的优化、城镇人口总数的逐渐增长、城镇发展规模的扩大以及城镇生态环境的改善等。（王曦、陈中飞，2015；罗腾飞，2016）意味着公共基础设施和教育、医疗卫生等公共服务供给的平均成本的降低，和家庭个人生存单位成本的提高，家庭个人综合生存成本的降低。

城镇化一方面是人口由农牧区向城市迁移聚集的过程，同时又表现为地域景观的变化、产业结构的转变、生产生活方式的变革，是人口、地域、社会经济组织形式和生产生活方式，由传统落后的乡村型社会，向现代城市社会转化的多方面内容综合统一的过程，是一个国家或地区经济社会发展进步的主要反映和重要标志。国家统计局规定，城镇化率＝城镇人口／总人口（均按常住人口计算，不是户籍人口）。中国城镇化率的另一种算法：城镇化率＝1－农村化率，则中国城镇化率超过60%。（李迅雷，2014）联合国根据中国官方的人口统计数据，估计中国的城镇化率大约在51%的水平上。若排除非农户口人群，则调整后的城镇化率水平大约比官方统计值低13~15个百分点。①

城镇化与生计模式。社会学的城镇化，强调的是城市文明覆盖农村的过程，着眼于人们生活方式的变化。随着城镇化，原有的生计模式也在城镇化。这个过程，既包括人们不断被吸引到城市，被纳入城市生活组织，也包括城市生活方式的不断强化。（周一星，1995）城镇化是在逐步完善城镇基础设施、公共服务设施的基础上，引导、促进农村生活方式向城镇生活方式转变的过程，这是一个居民生活方式不断优化的过程；哲学家的城镇化，强调村

---

① 北晚新视觉.中国真实城镇化率已超60%"胡焕庸线"该如何破解？[EB/OL].[2014-12-10][2019-5-13]. https://www.takefoto.cn/viewnews-249422.html.

落人口逐步向城市转移的同时，生活方式现代化、集约高效化，城乡互动更加协调的社会发展过程；（钟海燕，2013）经济学的城镇化，强调产业转移过程。这是农村传统的自然经济转化为城市社会化大生产的过程。这个过程中，类似于靠天吃饭的"一顶帐篷一口锅、一群牦牛四处游"的传统生产生活方式随之调适。越来越多的劳动力随着产业转移而进入城镇，生计模式潜移默化地发生结构性调适，尤其易地扶贫搬迁行动优化了生计模式，居住模式也随之改变，其结果是生活水平有了实质性的提高。（吴晓颖，2010）2008年起建设四川省牧民定居点。2009—2012年，29个牧区县规划建设1409个定居点，改善10万户、48万名未定居、半定居牧民生计模式。家家固定房、户户新帐篷，农牧民居住演变为"外部装修民族化、内部装饰现代化、居住生活舒适化"模式。（阳宁东，2011）

城镇化与工业化、产业化关系。在城镇化发展过程中，"有的人坚持要大力发展大城市，有的人坚持小城镇优先发展"。从"控制大城市规模，合理发展中等城市，积极发展小城市"到"严格控制大城市规模，合理发展中等城市和小城市"，（蔡昉、都阳，1999）城镇化采取"区域集约化"的模式，走中国特色的城镇化道路。（金珍敏、樊纲、王小鲁，2004）"中国人口众多、地域广阔，选择集中型与分散型相结合、据点式与网络式相结合、大中小城市与小城镇协调发展的多元化城镇化，这是一条适合中国国情的发展之路。"城镇化是经济发展空间结构转变的方式，工业化是产业结构的必经之路，工业化、城镇化和经济发展是相伴的关系。工业化时期，工业化水平与经济发展水平是一致的，城镇化与经济发展之间呈现显著的关系。以城镇化与工业化和经济发展的关系划分城镇化类型，表述为三种类型：第一，超前工业化水平和经济发展水平的城镇化；第二，城镇化、工业化和经济发展趋于一致的城镇化；第三，远滞后于工业化水平和经济发展水平的城镇化。（张丽君，2015）

民族地区城镇化、工业化与经济发展具有共性，也有其个性，城镇化和工业化有利于促进该地区经济发展。民族地区城镇化在不同地区存在差别，包括少数民族人口城镇化和地区城镇化。（骆为祥，2008）人口城镇化"低水平，高速发展"模式，少数民族人口城镇化水平低于全国水平，有地区差异。（焦开山，2015）城镇化地区差异，主要是工业化发展水平差异、城镇体系发育和城镇规模差异。（焦开山，2015）城镇化率与人均地区生产总值，工业化率与人均地区生产总值两组变量均显著相关。依靠城镇化拉动经济发展的趋势特征，在民族地区非常明显。城镇化率对人均地区生产总值的正效应，大于工业化率的作用。人均 GDP 与工业化是显著的相关关系，但各省区经济发展情况不同。（钟海燕，2015）根据诺瑟姆（Northam）"S" 曲线，全国平均水平处于城镇化加速阶段，民族地区则刚进入这一阶段的初期，（钟海燕，张丽君，2015）大部分民族地区城市化与工业化呈现不协调关系。（曲丹婷，蔡果兰，2011）无论是城镇化率、工业化率，还是人均地区生产总值指标为代表的经济发展，民族地区均滞后于全国平均水平。城镇化率、工业化率、经济发展水平呈现上升趋势，但历年工业化率低于全国平均水平，差距在不断缩小（钟海燕，2015）。西部民族地区城镇化、工业化和经济增长关系符合卡尔多定律（Kaldor's Law）[①]，人均生产总值是城镇化率格兰杰原因。（钟海燕，张丽君，2015）人口迁移"推拉"理论，解释了民族地区人口城镇化的影响因素。受自然环境制约等因素的影响，城市规模发展不足、产业聚集度低、城市吸纳人口及增收补本的能力有限，影响少数民族就近流入邻近大中城市的活动，本地城镇化受阻。（曹大明等，2014；焦开山，2015）

  城镇化率的地区差异，首先，从工业化发展水平的差异，解读其对城镇化的推动作用，对农牧民的吸纳聚集作用。我国工业化水平的高低顺序为东部地区、东北地区、中部地区和西部地区，而每一地区内部也存在结构性差异。东部地区高水平的工业化，推动了所在地区城镇化进程。同时，吸引其他地区农牧人口的集聚。所吸引的人口规模的大小，取决于工业化发达程度的高低，及其所能承载的农牧区就业人口规模的大小。发达的工业化对所吸引人口的职业能力及个人素质要求，与所提供的工业化的发达程度所需能力匹配程度一致。当所吸引人口的职业技能低于工业化高水平之需，所获收益的高低差异，会影响生存质量水平。西部地区工业化起步晚，工业化基础也是整个体系中较薄弱的一环，产业结构不合理。因此，工业化对农牧区人口的吸纳能力、城镇化的推动能力较弱。稀疏的城镇分布，限制了城镇的辐射能力（张丽君，2015）。其次，城镇化体系的发育和城镇规模存在差异。城镇

[①] 卡尔多定律是英国剑桥学派经济学家尼古拉斯·卡尔多 1966 年表述的三个增长定律：一是 GDP 增长与制造业产出增长高度正相关；二是制造业劳动生产率增长与制造业产出增长高度正相关；三是整个经济中的劳动生产率增长与非制造业部门的就业增长率之间存在负相关关系。刘易斯的二元经济发展理论认为农业的劳动生产率大大低于工业部门。

化健康发展主要集中表现在城镇化水平与经济发展的适当性、城镇化速度与各项建设的适中性、城镇化发展与环境的可持续性,以及城乡发展的协调性。(张占斌,2016)

城镇化与收入和消费的关系。城镇化水平与收入增长之间长期处于稳定的均衡关系(宋元梁等,2005),城镇化为劳动力流动、收入增加创造了条件,(范爱军等,2007)劳动力流动缩小了城乡收入的差距。(蔡昉、王美艳,2009;吴若冰,2013)城镇化与消费需求是互为内生的关系,城镇化推动消费水平、结构的改变。也有观点认为,城镇化对消费的影响并不明显。城乡收入差距是造成城乡消费差距的主要原因,城镇化水平是除收入之外对消费影响最大的因素,(李通屏等,2013;雷潇雨、龚六堂,2014)城镇化发展是实现收入增长的重要条件和前提,应把加速推进城镇化进程作为持续增加收入、解决可持续性生存的根本途径。(安虎森等,2016)只有从根本上打破城乡隔离的模式,加强城镇化的建设,才能有效增加收入,促进消费水平的增长,促进经济增长。(齐红倩、刘力,2000;周建等,2013)城乡收入差距对城镇化存在促进和阻碍正反两方面的作用,二者之间的关系受到市场化程度的调节。(许文静、赵莎莎,2018)城镇化对于优化产业结构、改善居民健康状况、促进农业劳动力转移有促进作用,进而能缩小城乡收入的相对差距(马强等,2018)。城乡收入差距与城镇化是相互促进的关系,城镇化也是生计模式转型的推动力。(任伟、陈立文,2019)

2.2.2 生计模式

生计模式是一种根据社会特征、自身需求不断发生变化的生活方式。它会随地理环境产生相应调整,其形成经历了漫长的历史演变和积累的过程。这个过程是地理环境影响下生产力及生存目标发展形成的一系列活动的稳定形势和特征体系。(郭冰洁,2017)不同的生计模式相互影响,现代城市生计模式不断影响着乡村生计模式。延续的生计模式,依托工业化、产业化支撑生存,一定程度上影响社会发展。(谈抒婕,2015)现代工业化、产业化不断改善生活、居住和工作环境,改善文化生活设施,满足各层次生活需求及与之呼应的生活成本。生计模式可被归纳为适应不同地理环境所采取的整套的谋生手段,环境的结构性差异决定了生计模式的结构性差异。(陈佐忠等,2000;涂晶,2017)从个人层面,所谓生计模式指的是个人为满足生存需要,而通过获取一定数量的物资的方式；从社会层面，生计模式不仅指人对自然的征服和物质的获取方式，还包括在这一过程中所进行的相互协调，以及所遵循的基本原则。前者是人对自然条件和自然规律的适应，后者是对社会法则的遵从，并在社会演进过程中不断创造新的规则。有研究侧重于纯牧区与农区、半农半牧区的生计策略的划分。纯牧区主要生计策略包括特色产品加工、商业活动、现代畜牧业，农区和半农半牧区主要生计策略则为商业活动、外出打工和旅游服务业等。（江进德，赵雪雁等，2012）生计模式包括资产、行动和获取这些资产的途径，由生活所需要的能力、资产及行动组成。（汤青，2015）

研究认为，生计是人类适应环境的结果，是社会变迁的产物。（何国强，2005；魏乐平，2012）其与自主性的不断发育、不断释放的过程相契合，这一变迁历程与国家政策、市场力量及当地社会和传统文化交织在一起。（汪丹，2012）生计是指为生存所谋之划，此划所谋是生存的时间射线，不仅仅是时间点保全生命之谋划，而且是以此生为时间期间的谋划，此谋划包含了维持生命主体生活的经济基础，而经济的来源是付出代价的回报。以成本会计的理论理解，即以凝聚了成本的载体付出后，所获回报之谋。最基本的载体就是生命体本身，以自己的劳动力为载体，谋求资财之划，此资财所获之谋划往往以产业或职业等为依存。哪里有此产业或职业载体可提供付出劳动的机会，哪里就有谋划赖以度生的手段，包括职业，职业是生计显而易见的谋生手段。为此，生计模式与劳动付出相关。常态下，劳动力所凝聚的成本越大，往往与所获回报有必然联系。劳动力凝聚成本存在差异，所获回报也存在差异。生计模式是"为基本生存而采取的策略"，（李文辉，2016）基本生存是生活的底线，即任何生命主体都能活着的所依赖的"资财"，即经济基础。经济基础依赖生计模式，"生计模式是人类适应自然与社会的一种生存方式"，是获取弥补生存成本资源的手段，（岳小国，2011；李文辉，2016）演变过程展现其与地理环境、历史变迁和技术发展等的关系，证明生计模式是人类与自然交换能量，维持与社会变迁同步的生存手段。

生计方式随着时代背景因地制宜地调适。碧罗雪山东麓茨中村人根据当地自然条件的多样性和自身对生存环境的需要，演绎传统的生存策略，以半农半牧、跑马帮、开客栈、从事渔猎、手工等生产方式，实现社会分工，使用工具，开辟交通，与自然交换能量。每一代居民进入预定的继承序列，也就传承了生态环境、社会因素及生产方式，并以自身超越前人的活动，丰富其内容，从而生成多元的生计模式。（魏乐平，2012）云南特殊村落的地理、历史环境，促使上桥头村村民不断探索安身立命的生计方式。生计方式的选择与其不同的族属身份认同存在着微妙的关系。同时，该村契合禀赋资源的木碗生产所带来的经济水平的提高，以及对汉藏文化的认同，促成了该村把藏式木碗制作当作生计方式，发展至今。（陈文雅，2014）西藏中部地区村民在与土地、作物、草植、牲畜、林木等互动过程中，认识自然，遵从自然，创造了与当地自然环境高度适应的生产技术，影响生计模式，对生态环境保护有着积极作用。村民通过生产同步性行动、换工、互助等形式，实现个体与社会的互动。整合社会人力、物力资源，弥补个体力量的不足，增强个体生存的能力。与生产生活有关的各种禁忌、习俗以及节制消费、积德行善、注重和谐等，成为生计模式的重要组成要素。（曾仁利，2018）社会的发展在"影响—交融—调适"的交错中进行。

青海涉藏地区的生计模式如同上述逐渐发生着变化。玛多县，基于黄河源区脆弱的生态系统，黄河源区生态安全，优化藏族传统生计模式体系，以保护生态环境。（邵侃，田红，2011）称多县牧民生计模式，同样受现代化和全球化影响而发生转型。（旦增成林，2016）同德县科加滩生态移民社区定居后，生计模式逐渐由粗放型向集约型转变，由单一的生计方式逐步向多元化生计方式转变。这种转变受文化价值观的影响，演绎对地理环境的适应过程。（周斌，2014）曲麻莱县生态移民不同的安置方式，奠定了生计结构差异的基础。生态移民生产、生活水平，生计的可持续性能力，在适应城镇化中提高。（朱夫静，李芬，2016）生存环境影响生计模式，青海涉藏地区传承本土生态文化，保护环境，延续生计模式。（曹仁利，2018）城镇化道路修建，改善了生存环境，改善了社会关系，优化了生计方式。（李志农、胡倩，2018）民族族际差异，在文化内涵、就业层次、收入水平和家庭生活状况等方面影响着生计模式。（马子量，2018）

生计模式与收入。不同生计模式，其收入水平差异显著。传统的生计模式主要是农业、畜牧业以及采集业，当地农牧民家庭经济收入来源主要依赖于这三大生计模式。生计模式影响、决定着当地家庭经济状况。传统农耕生计模式更依赖直接从土地获取生存的粮食、薪柴以及饲养养殖等必要的资源。生计模式与土地适应，取决于与人这一变量关系的密切程度。人口是否超过土地的承载能力，决定了薪柴、流动资金是否缺乏，收入是否足以补偿生存成本，也决定了生存的可持续性；畜牧业、虫草等采集业的收入，对国际、国内市场敏感。（马海寿，2008；岳小国，2011）生态移民模式，给予生计模式类型丰富的内涵。第一，纯农耕经营型模式。农业经营收入在维持生计中占绝对比重，没有打工，也没有非农经营收入。第二，纯补贴型模式。缺乏农业与非农经营收入，没有打工收入，从政府退牧还草等各种补贴中获取补贴收入，以维持家庭生计。第三，农业经营与打工混合型模式。维持生计的渠道来源于农业经营性生产和农业与非农业打工。第四，纯打工型模式。维持生计的收入渠道，主要是农业和非农业打工等。（史俊宏、赵立娟，2013）

根据环境决定论和贫困文化论，生计模式受制于资源环境，影响收入弥补生存成本的能力。（曹仁利，2018；罡拉卓玛，2019；彭华、刘仙、卢宗源，2020；杨馥铭，2020）生计模式和收入的关系，决定了对生存成本的弥补能力，也决定了生计模式的积累能力。可持续生计理论框架强调，生计资本存量、生计策略选择和生计结果，输出三者的内在传导关系。生计策略的选择，受家庭生计资本组合、外部环境影响，进而直接作用于生计结果。在外部风险因素和家庭内部因素约束下，家庭结合自身生计目标和生计资本组合，选择不同生计策略，产生差异化生计结果。善于将禀赋资源差异转化为附加值，选择合理的生计活动，最大化收益，或最小化风险，是稳定生计、可持续补偿生存成本的关键。

在青海涉藏地区，人文资源是多快好省增加附加值的资本。契合文化资源的生计模式，有利于将禀赋资源转化为收入，提升弥补生存成本的能力。环境—行为—文化三者依序影响，构建了一个封闭的系统，虽然演绎了贫困文化，形成生计及其模式困境，但站在差异资源化的视角，同样演绎禀赋资源——文化的附加值。文化是生计模式的纽带，人类学认为自然是文化的自然，则生计模式也是文化的生计模式。青海涉藏地区传统文化显示出自然与文化高度一致的特征，这与现代社会的工业文明不同。生计模式置于民族文化语境讨论，有助于获得文化与自然生态联系的密切程度并具有与其他经济生产关系的不同特征。自然孕育的文化与现代工业文明的文化不同，农牧民生计模式及其变迁，应该与地理环境孕育的文化维度一起考量。生计模式衍生了相应的文化，耕作技术反映了一个民族生计模式与文化结构的关系。中国台湾地区台东县阿美人在1920—1930年进行小米种植，形成以小米周期仪式为核心的阿美人年度周期仪式，以及在此过程中的阶序制度对社会的构建。（罗素玫，2005）广西壮族自治区布努瑶族农民打破了传统的以玉米种植为主的生计方式，转向新型的以养殖业和经济作物种植业为主的生计模式，这一转变使其文化特质由定居转向流动，作物、生计模式与文化形成共变规则。（秦红增、唐剑玲，2006）苦聪人在历史迁徙过程中，依赖丰富的资源，以狩猎、采集为生计模式，并生成了与此相适应的文化。（罗承松，2010）十一届三中全会以后，对苦聪人的扶持力度不断加大，国家政策推动其生计模式变迁，使得苦聪人逐步树立起与市场经济所相符的价值观念、效益观念、竞争观念、时间观念、人才观念，自觉提高自身素质，参与市场竞争的能力不断增强，文化调适逐渐超越物质环境的限制。

青海涉藏地区有着与其他涉藏地区相同的生计模式，这一模式嵌入了宗教信仰和文化特色，嵌入了村规民约文化特征。生存理性和农牧民生计系统的变迁，物质稀缺与宗教信仰反映了游牧生计系统与生态、文化的耦合机制。（坚赞才旦、王晓，2014）根据现有研究成果判断，涉藏地区城镇化及其生计模式已拥有第三阶段的条件——文化资源，处于类似于第二阶段的发展进程。为此，国内外研究成果为城镇化生计模式进入超越的逆城镇化阶段，与文化耦合于特色乡村旅游产业及其衍生的生计模式，提供了依据。

2.2.3 生活成本及成本项目

生活成本是指个体生活消费所需支出的总称。根据不同的标准，生活成本有不同的分类。按照是否为经济成本，被分为经济成本和非经济成本。其中，非经济成本包括制度、技术和文化因素。经济制度、规划、通信技术、风俗习惯、意识形态等，影响生活成本。（岑家栋，2016）国内对生活成本的研究包括两个方面：一是生活成本及其指数测算，二是生产成本影响因素及其机制。（谢剑锋，贾凯威，2017）各地区居民平均生活成本指数，指的是住房消费成本指数与除住房之外的其他商品和服务消费成本指数之和。（邱曦薇，2018）生活成本指数主要用于衡量外部冲击及其引致的消费行为调整，对消费者福利的影响。（王备、钱学锋，2020）生活成本具体表现为生活成本项目。生活成本项目主要有衣着消费支出、食品消费支出、居住消费服务支出、交通和通信费用支出、文化教育和娱乐用品费用、医疗保健费用、其他商品和服务费用。

衣着消费支出成本项目，包括购买衣着支出成本和衣着加工费支出成本；（交巴草，2015；周裕兰，2016）食品消费支出成本项目，包括对谷物、豆类、食用油、蔬菜、肉、蛋、奶等购买食物的支出和在外饮食、食品加工费等食品消费性服务支出；（王艳、朱翔，2012；陆慧、赵荔，2016）居住消费服务支出成本项目，包括购买居住消费品、生活用水和生活用电等费用支出；家庭设备和服务成本费用支出成本项目，包括家庭设备用品的购买及日常维护修理费用；（柯熙泰，2015；游新畅，2019）交通和通信成本项目支出，包括购买交通和通信用品费用支出及交通和服务消费支出；（张凌瑄，2019）文化教育和娱乐用品成本项目支出，包括宗教信仰成本项目费用支出。（石硕，2015；路秋子，2016）

不同时期，生活成本项目存在结构性差异。大多易地扶贫搬迁户被安置在条件便捷、基础设施完善、相对开放、邻近县城或乡镇集市的新建村镇社区，为改变传统生存模式，改善生存环境创造了条件。交通条件的改善，使生活环境不再封闭；基础设施改善，使信息不再闭塞；公共服务的完善，使文化不再保守；职业技能的培训，使经济收入渠道不再单一。生活成本项目展现出原来生活消费所需的基本资源大多源自土地；生计模式随之转型，生活基本保障的消费必需品来自市场，生活消费支出费用成本增加，移民搬迁直接或间接地影响了生活成本项目趋向城镇化的结构性调整。一定区域产业发展，企业产品种类和数量增加，所要承担的运输和贸易等空间成本就被摊薄，产品价格相对便宜，生活成本加大受益空间，进而吸引更多的人口向此聚集。市场规模不断扩大、成熟，产业向市场集聚，（邹迪，2018）生活成本、通货膨胀、恩格尔系数及生活质量之间满足长期的均衡关系。通货膨胀上升在削弱居民实际购买力（负收入效应）的同时，带来消费结构变化（替代效应）。食品等基本支出增加，食品等基本品的价格上涨。因其在 CPI 构成中占较大权重，所以 CPI 相对上升。恩格尔系数上升导致 CPI 上升，居民生活质量下降。（谢剑锋、贾凯威，2017）当生活食品总支出弹性低于 1 时，则属于必需品的消费支出，满足的是生存的基本支出。随着生活水平提高，食品在消费中的比重会逐渐降低，食品价格上涨会挤占家庭其他生存成本项目的消费支出能力。

2.2.4 生存成本功能及其优化

生存成本，是以货币为主要计量单位为生存获得必要物质资料付出的代价，物价是影响生存成本的重要指标。（高连奎，2012；2014）生存成本等于生产与交易成本之和，更完整的表述为：生存成本 = 风险系数（生产成本 + 交易成本）；（吴飞驰，2001）生存成本是经济体在一定自然环境中，达到一定生存状态付出的劳动耗费。（陈新锋，2005）生存成本是维持基本生活的组成要素，主要包括日常饮食费用。人要生存，需要相应的生存资料，就必然要耗费劳动。随着对生存状态要求的提升，获得生存资源的劳动成本相应提高。生存成本的相对性决定了生存质量和水平的相对性，根据规模经济效应，家庭人数不同，劳动耗费不同，劳动能力不同，决定不同的生存成本及其弥补能力。相同的生存标准，家庭规模大小不同，生存成本摊薄的功能不同，对生存成本的弥补能力不同，资本积累的能力也不同。有研究建议，建立"低生存成本社会"，实现方法即"非生存性的稀缺资源采用市场分配，粮食等生存性稀缺资源采取均等化分配方法"。任何时候，只有解决了生存问题，其他的精神需求才会有根基。生存问题不仅是发展的问题，还是一种分配问题。经济越发展，人类生存所需要的产品就越多，生存成本也就越高。（吴飞驰，2001；高连奎，2013）

生存成本理论强调的是人与环境的协调。不同生计模式要付出不同的代价以获得生存所必需的物资，不同时空环境生存所耗费的活劳动和物化劳动也不同。生存成本实质体现了生计模式、生存耗费与环境的关系，优化生存成本的有效途径就是建立经济体与环境的和谐。生存成本涉及经济体、自然环境、生存状态、劳动耗费等关键词及其关系，生存成本高低取决于地理环境及其与经济体劳动耗费的关系，劳动耗费与人的生存模式始终相随。为满足生存需要，需要考虑对外部环境支付成本代价。只有在与外部环境和谐的状态下，才能优化生存成本，提高自身的生存质量，改善自身的生存状态。生计模式城镇化转型，生存成本也相应提高，包括脱离土地资源及其升值收益的成本、人力资源成本、就业风险成本、社会保障成本、居住成本、搬迁成本、信息成本等。（金英铁，2006）同时也改变了生存成本结构。成本是生存的基础，既是个体、家庭、村庄生存的成本，也是生计模式生存的成本和城镇化生存的成本。根据短板理论、盈亏平衡理论、贫困的分界线即贫困标准线、生存成本测度研究，所谓生存成本的量化指标是贫困标准线，即温饱线（童星、林闽钢，1994），其中包括国家贫困标准、生存成本测度结果。研究将贫困标准线赋予生存的盈亏平衡关系，将这两种假设综合为盈亏平衡生存成本线。城镇化生计模式生存成本盈亏平衡内涵是不同的，反映生存成本的补偿状况，实质是生存耗费与环境的关系问题，生存状态通过生存成本项目结构可窥一斑。影响生存成本的因素不止一种，工资收入低于行业平均水平，与高工资行业的收入水平有显著差距，会对生活质量产生影响。（刘雪冉，2018）

优化生存成本是生存成本项目结构优化，这是一个系统化的过程，与自然环境密不可分。与自然环境相适宜的生计模式能够优化生存成本，这种朴实的思想体现于北魏贾思勰的《齐民要术》，"顺天利，量地利，则用力少而成功多"，包含着自然环境与收获和生存成本关系的哲理思想。生存成本的高低取决于环境及其与经济体的关系，在不同的自然环境条件下，个人生存所需要付出的成本代价是不同的。同时，对自然环境的投入成本又会影响自然环境的变化，反过来也会影响人们为了生存所需要付出的成本代价的水平。"自然环境与个人生存成本"随地理条件差异、生计模式差异，获得相同的物资资料所付出的代价不尽相同，生存成本的内涵、层级性、衡量标准随着生活水平的提高更加丰富。（金磊，2014）环境与生存成本相互影响，资源的空间分布，包括资源密度及人与资源的距离等，资源的密度与获取生存资料的劳动付出的单位成本的关系，都会影响生存主体的生存成本。环境的丰度和环境与人的和谐程度影响生存成本。环境丰度是影响生存成本的首要因素，环境丰度与生存成本量成反比，与生存成本弥补能力成正比。正如《史记·货殖列传》所述，"膏壤沃野千里"，"关中之地，于天下三分之一，而人众不过十三，然量其富，十居其六"，也就是说，由于土地的肥沃，关中地区只用了较少量人力，却获得了更多的收获。由于土地富饶，契合禀赋资源的生计模式可以获得较大的收益，"楚越之地"安居乐业，没有冻饿之患，优化生存成本最有效的方法是建立生存主体与自然环境的和谐。环境与经济体的和谐程度是决定生存成本的重要因素，环境的改变与生存成本之间存在互动关系。生计模式的转变是就业形态的转变及其对应的生活方式的转变，生存质量的提高。自然环境拓展为包括经济环境、社会环境及其他环境的地理环境，则生计模式随之拓展为以大工业、信息技术为依托的生计模式，以此为基础的生存成本的内涵因此拓展。生计模式一般分为以自然环境为基础的生计模式和以社会环境为基础的生计模式，以社会环境为基础的生计模式取决于以自然环境为基础的生计模式。（陈佐忠等，2000）无论是农耕还是游牧生计模式，其可持续性发展需要获得相应的生存资料，这是最基础的自然环境下的物质生存成本，即自然成本，包括耗费的简单的活劳动和物化劳动。

从纯粹依赖自然环境的农耕生计模式或游牧生计模式，到以自然环境为基础、地理环境为依托的大工业生计模式，孕育不同的生存成本。生存成本更多的是由自然成本演变为经济成本，经济越发达，个体对经济社会环境的依赖度越高，这部分生存成本在总生存成本中所占比重就越大。随着个体参与社会的程度越高，社会成本所占总生存成本的比重越大。城镇化、生计模式、生存成本阶梯关系见图2-2。从自然环境到地理环境，基本物质为主的生存成本到社会成本为主的生存成本顺序递进。生计模式与自然环境契合度越高，单位生存成本可能越低（严星等，1993）。生计模式的转换随着城镇化而转换，农牧区人口不断向城镇转移，为第二、三产业不断向城镇聚集提供了前提条件。城镇数量增加，城镇规模扩大，为一个国家或地区社会生产力发展，科学技术进步，产业结构调整提供了前提条件。农牧区人口居住地点向城镇迁移，劳动力从事职业向城镇第二、三产业转移，随之，生计模式发生转换，转换为人的城镇化。城镇化以城镇为载体，吸引生产要素聚集，并承接了大量的农牧区富余劳动力，城镇化在很大程度上缓解了农牧区人地紧张的突出矛盾，逐步缩小城乡区域差别。经过产业结构调整，资源优化配置，居民的收入随之增加。

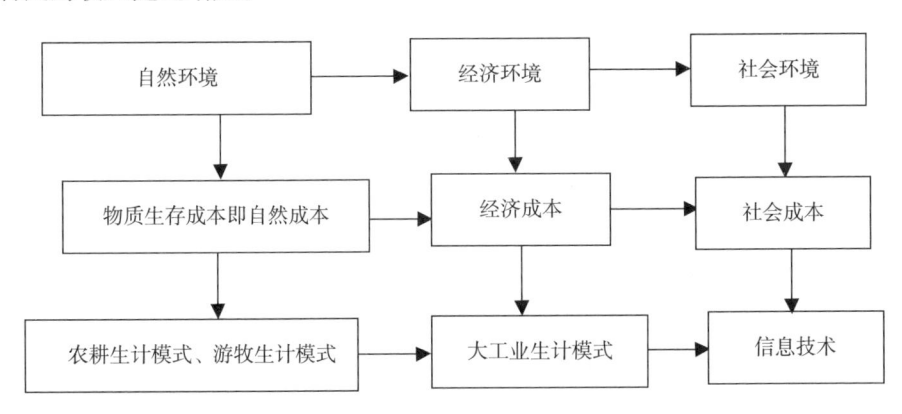

图2-2 城镇化、生计模式、生存成本阶梯关系

社会发展的背后是对生存标准要求的不断提高。随着生产力的发展，同

样的温饱标准，新时期相同地理环境生存标准已不满足于传统意义上温饱的生存标准，其生存标准转向生存质量和发展机会。生存成本结构因此不断调适，进一步优化为与时代要求一致的结构，与转型升级生计模式匹配的结构。具体表现为，人们不再满足于吃饱、穿暖，而是要求"吃好""住好"，接受更好的教育，享受更好的生态生存环境。这是优化生存成本项目结构的过程，是新时期生存内涵的重要内容。人们总是趋向同等质量，选择优化生存成本项目结构的生计模式。

2.2.5 文献研究启示

现有文献对生存成本概念界定及衡量方法的提出，为后续研究提供了参考。现有生存问题研究基本集中在单向度的收入现状、环境条件对收入的影响，等等，普遍强调"事后救济"的对策，主要集中在传统生计模式转型升级城镇化生存模式后，获取国家或社会救济制度等。但由于地理、资源、文化差异，对衣、食、住、行、通信、文化教育、宗教信仰等生存成本项目的研究，生计模式转型升级及生存成本弥补的财务风险研究，生存的可持续性研究，需从事后转向事前、事中的关注。将各自独立的生存成本及其项目结构、生计模式置于城镇化背景下，以生计模式转型升级为契机，生存个案为切入点，微观剖析生存成本及其弥补能力，以期得到规律性的结论。生计的研究主要以社会学方法和政策性的描述居多，生计模式是一个涉及多学科的复杂问题，其中的可持续性更是涉及政治、经济、文化多个层面，应对其开展综合性研究。

城镇化是谋求地理环境、生计模式、生存成本历史演进以及与科技发展平衡的有效途径。现有研究成果立足地理学、人口学、社会学、哲学、民族学、人类学、经济学和管理学等学科，界定概念，构建框架结构。从立体的地理元素、人口元素平面的点元素，到意识、文化元素，赋予城镇化各阶段生计模式和生存成本各具特征的内涵。这是生动的生产和生活过程，将文化融进城镇化进程，则城镇化便有了传承的灵魂；民族文化融入城镇化，则城镇化便有了特色。城镇化定义研究及其实践既有共性，也有不同层次的个性。国家政策推动城镇化生计模式升级换代，使其逐步树立起市场经济所要求的价值观念、效益观念、竞争观念、时间观念、人才观念，文化调适超越物质环境的限制，增强市场竞争能力和生计模式及其生存成本的生存能力。

共性特征启示之一为，具有多层次的标志性产业支撑螺旋式上升的城镇化特征，生存成本引导城镇化从城镇外延拓展到乡村，呈现逆流向的本土化特色的城镇化模式特征。研究认为城镇化发展的整个过程，赋予生计模式及其生存成本丰富的内涵。尤其是逆流向的城镇化，对于贫困地区具有更加深刻的意义。不仅是人口逆流，尤其是意识形态以及生活方式和文明注入乡村，更是形式载体变动承载内涵的实质变动，即城镇先进的、现代的思想观念，生活方式向乡村地区扩散的变动过程。根据诺瑟姆理论，城镇化与工业化结合是工业化进程中城镇化趋势的特征。伴随着工业化发展，城镇化呈现的规律与其相辅相成。

共性特征启示之二为，产业与禀赋资源匹配是城镇化及生存成本优化的前提条件。成本理论提供了一个阐明人与环境关系的思路，说明了经济体的生存成本取决于环境。只有协调好人与自然环境的关系，使其更合理、和谐，形成良性互动的关系，才能使生存水平提高。"第二、第三产业在具备特定地理条件的地域空间集聚，并在此基础上形成消费地域，同时其他经济、生活用地也相应建立。多种经济用地和生活用地集聚的过程，就是城镇化过程。"（Ray M. Northam，1979）这一论述隐含了支撑城镇化的产业需要特定地理条件和禀赋资源与之匹配，这为创设生存成本优化的生计模式，满足城镇化创造了条件。

成本的研究由来已久，多以企业生存为主题。各学科不断尝试新的理论、方法、思路对生存成本进行量化分析，将进入更广泛的生活实践中。马克思的成本理论是研究生存成本的理论依据，成本的界定、分析理论来源是马克思主义的劳动价值论和剩余价值论。根据劳动价值论，生产者生产产品时所耗费的只有劳动。生存是劳动的首要欲望，欲望的实现需要付出代价，这个代价就是成本。为生存的欲望付出的代价为生存成本，这是幸福公式隐含的因素。（Paul A. Samuelson，2009）收入、生存成本及其关系决定幸福指数，（高连奎，2013）当收入不足以弥补生存的消费支出成本时，即便收入再高，无论对一个地方，还是对一个村落、家庭、个体，都是生存危机。生存成本具有层次性，与地理环境密切相关。城镇化产业转型，提供了每一阶段都在追求增加收入弥补生存成本的模式，（焦开山，2015；安虎森等，2016）城乡收入差距对生存成本弥补能力的要求不同。（许文静，2018）城镇化在改变生存成本结构的同时，满足更高的需求，但也拉大了城乡收入差距，（任伟、陈立文，2019）而相较于收入研究，各家支出数据更加具体，呈现纷繁复杂的特点。

如何才能缩小城乡收支差距、提高收入以弥补生存成本缺口能力？只有城镇，没有产业，居民人均收支就等于无源之水。只有城镇、产业、人口，没有禀赋资源，城镇就没有生存的衣钵。禀赋资源、人口和产业与城镇化匹配的一体的模式，是最适合的模式。根据理论，青海涉藏地区城镇化缺乏强大的产业支撑，属于初级起步阶段，发展空间大。首先，特殊的资源要素禀赋决定青海涉藏地区城镇化产业布局分层分阶段的要求。创新产业支撑，是城镇化赖以生存的衣钵，也是生存成本来源的衣钵。产业优先布局第三产业部门，不仅可以推动教育、医疗等公共服务发展，还能推动旅游、餐饮、娱乐、金融等服务业发展；其次，特殊的地理位置、战略地位，决定了青海涉藏地区城镇化布局的安全稳定原则和社会效益大于经济效益的要求。产业与禀赋资源匹配和契合，设计适合就地小城镇模式，本土化才能具有生命力和可持续性，这是满足生计模式生存和生存成本发展要求的前提条件。

2.3 概念界定

2.3.1 青海涉藏地区

青海涉藏地区，包括海北藏族自治州（以下简称海北州）、黄南藏族自治州（以下简称黄南州）、海南藏族自治州（以下简称海南州）、果洛藏族自治州（以下简称果洛州）、玉树藏族自治州（以下简称玉树州）和海西蒙古族藏族自治州（以下简称海西州）在内的六州涉藏行政区域，在历史传承、地理位置、自然环境、人文资源等方面各有区域特征以及结构性差异。该地区是藏民族和其他各民族共同聚居的地区，拥有丰富的多民族资源。海南州约有26个民族，海西州约有29个民族、黄南州约有15个民族，果洛州大概有14个民族。根据全国第六次人口普查和《青海统计年鉴2018》相关数据整理发现，海北州占全省人口4.96%，少数民族占州总人口比重为59.01%，藏民族人口占州总人口22.44%，占全省总人口1.11%；黄南州占全省人口4.66%，少数民族占州总人口比重为86.37%，藏民族人口占州总人口63.04%，占全省总人口2.94%；海南州占全省人口7.9%，少数民族占州总人口比重为70.21%，藏民族人口占州总人口61.94%，占全省总人口4.89%；果洛州占全省人口3.46%，少数民族占州总人口比重为81.9%，藏民族人口占州总人口80.53%，占全省总人口2.79%；玉树州占全省人口6.85%，少数民族占州总人口比重为89.53%，藏民族人口占州总人口89.15%，占全省总人口6.1%；海西州占全省人口6.78%，少数民族占州总人口比重为41.01%，藏民族人口占州总人口13.19%，占全省总人口0.89%。由此可见涉藏地区的人口结构，海南州占全省人口比例在青海涉藏地区中最大，少数民族占州总人口比重最大的是玉树州，且藏民族人口占州总人口、全省总人口的比例都是青海涉藏地区中最大的。

将青海涉藏地区从经济的角度分析，可得知其具有短板特征。根据青海统计数据显示（参见表2-3），农作物种植面积占全省面积的比重如下：海西州为40.75%，玉树州为33.4%，果洛州为9.51%，海南州为5.75%，海北州为5.63%，黄南州为2.35%。自然环境及资源短缺决定了涉藏地区依赖国家财政补贴及其他收入发展的模式。青海涉藏地区中玉树州在国家财政补贴及其他收入占财政总收入的比重高达98.09%，果洛州占96.55%，黄南州为95.31%，海北州为94.73%，海南州为89.64%，海西州所占比重最低，为69.04%。这个地区的地方一般预算收入占收入合计的比重很低，玉树州为1.9%，果洛州为3.4%，黄南州为4.7%，海北州为5.3%，海南州为10.4%，海西州为31%；地方一般预算收入占支出合计的比重同样很低，玉树州为1.9%，果洛州为3.5%，黄南州为4.8%，海北州为5.5%，海南州为10.7%，海西州为39.8%。无论从地方一般预算收入占收入合计的比重的顺序，还是占支出合计的比重的顺序，呈地方经济完全依托国家力量支持的现状。该地区国家资源投入的效率受到限制，也因此为将这个地区人均消费支出视同生存成本提供依据。国家资源投入，相比其他地区的预期效益还存在很大的差距。这是个极具特色资源的地区，这些资源因为受到极端环境因素的影响，难以开发为可持续性发展的产业，来支撑其生存。根据后优势理论，这个地区实现城镇化势在必行。根据古典经济学把自然资源看作是大力增加国家财富的决定性因素，那么，青海涉藏地区概念界定的目的在于使人们意识到这个地区与其他地区的资源差异，和差异资源化对于增加收入、提高生存成本弥补能力的重要性，以及大力增加这个地区财富的决定性因素的必要性。（参见表2-2）

表 2-2 青海涉藏地区人口结构、农作物种植面积、财政收支情况

单位：%

项目 区划 名称	各州占全省人口比例	少数民族占州总人口比重	藏民族人口比重		农作物种植面积（千公顷）占全省面积的比重	国家财政补贴及其他收入占财政总收入比重	地方一般预算收入	
			占州总人口比例	占全省总人口比例			占收入比重	占支出比重
海北州	4.96	59.01	22.44	1.11	5.63	94.73	5.3	5.5
黄南州	4.66	86.37	63.04	2.94	2.35	95.31	4.7	4.8
海南州	7.9	70.21	61.94	4.89	5.75	89.64	10.4	10.7
果洛州	3.46	81.9	80.53	2.79	9.51	96.55	3.4	3.5
玉树州	6.85	89.53	89.15	6.1	33.4	98.09	1.9	1.9
海西州	6.78	41.01	13.19	0.89	40.75	69.04	31	39.8

资料来源：根据《青海统计年鉴 2018》和全国第六次人口普查相关数据整理。

2.3.2 城镇化

研究在成本理论的进一步假设、产品成本理论拓展的基础上，认为涉藏地区的地缘属性决定了城镇化设计的国家安全、边疆安全、民族地区安全的城镇化设计核心原则。基于青海涉藏地区所处的国家战略位置，提出运用成本效益原则的前提条件是安全落实城镇化概念。研究所强调的青海涉藏地区的城镇化是指在国家城镇化背景下，依托本土禀赋资源，从传统农牧业转变为具有现代科技、信息化特征，特色产业支持的工业和服务业，实现人口城镇化。即人口从农牧区传统生产生活方式转向城镇生产生活方式，不是仅仅流向城镇，而是像城镇居民一样居住、生活和工作。既包括"异地城镇化"，也包括"离土不离乡"的就地城镇化，即思想、观念、习惯城镇化，基础设施城镇化，公共服务城镇化，生计模式城镇化。（张善余、曾明星，2005）鉴于青海涉藏地区的生存环境、生存模式及生存成本与收入的空间，决定了城镇化的速度和进度，也为进一步城镇化提供了经济、思想的前提条件。研究注重就地城镇化，生产、生活即便在牧场，也应该以禀赋资源来支撑城镇化产业及生计模式，即新型的公园式的城镇化牧场，放牧的形式、管理的理念更加现代化、科技化。

2.3.3 生计模式

生存强调存在，即"活着"；生活是"过日子"，强调活动；生计强调赖以维生的产业或职业，是维持生活的办法，又可称为谋生。生活模式，也称为生活方式，是一套"过日子"的活动，包括与行为活动交织的思想、情感、观念等的总和。生计模式又称生计方式，是文化人类学、社会学、民族性的学术名词，包括生产方式、生活方式和居住方式，一般是指特定的自然经济群体维持生存的手段，包括采集狩猎、种植放牧和渔猎捕捞等。生计模式有其特点，相对资源，强调其周期性重复利用；相对生存需求，强调低水平生存消费需求，交换需求不足；相对群体，强调家庭生计的大同小异。（李劼，2016）生计模式有不同层次的相对主体，包括生存模式，都是相对低水平维持生命运转的基本手段或方式。生计活动在满足生存需要的同时，还创造了自己的生活。（李劼，2016）

有研究从生存环境的角度探讨影响生计方式的因素，认为自然环境对生计模式具有稳定作用，社会环境对生计模式具有决定性作用。（罗康隆，2004；周建新、张勇华，2008）有研究探讨某一民族"生计模式"及其文化结构之间的相关性，从耕作技术的角度探讨作物、生计与文化的共变规则。（秦红增，唐剑玲，2006）将文化资源、政策资源进行文化生态旅游开发，可实现生计模式的转型。（周建新、张勇华，2008）自然环境与社会环境对乡村生计模式转型有着基本的影响，"一个民族的社会历史背景与其自然环境相比，社会历史背景对生计方式的形成和发展的制约要直接得多。社会环境对各民族生计方式的影响，无须通过预先加工就可以直接作用于生计方式；自然环境对各民族生计方式的影响虽然具有基础性，但它不是决定性的"。（罗康隆，2004）生计模式的改变涉及生存观念、文化价值观、社会稳定和治理秩序，涉及政府行政支出成本、家庭生存成本，村落、族群、个人生存的习惯和传承文化的模式，正式和非正式组织的适应性及与基层社会关系的处理等。在一定条件下，自然环境对生计模式的固化作用一般大于社会环境的作用，社会环境对生计模式结构的影响更加直接和动态。

青海涉藏地区独特之处是地理条件及其自然环境、资源禀赋孕育的具有鲜明差异特征的多种生计模式。海拔最高点达4877米的日月山是我国外流区域与内流区域、季风区与非季风区的分界线。黄土高原与青藏高原界山两侧孕育了截然不同的生计模式体系,东面是畜牧业和集约农业混合的生产方式,西面是传统的畜牧业区的生产方式。东面包括祁连山东部、青海湖盆地、黄河和湟水两河沿岸适合农耕的谷地,以上从湟水汇入黄河的河口算起向西季风能作用到的地区。如果按照人口数量判断,农耕是青海省的主体生产模式;如果按土地面积判断,客观环境限制了东面的农耕模式向西面的延伸,西面分散性强的畜牧业,纵横的山脉河谷伴生的半农半牧的生产模式是这个地区,甚至是青海省的主要生产模式,亦是适应自然的社会生产物质资料的生存方式。该地区以其地理环境为基础的包括生产方式和生活方式的生计模式,具有区域的典型性和代表性。据此分类的基础生产模式,主要包括牧业、农业、半农半牧在内的传统产业。

自然环境结构性差异决定了生计模式的结构性差异,因自然条件而迥异,家庭的经济来源因此分化。有的主要以农耕、畜牧业为生,有的依赖畜牧业和采集业,有的仅依赖农耕。以"靠天吃饭,靠天养畜""丰年越温,灾年返贫"的原始农耕和游牧生计模式为基础的生存成本,同样具有典型性和代表性。在牧区,其地理环境决定了当地人以畜牧为主的生存方式,决定了社会生存方式是牧业社会的生存方式。涉藏地区生计模式是指地理条件和自然环境及其资源禀赋孕育的、具有鲜明区域差异特征的、适宜于不同生存个体的、整套的谋生手段,不同环境所采取的生计模式是多样的,多样的生计模式构成生计模式体系。为此,研究界定概念在于环境对生计模式作用的共识,基于城镇化背景和精准扶贫对生存成本弥补的补缺功能及内生力的积累贡献,认为这个区域设计的生计模式应该是依附于禀赋资源的分层的生计模式体系。

2.3.4 生产模式和生活模式

生活是比生存更高层面的一种状态,是生命体为了生存和发展而进行的活动,既包括生计在内的保存生命的生存之道,也包括以就业谋取的衣食住行的情况和境况,生活由日常生活行为、学习、工作、休闲、社交和娱乐等在内的各种活动构成。生计,一指谋生的办法、计策;二指赖以维生的产业或职业,亦指维持生活的办法;三指资财、生活用度;四指保全生命的办法;五指生活。生存、生计和生活,有交叉的内涵,也有各自的标志象征。生产模式的转化,是生活模式转化的根据;生活模式的转化,促进生产模式的转化;生产模式是农牧区生活模式的主导因素,经济形态反映出传统农牧区的生产模式，以自然经济的农耕、依赖自然环境的畜牧为主，自给自足。相比城镇化生产和生活方式，这种模式表现出对生活休闲方式需求的有限性，生活受制于生产方式而缺乏额外的需求。日出而作、日落而息是每天都在循环的生产模式，这样的规律性、单调性与以家庭为单位的手工业相结合，凸显出传统生活模式随遇而安、知足常乐的特征。（谈抒婕，2015）

城镇化为生产模式和生活模式转型提供前提条件，生产模式推动生活模式转型。城镇化实质是不同阶段的不同层次的生产模式及其生活模式城镇化，以农牧民为主体的工业化，促进农牧民整体技能素质提高与生产模式转化相互作用，并不是全体农牧民都成为工人，而是其中的一部分仍然从事以工业技能改造了的农牧业生产。农牧民进入城镇后，有能力者参与工业、服务业、信息业而使职业城镇化等。通过生产模式的转化创造的收入，可以满足城镇化的基本生存消费支出成本补偿的需求，并与原有城镇居民一样，享受社保和福利，使生存得到保障。

2.3.5 生存成本

城镇化生计模式的转型，为生存成本增减及生存成本项目的结构性调整提供了前提条件。成本是生存的基础，个体、家庭、村庄有其生存成本，生计模式有其自身生存成本，城镇化也有其生存的成本。界定生存成本，首先，需要确定归集分配成本的对象，即生存对象。生存可以划分为不同的状态，这意味着有不同的生存层次质量。其次，需要明确研究期间和时间点。研究期间，实际是研究者站在外者的立场审视研究对象所生存的现实期间，这是生存成本生成过程的动态趋势概念。这个过程中为生存不断付出劳动而获得资源。当消耗的资源足以让付出的劳动得到补偿，并循环往复，则以货币为主要计量单位反映的消耗的资源，为生存成本，这是可持续性生存的过程。再次，假定包括自然环境在内的地理环境一定，同一期间不同研究对象的生存状态不同，意味着生存成本个体差异；同一对象不同期间，生存状态不同，意味着生存成本趋势差异。假定生存期间一定，随着国家改变地理环境投入资源加大，地理环境日新月异的成本，势必反过来影响生存主体为不同生存状态付出的成本代价。不同的代价水平，意味着生存层次结构性差异。至于生存成本，是静态时间点的状态。根据成本会计核算理论，生存成本属于成本费用范畴的概念，是静态报表项目，因此，它是生存者在特定时间点、一定地理环境下，为已经达到的生存状态所归集和分配的耗费。也可以说，是为了一定的生存状态所付出的成本代价。最后，假设其他条件不变，不同的对象处于同一研究的地理环境范围，所得生存成本结论不尽相同。界定不同期间相同时点、相同范围及其对象的生存成本，具有可比性。（约阿希姆·拉德，2004）

生存主体、地理环境、生存状态、劳动耗费等结构性差异，是生存成本结构性差异的基础条件。生存成本的不同层次结构及其区间的高低，取决于包括自然环境在内的地理环境（徐夫征，1994）及其生存主体为一定生存状态付出的劳动耗费，劳动耗费与生存始终相随。生存成本是人们想要获得生存所必要的物质资料的货币表现；从另一个角度分析，人们在生存中所耗费的相应的劳动代价即劳动成本。不同地理环境决定了不同的生计模式，不同的生计模式获得生存所必需的物质资料付出的代价不同，决定了不同的生存成本。生存成本是生存主体在一定自然环境下，为达到一定生存状态，所付出的劳动耗费。而劳动耗费内含生存方式，在其他条件一定的假设下，劳动耗费随着生存方式差异而不同，取决于与地理环境的契合程度。九九归一，地理环境所提供的条件不同，生存方式是不同的，生存成本自然存在差异。当然，这种契合随地理环境变化而变化。当生计模式不能与地理环境契合，生存主体付出劳动的数量不能获得相应的资源以支持生存，则不适合生存，或想要寻求相匹配的生计模式，通过足够生存资源来支持生存。在一定地理环境下，所获得的最低生存资源，为最低生存程度层次的保障。否则，当低于这一界限时，要么进行搬迁移民，转移到地理环境与生计模式契合的空间；要么研究契合的生计模式。生存成本涉及生存程度问题，生存成本相对生存是维持"简单再生产"的可持续的耗费，个人、家庭、村庄的生存成本是维持自身简单再生产的收入与耗费支出平衡关系。引入贫困概念可以区分与生存的成本分界，维持简单再生产，生存成本不能在此之下；否则，则为贫困，影响生存。收入也要能承担相应的简单再生产的弥补功能，否则生存成本无以为继。近几年，居民收入水平整体呈现上升的变迁轨迹。其中，城镇收入水平上升的幅度，结构性差异比农村地区大，（宋健，2015）收入与生存成本相互影响而分为不同层级。以贫困标准为界，之下为贫困区。贫困线不同，意味着生存区的起点不同，之上为生存区。1985年，我国一般地区贫困线农民人均纯收入在150元之下，民族自治地方县放宽到200元之下，牧区县（旗）放宽到 300 元之下；2008 年，绝对贫困线为 786 元，相对贫困线为 1067 元、786 元或 1067 元，相对不同层次的生存成本水平和生活状况。截至 2009 年底，调整到 1196 元的新标准。（刘永思，2009）（参见表 2-3）

表 2-3 生存成本依据——贫困标准

时间阶段		政策目标	扶贫标准依据	金额（元）
第一阶段	改革开放之初到 20 世纪末	绝对贫困标准	据生存需要测算人均收入	206
	20 世纪末		按物价指数测算	625
第二阶段	21 世纪初到 2007 年底	绝对贫困人口	按基本生存需要测定的绝对贫困线	625
		低收入人口		
第三阶段	2008 年之后	1. 解决温饱		1196
		2. 脱贫致富		

生存成本见证城镇化生存主体的生存状态，见证生存历程。这个过程为一定地理环境禀赋资源转化为生存资源，生计模式与其契合与否，决定付出的劳动耗费。（A．迈里克·弗里曼，2002）生存成本理论演绎了生存主体与地理环境的关系，更演绎了与生计模式和生存成本的关系。相比其他地区，青海涉藏地区的生存成本显然有其特征，确定涉藏地区相同地理环境的影响因素，使其具有诠释的价值。同一地理环境，内部存在结构性差异，在共性因素影响的背景下区别特色影响因素，更具现实意义。

2.3.6 生存成本项目

根据精准扶贫建档立卡项目和统计年鉴消费支出项目界定生存成本项目，大致包括Ⅰ类（食品+烟酒）、Ⅱ类（衣着）、Ⅲ类（居住）、Ⅳ类（生活用品及服务）、Ⅴ类（交通+通信）、Ⅵ类（教育文化+娱乐）、Ⅶ类（医疗保健）、Ⅷ类（其他用品+服务），通过生存成本项目分析，可以明确生计模式转型的生存成本项目的结构性差异及其特征。如果实际消费支出为生存支出成本，当其等于或低于可支配收入（或贫困线），则有利于生存；如果实际生存支出成本高于可支配收入（或贫困线），则会陷入生存困境。基于地理环境决定论、成本理论、木桶理论、后优势理论以及盈亏平衡理论所构建的理论框架结构（参见图 1-4、2-6），分析归纳城镇化过程、青海省收支变化特征及其城乡居民人均收支变化特征。在收支趋势分析的基础上，梳理恩格尔系数变化特征，以此演绎涉藏地区城镇化生计模式、生存成本、生存成本项目结构性变化的现状和趋势。以案例研究的方法，结合深度访谈获得的资料，得出预期结论：第一，城镇化生计模式生存支出成本项目差异的存在是客观的，且不断调适，青海涉藏地区提高生活质量的同时加大了各项目的生存成本；第二，城镇化生计模式生存项目支出加大，提高了对收入的要求。诚然，生存成本及项目不变，"预期收入差距将致使农村劳动力流入城市"，（Rains, Fei, 1961; Todaro, 1969; Harris-Todaro, 1970）预期的收入差距越大，生存成本各项目弥补的可能性越大，农牧区劳动力流入城镇的可能性越大，践行城镇化的程度就越高。个体在生存过程中，为了获得收入，营造生存条件，获得一定的生存状态，需要投入相应的劳动量以满足生存成本各项目对收入的需求。生存成本总量 EC 就是各项劳动支出量 M 的加总，即：

$$\sum_{t=1}^{n} EC = M_1 + M_2 + M_3 + \cdots + M_{n-1} + M_0 (n > 0, n \in N) \quad (2.1)$$

各项劳动支出量 M 受各种因素影响，把 M 看作因素变量 x，y，z 等的函数，则：

$$M = f(x, y, z) \quad (2.2)$$

其中，把获取各类子项目成本项目资源的生存成本 M_1 计量为 1 的量 Q、距离 L 及在单位距离获取单位重量项目资源需要的劳动量 W 的函数，即：

$$M_1 = Q_1 L_1 W_1 \quad (2.3)$$

其他各项目生存成本以此类推。其中，影响生存成本各项目结构差异的重要因素——物价，影响居民生存成本项目结构差异。（陈明雄等，2016）当然，当自身所获资源不足以弥补并支持劳动的可持续性付出，若要支持可持续性生存，则该资源必须获得外援，以补足所耗资源。生存成本有两部分来源。一是自身劳动创造的资源；二是外部提供的资源，诸如精准扶贫等国家投入的资源。最大限度获取资源，增加可支配资源的能力。可支配资源不同，分属于生存质量层级不同。收支资源与生存成本关系参见图 2-3。

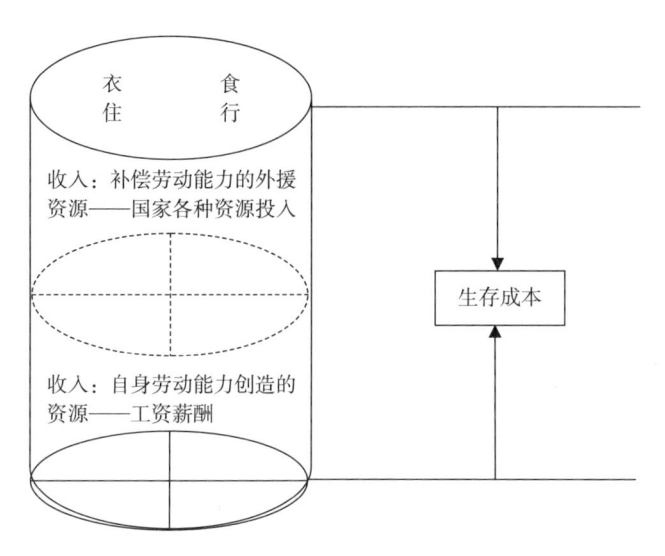

图 2-3　收支资源与生存成本关系

根据马斯洛五层次需求理论，生存成本项目结构具有层次性，且其结构随需求的演绎而演绎。特困线（活命线）、温饱线（贫困线），也可以是发展线即脱贫线，根据不同目的，可以择其一确定为生存成本。以温饱线为生存成本线，超过贫困线，则进入发展区域，否则将影响生存。低于特困线的生存成本，或居于特困线和温饱线之间，又或居于温饱线和发展线之间，则生存成本项目的结构是不同的，体现了马斯洛五层次需求理论的层次性，以及每一层次的结构和各层次之间结构的演变。随着城镇化，现实中水电费、物价、房租、现代化设施、教育等持续增加，如果生活成本一定，则生存成本在生活成本中所占比重随之加大。生存成本在生活状态发展的不同阶段，呈现不同的水平和相应的马斯洛五层次需求内涵。生存必须通过各项目的成本支出才能实现，获得收入的目的在于生存成本延续劳动力，弥补各层次生存成本项目的需求。收入决定生存状态和生存成本的弥补程度，决定达到某层次生存状态的生存成本和收入之间的平衡关系。生存成本和收入受环境约束，获得一定的收入，必须有环境资源的支撑，一定量的生存成本与一定量的收入是对应的。在一定的环境时空，环境资源的供给是一个定量，个体追求收入最大化与环境供给的有限性之间形成矛盾。生存平衡是生存成本与收入的平衡和环境供需平衡的统一，是生计模式与生存成本的平衡。生存成本项目的结构性差异，由恩格尔系数可见一斑。

我国城镇居民家庭恩格尔系数从 2000 年开始小于 0.4；2012 年，农村居民家庭恩格尔系数首次小于 0.4，城乡之间的差距为 12 年。不同收入层级进入 0.4 以下的时间差不同，越是低收入群体时间差越大。农村最高收入户恩格尔系数在 2011 年才开始小于 0.4，中低收入户恩格尔系数从 2005 年才开始小于 0.5，而城镇最高收入户、高收入户、中等偏上户和中等收入户家庭恩格尔系数进入 0.4 以下的时间分别为 1996 年、1998 年、2000 年和 2001 年。到 2012 年，中等偏下收入户家庭的恩格尔系数还在 0.41，2000 年之后，最高收入户的恩格尔系数已经小于 0.3。城乡恩格尔系数时滞差距（参见表 2-4）反映了收入差距及其生存成本结构性倾向与生存质量差距的关系，具体反映了需求层次及生存成本项目结构差异的匹配程度。从恩格尔系数角度来看，农村家庭收入分配状况好于城镇家庭，接近橄榄型社会结构，但农村家庭生活水平、生存质量与城镇家庭差异仍然存在生存成本项目结构性的不同。

表 2-4　城镇和农村恩格尔系数时滞差距

时间	恩格尔系数进入 0.4 以下的时间		备注
中国城镇居民家庭从 2000 年开始	最高收入户	1996 年	
	高收入户	1998 年	
	中等偏上户	2000 年	
	中等收入户	2001 年	
中国农村居民家庭首次于 2012 年开始	最高收入户	2011 年	
	中低收入户	2005 年	才开始小于 0.5

2.4 理论依据

2.4.1 地理环境决定论演绎生存成本结构差异

生存的地理环境不同，直接制约生计模式，决定生存成本。从生命可持续性生存所依赖的外部环境，及其对外部环境的影响可知，地理环境是赖以生存的空间载体，是生存物质资源的来源基础，直接制约生存的成本内容、规模和方式，生存是人与环境相互作用的过程。地理环境包括的基础环境是自然资源环境，仅就自然资源减少、质量变化，生存所耗资源的成本随之变动，在经济社会生活中提高；况且随城镇化生计模式升级，经济社会生存成本进一步加大。与地理环境匹配的城镇化及其生计模式与生存成本的逻辑关系，是选择地理环境决定论，演绎生存成本结构差异的基础。

地理环境决定论与生计模式。传统地理学特别关注生存与地理环境的相互关系。18世纪，地理环境决定论认为人是地理环境的产物，地理环境是其生存空间，地理环境也会随人类活动发生不同程度改变，甚至会产生不同的后果。最持久、影响最深刻的人类活动——城镇化，促使地理环境演变，不仅使生计模式发生变化，而且使政府公共管理与服务、教育资源配置、基础设施建设、医疗与社会保障、交通运输、产业与劳动就业、生态保护等发生日新月异的变化。但随着工业化支撑城镇化的进程加快，地理环境变化力度越来越大，生计模式随之转型升级，收入的可持续性来源受到影响，对生存成本增加及其差异需求可持续性弥补出现的不同结果。当然，因为资源短缺或与城镇化、产业、城镇生计模式差异的错位，困境也是可见的。

短缺是相对资源而言的，差异是地理环境及其自然禀赋决定的。假设没有国家优惠政策及资源扶持的前提，相对享受公共资源数量增加和质量改善，其生存成本支出相对而言是上升趋势。仅就与地理环境关系来说，投入成本又会影响地理环境的演进，反过来影响为了生存所需要付出的成本代价。优化生存成本的有效途径，就是建立人与环境之间和谐的生计模式。协调好其间的关系，使其更合理、和谐，形成良性互动，改善生存状态，提高生存质量。地理环境与生计模式及其生存成本的关系，在区位论里有着更具体的说明。

区位论、地理环境、生计模式关系。区位论分为农牧区位论和工业区位论，1826年，杜能农业区位的理论比较系统地阐述了地理位置、距离对生存成本的影响。区位优劣决定距离市场的远近，影响交通运输费用的多寡，进而影响生存成本高低。在六个同心圈带的杜能环理论中，提出从内向外的生产模式的分层依次是：第一圈为自由农作圈，以蔬菜、牛奶、鲜花等农产品为主；第二圈为林业圈，以生产木材为主；第三圈为作物轮作圈，是一个集约化程度较高的农作物轮作圈；第四圈为谷草轮作圈，是面积最大的一个圈层；第五圈为三圃轮作圈，主要向城市供应经过加工的畜产品和少量谷物；第六圈为畜牧圈，生产牧草，放养牲畜，粗放经营畜牧业。每一个圈层的交通运输成本不同，影响利润的程度不同，但利润最大化是设置圈层的目的。进入工业社会后，有研究者对杜能环提出了修改建议，提出第一圈为市场园艺业与栏饲业地带圈；第二圈为乳畜业地带圈；第三圈为混合农业地带圈；第四圈为商品谷物业地带圈；第五圈为大牧场业地带圈；第六圈为非农业地带圈。但是，不断扩张的大都市边缘，土地集约程度的空间分布，呈现的结果与杜能环模式相反，辛克莱尔提出了逆杜能环模式。工业区位论伴随着大工业出现，从土地资源、人口、财政等视角，把自然资源看作增加国家财富的决定性因素。从财政学、会计学分析人口，特别重视土地资源、人口等对一国财政的影响。探讨自然资源量、分工等对国家财富增加的作用，可认识到资源状况对提高劳动生产率，优化生产成本的影响。级差地租理论直接从土地肥力、距离远近等环境资源条件说明经济现象。无论是农业区位论，还是工业区位论，与环境的关系显性或隐形地由生存成本反映出来。

实际上，不论是杜能环模式，还是逆杜能环模式，依托的都是变动的地理环境，不可或缺的是大的时代背景。在不同的历史发展阶段，后续理论是就当时所依托的不断演进的具有差异的地理环境，及其衍生的生计模式转型升级的成果而言，是理论积累的成果。人类对环境的影响方式有两种：一是非专业化影响，二是专业化影响，二者都是生存成本的影响部分。生存成本的支出使环境发生变化，环境又反过来影响生存成本的支出水平。地理环境与生存成本的关系，一是对人的单向影响关系，实质是对生存成本的单向决定关系。这是环境与生存成本最基本的理论问题，其基本理论观点和分析方法也适用于对经济成本和社会成本的分析。二是与人的互动关系，通过互动关系，延伸到与生存成本的相互关系。一方面地理环境改变，会直接改变生存成本的支出水平；另一方面生存的成本投入，也会促进地理环境改变。改变的动力来自自然界和人类活动。

地理环境质量，人与资源的距离，资源存在的方式及其转化方式、环节，资源密度、资源间的契合程度，都将会影响生存成本及其项目比重。获得生存资源的运输距离与生存成本、环境资源存在方式，转化方式和环节与生存成本呈现正相关关系。一般而言，转化的环节越多，转化过程越复杂，时间越长，则生存成本就越高；资源的密度与生存成本、资源间的契合程度与生存成本、地理环境的质量与生存成本呈负相关关系。

2.4.2 "C+V"演绎生存成本结构差异

"C+V"揭示成本最基本的经济内涵。泰勒科学管理的核心是效率和节约，消除浪费的本质是节约成本，优化"C+V"，意味着新价值 M 的增加。假设价值一定和在不追加资源投入的前提下，创新价值的最佳选择就是优化"C+V"，以改变结构获得新增价值的回报，达到实现新创造价值的目的。成本效益理论强调主体的会计成本，将成本理论延伸，强调主体的生存前提，将主体假设为"活产品"，则成本理论为城镇化生存成本比较活劳动消耗的补偿手段——多元化生计模式，提供了理论依据。

  生存成本是对成本理论应用的诠释、拓展。成本理论引入研究，在于将成本理念以个人、家庭、群体或村庄假设为"产品"，诠释其价值和使用价值。把个人、家庭或群体、村庄简单地视同"活产品"，则其价值大小构成基础，是以生存为目的费用支出构成的成本大小，即"产品成本"，也称"生存成本"。价值的实现取决于这个个体的使用价值，使用价值的大小决定了价值通过市场实现的可能性。在可持续费用支出的先决条件下，个人、家庭、群体或村庄才能作为"产品"可持续生存。所以，这个"活产品"的生存成本形成的意义在于生存的经济和社会效益。"产品"生存成本的形成，首先是自身作为活劳动的消耗，然后是使得自身存在的物化消耗。根据马克思成本理论，自身作为活劳动的消耗就是出卖自己的劳动以获取报酬，可持续性报酬和可持续性物化劳动的消耗，是活劳动消耗的基础。可持续性报酬足够弥补物化劳动消耗，个体才有生存的条件，才可能有经济、社会效益。这一理论拓展的诠释，为优化生存成本路径提供了依据（参见图 2-4）。

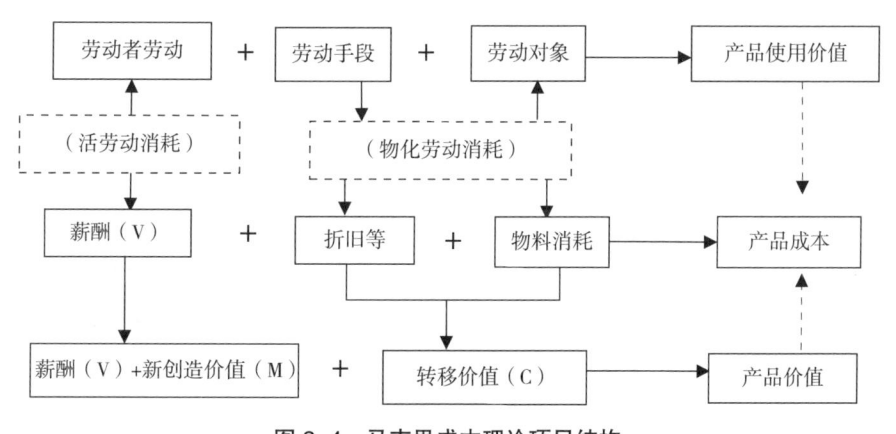

图 2-4 马克思成本理论项目结构

2.4.3 "木桶效应"演绎生存成本结构差异

木桶理论又称短板原理,一般认为是彼得原理的延伸和深化。木桶理论可追溯到农业化学领域的"最小化定律",植物的生长被最小浓度的养分所限制;农作物生长速度,取决于土壤中最缺乏的养料。延伸到木桶理论就是,木桶的容量取决于最短的木板。归纳实践,找出最短板,给最长板施加压力,增加木桶的容量,打造最佳木桶是理论的目的;与实践结合,将效能最大化和剩余资源最小化相结合,优化组织效能是实践的追求。但传统的木桶理论有着片面性与局限性。延伸出的新木桶理论认为,影响容水量的要素是多方面的,如围板、底板、桶箍等因素。新木桶理论相较于传统的,在于思考的视角更加全面,其核心思想在补齐短板的同时,兼顾各层各面的要素。

由此及彼,一定区域地理环境,资源要素利用效能取决于最稀缺的资源要素量,它限制了其他资源要素的作用,其所提供的配合功能空间是其他要素作用空间的极限,这就是资源要素配置存在的"木桶效应"。在同一资源群落中,如果一种资源量不足,就可能导致群落中的其他资源无法发挥作用,或发挥不到最佳效用。该资源群落所对应的生存产品也就无法生产出来,影响生计模式的选择和生存成本补偿能力。资源群中最稀少或最短缺的资源是环境木桶最短的木板,短板决定着该资源群的产量。根据木桶短板理论,任何地区都有其短板,青海涉藏地区也不例外。将这一理论延伸与发展,其现实意义在于正视并重视短板,补齐短板,增强实力。

2.4.4 后发优势理论演绎补齐短板

后发优势理论起源于绝对优势理论、比较优势理论、要素禀赋理论等。经济相对落后状态向先进工业状态转变,不是自然历史趋势下自动发生,必须借助国家力量。从后发角度探讨经济赶超战略,提出后发经济发展的理论主张,为后发优势理论产生、发展奠定了深厚的思想基础。后发优势理论最早通过《历史视角下的经济后发性》探讨相对落后国家利用"落后的有利性",归纳出工业化前提条件的差异将影响发展的进程。相对落后程度越高,其后的增长速度就越快,具有一种得益于落后的"后发优势"。相关阐述:(1)相对落后造成的紧张状态会激发制度创新;(2)替代性的广泛存在;(3)引进先进的技术、设备和资金。有研究从现代化角度补充和具体化这一理论：后发者对现代化的认识，要比先发者在自己开始现代化时，对现代化的认识丰富得多；后发者可以大量采用和借鉴先发者成熟的计划、技术、设备以及与其相适应的组织结构；后发者可以跳跃出先发者一些必经的发展阶段，特别是技术方面；由于先发者的发展水平已达到较高程度，这可使后发者对自己现代化前景有一定预测；先发者可以在资本和技术上对后发者提供帮助。

这一理论运用于企业，是指相对于行业的先进入者，后进入者由于较晚进入行业，而获得的较先进入行业者不具有的竞争优势。通过观察先进入者的行动及效果，优化了自身面临的不确定性，而在借鉴中采取相应行动的成本，可以获得更多市场份额或竞争优势或效益。经济领域存在着市场进入次序优势，包括先发优势和后发优势。后发优势理论的核心，在于支持后来者居上，后发者站在巨人的肩膀上超越的发展模式。这些理论的可借鉴之处，是提出了禀赋资源在发展中各有优势的观点。这为青海涉藏地区站在巨人的肩膀上，利用落后的有利性，在比较借鉴中探寻差异资源化、城镇化生计模式，优化生存成本途径，实现"短板"地区超越发展提供了理论依据。

2.4.5 盈亏平衡理论演绎生存成本结构差异

盈亏平衡点（Break Even Point，BEP）又称收益转折点，通常指全部销售收入等于全部成本时（销售收入线与总成本线的交点）的产量。当销售收入高于盈亏平衡点时，则企业盈利，反之，就亏损。盈亏平衡点可以用销售量来表示，即盈亏平衡点的销售量；也可以用销售额来表示，即盈亏平衡点的销售额。假定利润为零和利润为目标利润时，先分别测算原材料保本采购价格和保利采购价格；再分别测算产品保本销售价格和保利销售价格。受管理学盈亏平衡点理论的启示，将其作为生存平衡点来分析理念，由收入与消费支出平衡点诠释生存理念，为收入和消费支出的空间距离演绎生存成本补偿能力提供理论依据（参见图2-5）。

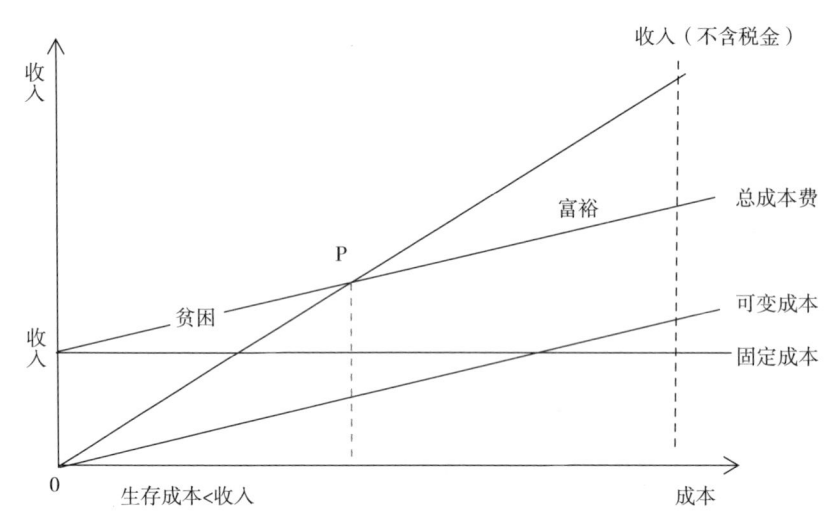

图 2-5 收支盈亏平衡与生存成本关系

2.5 小结

基于理论结构的优化生存成本路径研究,是城镇化生计模式契合青海涉藏地区在极端环境下优化生存问题的研究,也是对地理环境决定论、成本理论、木桶理论、后发优势理论以及盈亏平衡理论在特定区域的进一步的演绎。精准扶贫为这一契合及理论演绎注入了更加丰富的生存及生存成本的内涵;成本理论演绎的目的,在于高度概括生存成本理念,优化生存成本结构;后发优势理论和木桶理论演绎的目的在于以超越的态势补齐短板,缩小城乡、区域、家庭之间的差距。因而,理论依据为研究内容搭建框架结构奠定了基础(参见图2-6)。

第 2 章 研究现状和理论依据

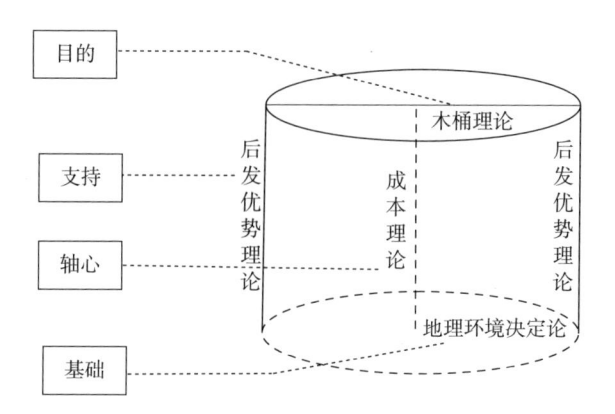

图 2-6 研究理论依据的关系

第 3 章　城镇化生计模式、生存成本特征

本章具有纽带功能，在全书起到承上启下的作用。从国家城镇化基础、青海涉藏地区城镇化基础条件，再到演绎城镇化进程，青海涉藏地区城镇化是国家城镇化的缩影。在城镇化、精准扶贫、生计模式、生存成本国家化宏观背景和区域化要求的微观背景下，青海涉藏地区特色城镇化、生计模式转型升级，与之衔接的生存成本具有区域性特色，解决生计模式城镇化及其生存成本衔接的困境是城镇化的难题。借鉴国外城镇化发展的各阶段经验，这不仅仅是某一种模式，或者是某一种曲线，而是具有综合性的特征。所呈现的S形的曲线变化更为平滑，体现了与世界各国城镇化进程的差异。以城镇化基础条件和城镇化、恩格尔系数与生存成本关系，展示国家城镇化特色语境中，契合禀赋资源，青海涉藏地区城镇化区域特色。城镇化基础条件决定了青海涉藏地区城镇化进程与经济发展之间的关系，反映了青海涉藏地区与其他地区多元生计模式和生存成本特征及其生存状态，决定了生计模式及其生存成本特征，决定了生计模式与收入来源契合的特征，决定了生计模式与恩格尔系数和生存成本的关系，也反映了生存成本项目结构的区域间差异，为探讨涉藏地区生存成本优化途径奠定了基础。

3.1 城镇化特色

3.1.1 城镇化基础条件

青海涉藏地区城镇化是国家城镇化的缩影，是国家城镇化不可分割的部分。纵观历史，青海涉藏地区城镇化伴随国家城镇化经历了四个阶段，既具有中国特色，又具有区域特色。第一阶段：1949—1957 年，新中国成立初期，近代工业在整个国民经济中占 10%。1953 年，开始实施第一个国民经济五年计划，拉开了工业化序幕。城镇化水平提高了 5 个百分点，城市人口剧增，工业化支持城镇化，两者关系由此可见。第二阶段：1958—1960 年，反城市化政策，城镇人口绝对数减少。20世纪60年代三线建设，在一定程度上改变了工业布局，承载了城镇化历程，为缩小中西部地区经济差距发挥了积极作用。第三阶段：1966—1976年，城市化进程停滞不前。第四阶段：1978年改革开放至今，城镇化发展经历了逐渐深化的过程。其中，又可分为1978—2000年和2001年至今两个阶段。

1978年，我国工业占GDP的比重提高到48%，城市化水平为17.9%，被称为"非城镇化的工业化"。农村家庭联产承包责任制改革、乡镇企业的发展、国企改革以及设立经济特区和开放沿海港口城市，推动了城镇化进程。改革开放后，城镇化路径选择成为焦点，大中小城市与小城镇协调的城镇化成为中国特色模式；城镇化的步伐明显加速，1995—2000年，城镇化连续五年以1.44%的速度增长。

2001年至今，城镇化发展进入整合阶段。特大城市群成为区域经济发展的支柱，城市各种硬软环境都得到改善，产业结构优化升级。"十五"规划，第一次把"积极稳妥地推进城镇化"作为国家重点发展战略，第一次把"工业反哺农业，城市支持农村，加大'三农'支持力度"作为城镇化的目标。2002年以后，我国城镇化率以平均每年1.35个百分点的速度发展，城镇人口平均每年增长2096万人。2010年，城镇化率达到49.68%，接近中等收入国家的平均水平。2019年，城镇化率达到60.6%，更多农牧民加入城镇的行列。

每一次城镇化率提高，都意味着有相应人口进入城镇，生计模式面临转型升级。经过城镇化的生存成本项目结构随生计模式演进，恩格尔系数反映了生存成本项目结构调适的趋势。生存成本项目结构中，现代城镇元素所占比重不断加大。"工业反哺农业，城市支持农村，加大'三农'支持力度"在青海涉藏地区城镇化国家特色背景中演绎区域特点。

3.1.2 城镇化、恩格尔系数与生存成本

恩格尔系数随城镇化率提高而降低，折射出生存成本项目结构城镇化调适趋势和生存需求层次递进趋向。根据恩格尔系数和居民家庭生存特征（居民家庭生存分类）关系，当恩格尔系数大于59%时，则居民家庭生存处于贫困状态；当恩格尔系数为50%—59%时，则居民家庭生活处于温饱状态；当恩格尔系数为40%—50%时，则居民家庭生活跨入小康水平；当恩格尔系数介于30%—40%时，则居民家庭生活处于富裕的生活状态；当恩格尔系数介

于20%—30%时，则居民家庭生活富足；如果恩格尔系数小于20%，则居民家庭生活处于极其富裕状态。以此为标准，根据1978年我国城镇居民家庭恩格尔系数为59%，可得出城镇居民家庭生活处于温饱状态；根据农村居民家庭恩格尔系数为67.7%，可得出农村居民家庭生存大都处于贫困状态的结论。根据1978年恩格尔系数平均值大于60%可知，城镇和农村居民家庭普遍处于贫困状态。尤其是农村居民家庭的恩格尔系数高出平均值7.7%，可见其贫困程度远大于城镇居民家庭。

这也符合当时的城镇化水平，与城镇化率相匹配。当然，城乡居民家庭生存的差距一目了然，生存成本结构性差异项目有其与城镇化相符的结构。

改革开放后，恩格尔系数显著低于1978年的数值。1996年后，城镇居民家庭恩格尔系数小于50%，自此，城镇居民家庭生活水平进入小康区间。随着2003年城镇化率提高，城镇居民家庭恩格尔系数下降到37%，生活水平进入了富裕的区间；同时，农村居民家庭的恩格尔系数为46%，生活水平居于小康区间。将2003年与1978年相比，城镇居民家庭恩格尔系数下降了22%，农村居民家庭恩格尔系数下降了21.7%。由此可见，农村居民家庭与城镇居民家庭生活水平和质量都得到了跨越式提高，农村居民家庭生存从贫困进入了小康生活，这个速度快于城镇居民家庭。从恩格尔系数差距可见，农村居民家庭和城镇居民家庭生活水平的差距在不断缩小。这与1996年城镇化率比1978年提高12.58%，2003年比1978年提高22.63%有着必然的联系。到2010年，城镇居民家庭、农村居民家庭的恩格尔系数都在不断下降，城镇居民家庭恩格尔系数降低为35.7%，农村居民家庭恩格尔系数降低为41.1%。2015年，城镇居民家庭恩格尔系数继续下降到30.6%。城镇居民家庭恩格尔系数从2003年开始，居于30%—40%的区间，一直到2015年稳定在这个区间，并开始进入下降通道。城镇居民家庭始终在富裕的区间，改变着生活消费支出的成本结构，调整着生活成本项目；农村居民家庭恩格尔系数从2003年进入40%—50%的区间后，一直到2010年都稳定在这个区间，且一直保持着稳步下降趋势。农村居民家庭生活始终在小康水平，随着城镇化率变动生存成本项目结构不断改善、调适。（参见表3-1）

表 3-1 我国居民家庭恩格尔系数[①]

恩格尔系数		59%以上	50%—59%	40%—50%	30%—40%	20%—30%	20%以下	城镇化率
特征		贫困	温饱	小康	富裕	富足	极其富裕	
1978 年	城镇		59%					17.9
	农村家庭	67.7%						
	平均	>60%						
1996 年后	城镇			<50%				30.48
	农村							
2003 年	城镇				37%			40.53
	农村			46%				
	平均			40%				
2008 年年末	城镇				37.9%			
	农村			43.7%				
2010 年	城镇				35.7%			49.68
	农村			41.1%				
2015 年	城镇				30.6%			
	农村							
20 世纪 80 年代以前	城镇	>55%						
	农村							
1985—1995 年	城镇		50%—59%					
	农村							

根据恩格尔系数定义的内涵，恩格尔系数是对居民家庭消费支出结构与家庭收入关系不断演变的规律的归纳总结。根据马斯洛需求层次理论，当个人和家庭需求处于最底层的时候，其需求只是为了满足基本生存。在消费支出结构和给生存的消费支出总额中，首先满足的是食品支出的需求。这时，家庭收入的需求仅满足于生存的需求。随着个人和家庭每个层次需求不断得到满足，需求欲望开始逐步升级，不仅对收入有了增加的期望，以满足升级的消费需求支出，而且，总支出中用以购买满足生存的食物的支出比重不断下降。家庭支出明细结构因此发生调整，显现在消费支出成本中就是消费支

---

① 资料来源：6.9% 的经济增速怎么看. 时事报告.2016（2）。

出成本不断分化，生存成本的项目凸显对每一个需求层次欲望追求的特征，也因此成本项目结构不断倾向于所追求的需求层次。所以，随着需求层次的不断上升，家庭收入也在不断增加，家庭收入的增加又反过来推动进一步的、更高的需求层次。在总收入的支出中，购买食物的支出比重随着需求层次的上升则不断下降。收入的增加，支出对消费需求构成的影响，反映出生存成本结构的变化。相对于贫困家庭或个人而言，收入越少，用于购买生存性食物的支出在收入总额中所占的比重就越大；反之，当人们的需求欲望不断地上台阶，则对收入的需求也会不断地增加。当个人的实际收入与这一欲望的需求收入存在差距的时候，家庭或个人就会拓宽收入渠道，增加收入，求助于外援，以满足设定的需求支出。根据恩格尔系数，食物支出金额在总支出金额中所占比重，可确定生存与生活的属性。

然而，区域发展极不平衡，就1997年城镇居民家庭恩格尔系数而言，福建省为62%，处于59%以上的贫困区间；海南省为59%，处于50%—59%的温饱区间；陕西省为47%，处于40%—50%的小康区间；宁夏为46%，处于40%—50%的小康区间。总体而言，居民生存、生活水平和质量的变化趋势符合恩格尔规律。根据国际恩格尔系数常规标准，可以判断1978—2015年在城镇化过程中，居民生存成本及生存成本项目的结构性发生变化。城镇居民由贫困型转为富裕型，农村居民由贫困型转向小康型，这与城镇化率相符。我国的城镇化水平得到显著提高，由1978年的17.92%提高至2014年的54.77%。在这个过程中，形成了具有中国特色的城镇化。这一时期的主要特点是居民收入都经历了持续快速增长的过程，由恩格尔系数可判断进入了温饱、小康、富裕逐步升级的通道。可预见，随着2035年我国城镇化率达到71%—73%，居民家庭恩格尔系数会进一步下降。到2050年，城镇化水平将达到76%—79%。居民家庭生活质量提高，生活成本项目结构将进一步调整。城镇化程度与恩格尔系数间的关系证明，生存成本及其项目结构变化与此相符。

3.2 城镇化生计模式与禀赋资源契合特征

3.2.1 生计模式与收入来源结构的基础条件

青海涉藏地区海拔高度为3000—5000米，境内分为祁连山地区、柴达木盆地和青南高原（青藏高原的组成部分）自然区。其中，祁连山地区山河相间，东部部分黄河流域分布着零散的小块绿洲，这为高处放牧、低处耕作的生计模式提供了自然资源条件。整个地区，被天然分割为半农半牧区。柴达木盆地是高原内陆盆地，四面环山，气候干燥，属荒漠和半荒漠地区。昆仑山横亘于柴达木盆地的南缘，其南为青南高原。青南高原自然区，大部分区域海拔在 4000 米以上，是黄河、长江、澜沧江三江源地区。草原草甸，山势平缓的地区，为居民游牧为主的生计模式提供了天然的自然环境资源。同时，也影响其收支结构及劳动生产效率。一般情况下，海拔 3500 米的高度，空气中的含氧量只有海平面的一半，37% 的人会出现缺氧反应；海拔 4500 米以上被称作生命的禁区，当海拔升高到 5000 米时，50% 的人都会感觉明显缺氧，人的运动能力只有平原的一半。从研究成果可知，这里劳动生产效率相对低，会制约城镇化率的提高。地理环境的自然条件是影响收入与生存成本支出关系的基础因素，也决定了其他影响因素的结构性差异，是青海涉藏地区禀赋资源的客观条件。

青海涉藏地区资源禀赋孕育了靠天吃饭、自给自足的具有鲜明差异特征的多种生计模式体系。日月山东面是畜牧业和集约农耕混合的生产方式，西面是传统的畜牧业生产方式。东面包括祁连山东部，青海湖盆地，黄河和湟水两河沿岸的适合农耕的谷地，是从湟水汇入黄河的河口算起向西季风能作用到的地区。如果以人口数量为标准，农耕是青海省的主体生产模式；如果以土地面积为标准，客观环境限制了东面的农耕模式向西面的延伸，西面分散性强的畜牧业，纵横的山脉河谷伴生的半农半牧的生产模式是青海涉藏地区的主要生产模式。经济来源因游牧、农耕、半农半牧三类产业分化，有的家庭收入主要来源于农耕、畜牧业，有的仅依赖农耕，有的依赖畜牧业和采集业。生计模式结构性差异反过来会影响城镇化的支持力度，影响收支的匹配程度，生存成本弥补能力由此分化。

地理环境的结构性差异，决定了城镇化、生存模式及人口分布的空间结构，决定了收入来源分布的不平衡特点。青海涉藏地区收入来源大体分为三部分，第一部分是家庭生产经营所得；第二部分是工资收入；第三部分是国家投入。纯粹的牧业区，人口分布密度比农耕区低。游牧民族主要依赖自给自足的家庭游牧模式而生存，决定了畜牧业收益大多可满足其基本生存所需；农耕区自给自足的家庭生产经营模式，决定了种植收益可满足其基本生存所需；半农半牧区因所占比重不同又呈现结构性差异，主要依赖种植或畜牧，或两者大体相当而生存，自然的自给自足的家庭生产经营模式，决定了种植或畜牧不同比重的收益，可主要满足其基本生存所需。生存模式的结构性差异决定了农牧民与自然环境不同的相互依存关系和依存度，不同地区产业分布的结构决定了生计模式的迥异，决定了生存成本通过使用价值实现价值的收入来源的不同和收入的结构性偏颇，也决定了单位生存成本及收入匹配的模式。

牧业区家庭收益与农耕区的家庭收益因牧场丰度和耕地丰度的不同所付出的代价高低也不同。根据现金流量，农耕区主要收入来源是薪酬。缺乏产业支撑的地区，越是依赖政府财政的工资收入，这往往是大多数家庭期待的稳定收入来源。这也是转变为城镇居民的农牧民在失去原有产业后，更加依赖政府所提供的行政事业单位和就业工作岗位的重要原因。

在牧区，牧民逐水草而居，对草原的依赖度高。自给自足维持生计，与外界交易少。一方面是国家投入大量资金城镇化，免费建设了房屋，集中居住；另一方面是赶草场的生产模式，决定了居无定所的居住模式的需求，两者的错位不可避免。"城镇化""退牧还草"将改变牧民以草场、山坡为生存根本的生计模式。设计这一生计模式政策的目的是换取生态的复原和保护，符合青海涉藏地区农牧民的自然环境保护的价值观。本质上没有矛盾，错位的症结在于两者的分离。城镇化定居点的生存成本高于牧区的生存成本，当然，其生存水平和质量也高于城镇化定居点前的生存水平和质量；半农半牧区的生存模式，结构因各地所占比重不同，对城镇化的要求，生计模式的期许，生存成本的预期结果也不同。牧业比重大，则和上面的情况近似。农耕比重大的地区，有些藏族农牧民干脆放弃牧业，以跑出租车维生。相比而言，农耕区城镇化的正相关关系就比较明显了，虽然和发达地区相差甚远。这就是城镇化必须面对的生计模式及其生存成本与收入来源的基础条件。

3.2.2 多元生计模式与生存成本

青海涉藏地区城镇化起点的标志是2005年的生态移民工程。为了恢复、保护生态，使生态脆弱地区经济协调有序地可持续发展，政府采取移民的方式，组织该地区农牧民在一定时期内迁移集中到另一个聚居区。而这个聚居区的设计往往会突破原有的框架，按照现代化模式组建新的城镇。2005年以来，青海涉藏地区实施生态移民工程，涉及的搬迁户搬入城镇，开始进入城镇生活的轨道。由此，城镇化率的趋势线不断上升。2007年城镇化率达到25.6%，2018年城镇化率为46.61%。相比2007年，2018年城镇化率提高了21.01%。农牧民生产方式和生活方式发生了历史性的转型。同时，游牧民定居工程让53万多名牧民开始了定居生活模式，牧民生活方式随之转型。相比青海省2017年53.07%的城镇化率，青海涉藏地区为31.5%，城镇化率比较低。2017年，青海涉藏地区城镇人口平均每年增长2.58%，青海省城镇人口平均每年增长3.64%。显而易见，青海涉藏地区城镇人口平均每年增长比青海省城镇人口平均每年增长要低得多。截至2018年，青海涉藏地区城镇化率为46.61%，城镇人口平均每年增长2.36%。假如按照城镇化发展三阶段"S"形理论反向推断，根据截至2018年城镇化率的数据，判断涉藏地区城镇化处于30%—70%的阶段。这个阶段是中期、扩张期，也是所谓的第二阶段，主要标志是钢铁、化工、机械等重化工工业支撑城镇化加速发展。据此结合理论研究结果可预测，城镇数量、规模都在以较快速度向70%攀升，并将出现这个阶段的通病，即"城市病"：劳动力过剩、交通拥挤、住房紧张、环境恶化等。交通的改善，随之而来的是生产者和消费者生存成本的增加，为企业和人口迁往生存成本具有更多优势的郊区创造条件，称为郊区城市化现象。

实际上，青海涉藏地区不利的地理环境对于城镇化的支持力度是有限的。无论是经济积累，还是社会成熟度，抑或市场的普及程度，都达不到三阶段理论所设置的实质性水平。换句话说，城镇化的不同阶段的递进，是不同性质的产业不断转型而支撑的结果。换个思路，理论研究城镇化率数据的结果能不能证明由于青海涉藏地区不具备理论中支持城镇化的产业条件，所以生计模式同样缺乏产业的接力？即便达到了数据水平，城镇化也不能满足农牧民对职业岗位的要求，不能满足生存对收入的要求，收入不能满足对生存成本弥补的要求。因为禀赋资源决定了城镇化的特征，决定了其特征、理论和其他地区的不同。青海涉藏地区除具备全国同一阶段的特点外，城镇化具有自身特色。以此类推，生计模式同样具备自身特色。为此，需要研究与禀赋资源相符的生计模式，依托禀赋资源支撑的产业，以最大收入与生存成本支出的差异，实现生存的可持续性。此外，城镇化、生计模式现状，也不能表示理论的这个阶段的通病不会在青海涉藏地区出现。根据涉藏地区城镇化内涵、产业发展周期内涵、生计模式内涵，当实质性到达第二阶段时，出现了可预见的城镇化通病，则需要以特色城镇化、特色产业、特色生计模式加以避免。

根据概念界定可知，青海涉藏地区区域结构性差异大。限于区位特点，涉藏区域内禀赋资源不同，城镇化经济发展基础参差不齐，各阶段所能提供的条件各不相同。为此，无论是农耕区、游牧区或者是半农半牧区，其城镇化的预期目标，城镇化赖以生存的产业和城镇化内涵的生计模式，存在结构性差异。城镇化前，游牧民族的居住模式与农耕区不同。居住模式随生产特性不同而不同，以游牧为主，居住点之间距离远，且分散。忽略人工不计，假设环境一定，则游牧的生计模式除了基本生产成本外，决定了几乎是免费的生存资源。尽管自然环境的风险影响其生存的概率和生存的质量与水平，但对人力资本的要求更多地取决于传承的技能。简单的生产模式及其成本项目和生产成本，流动的居所，明了的生活项目及其费用，融入自然的生存方式，高度依赖的宗教信仰。随着城镇化推进，产业的更新换代，生计模式转型也因此发生变化。

农耕、半农半牧、游牧生计模式的生存成本特点。青海涉藏地区的生计模式及凝聚的生存成本是地理环境的产物，作为一个典型的农牧生计模式结合的区域，城镇化前，主要以农耕、游牧、半农半牧这三种模式为主。不同生计模式对自然环境依赖程度不同，思维定式不同，行为模式不同，习惯传承不同。农耕生计模式的生存成本特征表现为农舍、篱笆、水井、自留地、家禽，老婆孩子热炕头。农耕土地分散，无法形成大规模机械化种植的生产模式。农耕生产模式，主要依靠自然环境，"知足常乐""小安即富"是对收入与生存成本预期差异的真实写照。基本的生存成本，表现为"靠天吃饭""自给自足"，满足基本生存需要。通过剩余的农产品提高家庭收入的可能性，微乎其微。即使有较多的剩余农产品，但运输成本加大了生产成本。游牧生计模式的生存成本特征表现为：城镇化前，草场的季节性决定了草场被划分为夏季牧场、秋季牧场、冬季牧场。赶草场的生产模式居无定所，所以对自然资源的依赖度高。流动的牛羊，是游牧民族生存的基础。而这些流动的财富在极端的环境下面临着无限的风险，也决定了自身没有生存基础。追求无极限，追求更多的草场是游牧民族的生存逻辑关系。半农半牧生计模式，兼具农耕生计模式和游牧生计模式及其生存成本特征。半农半牧区则根据当地的自然环境进行因地制宜的种植或者畜牧。假设自然环境是一定的，相比较而言，牧区的生存成本远低于城镇化定居点的生存成本。自给自足，买一袋面就可以了。有牛羊肉，没有蔬菜。靠草场生存，没有多余的消费要求和需求。

随着城镇化的推进，产业的更新换代，生计模式转型，生存成本发生变化。城镇化后，农牧生计模式随着城镇化转型，更多的为工业、商业、现代农业，或三者结合的模式。以旅游为背景的"农家乐"生计模式，在青海涉藏地区不断演绎出新的模式。生产与生活模式改变了原有的生存成本项目，该模式向现代化、城镇化转型，生存成本项目更多地增加了现代和城镇的元素和符号。但是城镇化遇到的现实问题，是缺乏支撑城镇的可与发达地区相比的乡镇企业、大规模的国企，缺乏大工业的支撑；缺乏类似经济特区和沿海港口城市的先天的区位优势及其附着的条件。没有产业支撑的城镇化，犹如无源之水。政策设计难以顾及城镇化的后续生存问题，城镇现代化特征会提高生活条件，也会加大生存成本。城镇化生态移民，衣、食、住、行都需要从市场购买，生活开支项目加大现代化元素的占比，支出费用明显增加，收支差额往往需要依赖政府支持。然而，单纯依靠政府补助生活，只是杯水车薪。从另一个角度分析，东西部教育差距的拉大，甚至相对于西宁市和海东市教育资源的优势，青海涉藏地区处于就业竞争弱势。城镇化具有现代化的特征，确实可以从实质上改变生产生活方式，优化公共产品供给成本，加速社会转型，扩大居民对国家投入的受益面和受益深度，改善其生活条件，提高生存质量。同时，也提高了对居民满足城镇化生活条件的要求，但城镇化使生存成本增加的同时，使得就业竞争弱势难以弥补城镇化前后的生存成本缺口。

城镇化后可预见性生存成本及其衍生特征。多元化生计模式的青海涉藏地区，其效益被自然条件和地理环境所侵蚀。城镇化对于不同生计模式产生的影响是不同的，城镇化后，城镇数量、规模受制于自然环境，城镇间距离远，生产要素集聚能力弱，相互间的协调成本大。工业化对地理环境的要求，生计模式对禀赋资源的要求，城镇功能的智能化对人力资本的要求，使城镇化前的家庭支柱难以满足城镇化进程的要求。现代工业生产模式，对专业的要求不断提高。居有定所改变了原有的生活成本项目，每一个项目的费用支出随着城镇化而现代化。而随着生计模式转型进入城镇化的牧民，与产业所提供的岗位，对职业、专业的要求无法无缝对接，除非加大投入人力资本。

假设达到一定的人力资本水平，则人力资本投入与年龄增长成正比。更何况，城镇化进程中，因为城镇的"吸优功能"[①]，城镇和农牧区的差距随之扩大，可提供的就业岗位十分有限。从另一个角度审视，实际上是在增加生存成本。青海涉藏地区城镇化禀赋资源与城镇化及其依托产业各种先天的和后天的弊端相互叠加涌现，影响后续发展。各种困境，影响生存成本及其结构。城镇化不仅仅改变生计模式，对于城镇化后的游牧民而言，游牧的生计模式决定了人们的习性是固定的，现代化居住条件暂时难以改变。有效方法是与自然禀赋契合的可弥补生存成本的生计模式。城镇化本身没有问题，但是缺乏产业支撑的城镇化确实需要考虑后续生存问题。城镇化最关键的是需要政策体系化制度设计的导向，这样才能克服城镇化带来的生存成本弥补问题。

3.3 小结

城镇化的推进，涉藏地区在国家化背景下，有其特殊的区域化背景。比较研究新型城镇化生计模式的生存成本，可以为判断收入是否覆盖支出提供依据；为收入与生存成本支出两方面权衡，并为制度设计原始、传统与现代、开放良性融合的地域、人文特色突出的生计模式提供理论依据。青海涉藏地区地理环境背景的城镇化基础条件，决定了居住地、就业地环境变化的程度，决定了生存成本在不同生计模式中的变化趋势。对于涉藏地区而言，解决生计模式城镇化及其生存成本衔接的困境是城镇化的难题。城镇化、恩格尔系数与生存成本的关系，反映青海涉藏地区与其他地区不同的生存状态。超越差异，则面临生计模式城镇化跨越式转型。城镇化是现代化背景质的飞跃，城镇化多元生计模式与禀赋资源契合，为解决生存成本间的衔接困境创造了前提条件。为此，将城镇化作为一个时间窗，通过生计模式的转型演绎生存成本的转型，为深入就地城镇化思路提供了依据。

城镇化在于生存空间、生存方式、资源配置结构及生存状态的改变，而其中任何要素改变，都将影响农牧民的生存成本增减变动。城镇衣食住行及

[①] 所谓吸优功能，即为所有城镇化需要的、匹配的资源都向城市集中。尤其是人力资源，为了满足城镇化、工业化、信息化的高要求，有文化的、有技能的年轻人，大多数都向城市集中。缺乏适合城镇化生计模式要求的人群，则会被迫留在农牧区。

其关联的各项要素，都将单独或共同影响生存成本费用支出。一是生活成本费用，不同城镇生活成本费用不同，导致流动人口迁移的生存成本存在不同程度的差异；二是生活代价，或者是获得相同收益所需要付出的代价不同。农民工想要获得与市民相同的收入，需要付出更多代价。有研究曾测算上海、杭州、南京、宁波4个城市生存成本，可见生存代价。2005—2009年期间，很多食品价格涨幅均超过20%。其中，西红柿价格涨幅最高，达127.9%；青菜价格上涨62.0%；牛奶价格上涨53.9%；快餐价格上涨45.9%。同期全国食品类价格涨幅为20.5%。2009年的食品类价格比2005年上涨37.3%，4个城市相同食品价格涨幅是全国平均水平的1.82倍；医疗、文化娱乐服务费上涨16.8%，交通、水、电、气价格上涨23.7%。糖类、粮食类、主食类、蔬菜类、瓜果类商品零售价格大幅上涨，推升商品零售价格指数。2009年，农民工生存成本比2005年上升29.8%。相比而言，就地城镇生计模式的生存代价和压力要小。劳动力在原籍的居住费用可能几年或十几年前就已支付了，食物大多数是自给自足，不构成现实生存压力。城镇化后，与城镇户籍人员相比，其生存成本完全依靠市场，日常生存的市场化程度高。过于依赖人力劳动生产的产品或服务，则随着劳动力价格升高会越来越贵。生存成本压力，不言而喻。农牧居民进城务工，或在城镇工作、生活，增加了融入城镇求职、就业、生活的难度和成本，相应地增加了心理适应成本。但是，城镇化越促进社会发展，机器生产的产品随着劳动生产率的提高会变得越来越便宜，这为优化青海省及其涉藏地区居民人均收支结构及其趋势演绎，尤其是消费支出结构性优化提供了基础。

第4章 青海城乡居民人均收支结构及趋势特征

本章以总分的逻辑关系，从青海省城乡居民人均收支结构及趋势特征，为涉藏地区 1984—2017 年生存成本测度计量提供了区域的全景图。这个全景图的背景，内含马斯洛需求层次理论所指向的需求消费分层。消费分层在消费结构中表现为生存型消费、发展型消费和享受型消费层级，对应的是生存必需品、享受品和奢侈品。生存必需品对价格的敏感度最高，生存型消费价格均高于其他两种类型。其中，食品类生存必需品消费价格变动、结构调整，直接影响生存消费支出成本。1994—2018 年，食品类消费价格指数年均上升 4.0%，食品类对价格的变动最为敏感。生存型消费成本，影响消费结构升级，以及全面建成小康社会的进程。

消费生存成本受经济发展阶段、家庭收入层级约束，收入支出符合马斯洛需求层次要求，先满足生存，再图发展，然后追求享受，这是分析青海省生存层次的基础背景。为青海涉藏地区城乡居民人均收支结构及趋势特征分析提供比较的依据。假设收入与支出恰巧只能满足基本生存的成本，通过统计数据及其图示，可得出生存支出成本很大程度由国家转移支付支持的现状。本章为该地区人均生活消费支出视同生存成本的假设，提供具有相对合理的解释；为研究涉藏地区城镇化、生计模式和生存成本历史演进，提供了现实依据。

4.1 青海城镇居民人均收支结构及趋势特征

4.1.1 城镇居民收入结构及趋势特征

1984—2017 年，青海城镇居民人均可支配收入呈现上升的趋势，这是特征之一。1984 年，居民人均可支配收入（纯收入）为 684.8 元；1993 年，为 2078.87 元；1994 年，为 2769.36 元；到 2007 年，可支配收入首次突破 1 万元；2014 年，突破 2 万元大关；2017 年，接近 3 万元。1984—2017 年，人均可支配收入每一年都在增加，上升的曲线表现出加速上升的趋势（参见表 4-1）。

表 4-1 1984—2017 年青海城镇居民人均可支配收入增长率

单位：元，%

年份	金额	增长率	年份	金额	增长率	年份	金额	增长率	年份	金额	增长率
1984	684.8	—	1993	2078.87	18.38	2002	6199.88	5.91	2010	13854.99	9.17
1985	849.2	24.01	1994	2769.36	33.21	2003	6731.88	8.58	2011	15603.31	12.62
1986	966.8	13.85	1995	3379.85	22.04	2004	7319.67	8.73	2012	17566.28	12.58
1987	1084	12.12	1996	3829.78	13.31	2005	8057.85	10.08	2013	19498.54	11
1988	1153.8	6.44	1997	3999.36	4.43	2006	9000.35	11.7	2014	22306.6	14.4
1989	1274.9	10.5	1998	4240.08	6.02	2007	10276.6	14.17	2015	24542.3	10.02
1990	1335.9	4.78	1999	4703.52	10.93	2008	11648.3	13.35	2016	26757.4	9.03
1991	1486.6	11.28	2000	5169.96	9.92	2009	12691.5	8.96	2017	29168.9	9.01
1992	1756.03	18.12	2001	5853.72	13.23						

资料来源：1999—2018 年中国统计年鉴。

其中，1994 年为关键的节点，《国家八七扶贫攻坚计划》（1994—2000 年）调整了国家贫困县确定标准，扩大了全国农村贫困人口覆盖面，覆盖率超过 72%；调整了扶贫资金投放结构。中央扶贫信贷资金和新增财政扶贫资金，都投放到了中西部的贫困地区。这为青海城镇居民人均可支配收入突出的结构调整、一路高歌猛进的上升趋势特征铺垫了宏观背景。与我国城镇居民家庭恩格尔系数对生存、生活状态的判断结果相比，青海省 2005 年之前的城镇居民家庭收入中，更多在于食品购买的支出，主要是满足基本生存。2005 年之后的温饱程度要比 2005 年之前有所增加，食品购买所占的比重要低；2005 年之后的生存成本项目结构，润物细无声地发生着变化，与我国城镇居民家庭恩格尔系数得出的结果吻合（参见图 4-1）。

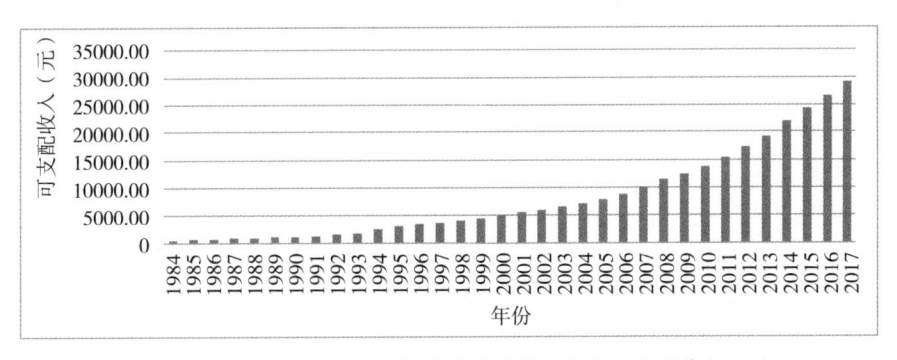

图 4-1 1984—2017 年青海城镇居民人均可支配收入

1984—2017年，青海城镇居民人均可支配收入增加幅度呈现不断增加的态势，这是特征之二。1985年、2008年、2014年为上升通道的高点，1988年、1990年、1997年、2002年、2009年、2013年、2016年为低点，节点连线凸显出上升趋势的弧线特征。其中，1997年为这个时期的另一个关键节点。自此很长时期，每年的增幅加速增长。1985年，城镇居民人均可支配收入比1984年增加了164.4元。此后每年都在以不同的程度增加，增加幅度最小的金额为1990年的61元，增加幅度最大的金额为2014年的2808.06元。2005年之前，增加幅度都低于平均值863.15元；2005—2017年，增加幅度都超过平均值（参见图4-2）。

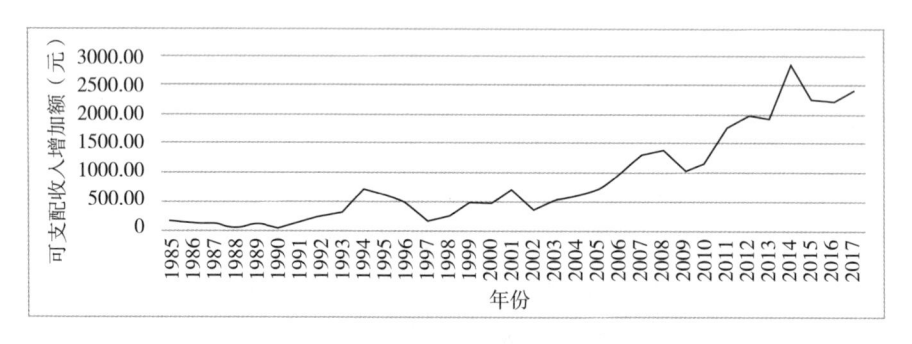

图4-2　1984—2017年青海城镇居民人均可支配收入增加幅度趋势

1984—2017年，青海城镇居民人均可支配收入增长速度以10%为轴，呈现先升后降、先宽后窄的波动态势，这是特征之三。1984—1997年，宽幅波动；1997年后，窄幅波动。1994年为增加幅度的最高点。1985年、2001年、2008年、2011年、2014年以及1984年、1990年、1997年、2002年、2009年和2017年为高低多个转折节点。城镇居民人均可支配收入增长率最低为1997年的4.43%，最高的增长率是1994年为33.21%。1990年、1997年城镇居民人均可支配收入增长率都运行在5%以下。2003年之后，增速在8%—14.40%波动。2014年后，人均可支配收入在呈增加态势的基础上，增长率在不断波动中放缓。时起时落，但呈现稳定状态。

与我国城镇居民家庭恩格尔系数对生存、生活状态的判断结果相比，用于食品的支出在城镇居民家庭收入中所占的比重呈下降趋势，与我国城镇居民家庭恩格尔系数得出的结果相符（参见图4-3）。

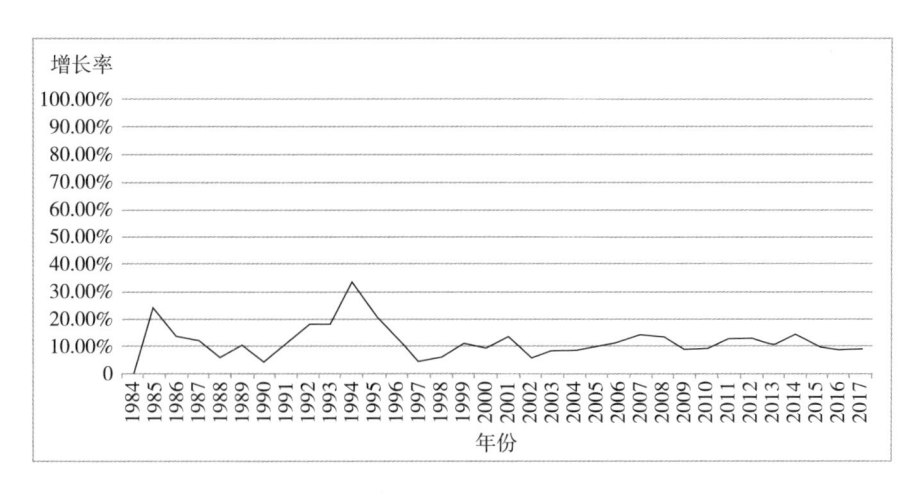

图 4-3 1984—2017 年青海城镇居民人均可支配收入增长率趋势

截取 1984—2005 年，城镇居民人均可支配收入结构性差异特征。2001—2005 年是第十个五年计划，2005 年是第十个五年计划与第十一个五年计划的交替节点。每个五年计划的递延，都使青海城镇化率在国家城镇化高速发展的框架中提高，2001 年为 36.32%，2002 年为 37.70%，2003 年为 38.18%，2004 年为 38.53%，2005 年为 39.25%，为支撑生计模式转型、就业、生存成本弥补能力演变创造了条件。

青海城镇化，在国家城镇化大背景的画面中，随之公转，且具有区域性特征。与全国相比，青海城镇化率显然低于全国城镇化水平。与此相符的是其产业结构显现的缺陷，反映出支持城镇化生计模式，收入对生存成本弥补的特征。2005 年，就业的比重在第一产业、第二产业、第三产业间进行结构调适，城镇居民可支配收入的结构特征，符合产业特点。

第一产业就业的比重，从 1985 年的 62% 下降为 2005 年的 38%；第二产业，从 26% 增加到 38%；第三产业，由 12% 翻了一番。截止到 2005 年，第一、二、三产业的就业比重分别是第一产业为 38%，第二产业为 38%，第三产业为 24%。这个比重意味着由具有第一产业特征的生计模式，转向了以第三产业为特征的生计模式。随着生计模式的转型，反映出可支配收入的脉络，及对生存成本支出的弥补能力的特征。1984—2005 年，人均可支配收入由 684.8 元增加到 8057.85 元。其间，虽然每一年的收入都在不断增加，且在上升通道运行，但是也存在结构性差异的特征（参见图 4-4）。

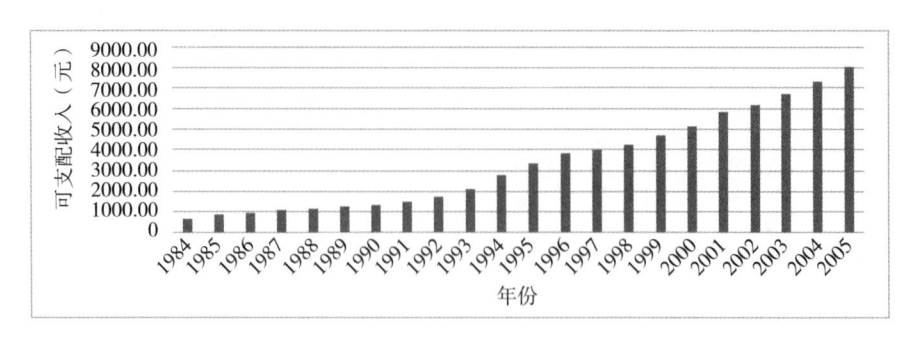

图 4-4 1984—2005 年青海城镇居民人均可支配收入

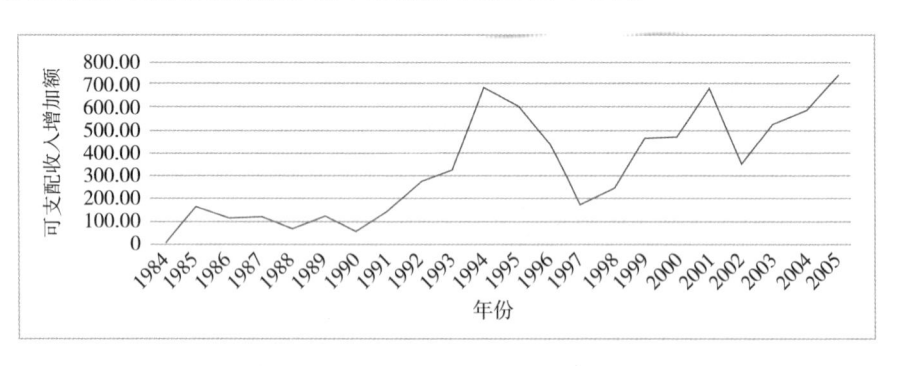

截取 1984—2005 年，青海城镇居民人均可支配收入增加幅度，可见其结构性差异特征为收入低、基数小、增加幅度窄。其中，1984—1988 年，增加幅度呈下降的趋势，最高的增加幅度为 1985 年的 164.4 元，最低的增加金额为 1988 年的 69.8 元；1990—1994 年，增加幅度从 61 元上升到 690.49 元。1994 年是 1984—2004 年增加幅度金额最大的节点。其中，1995—1997 年，增加幅度急速下降，从 610.49 元下降到 169.58 元。随后，在起伏中上升到 2005 年的 738.18 元。显然，2005 年的增加幅度是 1984—2005 年中的最大值。同时反映出增加幅度的底部在不断抬高（参见图 4-5）。

图 4-5 1984—2005 年青海城镇居民人均可支配收入增加幅度

截取 1984—2005 年，青海城镇居民人均可支配收入增长率结构性差异特征：首先呈现类似"W"的形状。以 1994 年的增长率 33.21% 为 W 的中间顶点，左面呈现 V 形，右面呈现 L 形。其中，底部两个最低点为左边 1990 年的 4.78%，右边 1997 年的 4.43%。其次呈现放缓的态势，增长率运行在两个低点的连线之上（参见图 4-6）。

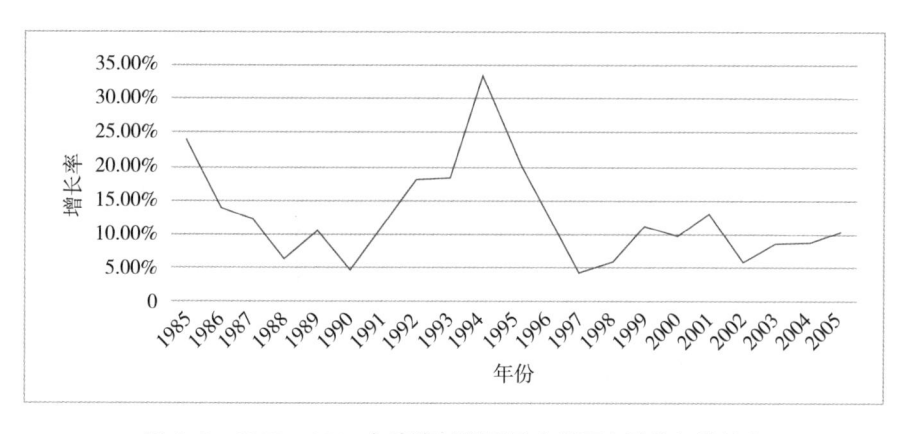

图 4-6　1985—2005 年青海城镇居民人均可支配收入增长率

截取 2006—2017 年，城镇居民人均收入结构性差异特征。这个时间段，跨越了三个五年规划（第十一个五年计划开始，改"计划"为"规划"）。2006—2010 年是第十一个五年规划，2011—2015 年是第十二个五年规划，2016—2020 年是第十三个五年规划。2006 年之后，城镇化在这三个五年规划中不断深入。2006 年，以城市群为主要的目标推行。2007 年，党的十七大提出，按照统筹城乡、布局合理、节约土地、功能完善、以小带大的原则，促进大中小城市和小城镇协调发展，以特大城市为依托，形成辐射作用大的城市群，培育新的经济增长极。2012 年，党的十八大重点关注到西部地区短板的负效应，提出对西部加大扶持力度，分阶段、分步骤缩小城乡间、区域间的差距。2013 年，着重推行以人为本的城镇化模式。"十二五"规划纲要强调特色新型城镇化道路，从质量的角度提出了城镇化的新要求。2014 年，突出了培育、发展中西部地区城市群，建立城市群协调发展机制。2015 年，提出推动新型工业化、信息化、城镇化和农业现代化"四化同步"发展的意见。2016 年，推进以人为核心的新型城镇化，引导约 1 亿人在中西部地区就地城镇化，支持中小城市和特色小城镇发展。2017 年，党的十九大报告提出加快农业、转移人口市民化。2018 年以后，将乡村振兴和新型城镇化双轮驱动一并提出。

2006—2017 年，在国家城镇化大背景下，青海城镇化在顶层设计的宏大行动中，做出了自己的贡献。从城镇居民人均可支配收入来看，可见其上升趋势的特征。从 2006 年的 9000.35 元，一路上升到 2017 年的 29169 元，这与这个时期城镇化顶层设计和因地制宜的实施有着密切关系（参见图 4-7）。

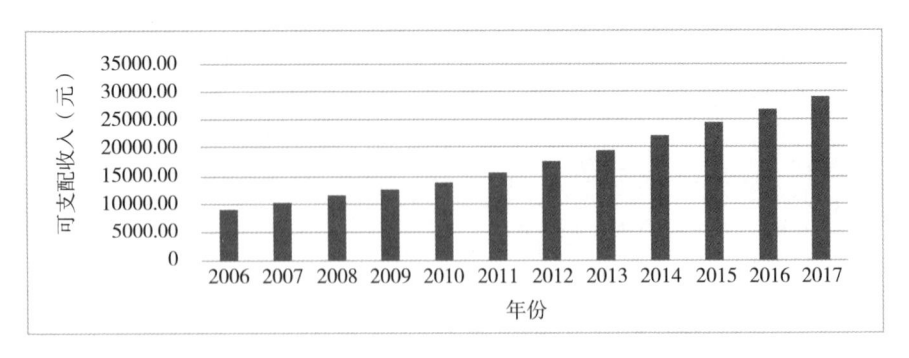

图 4-7　2006—2017 年青海城镇居民人均可支配收入

截取 2006—2017 年，青海城镇居民人均可支配收入增加幅度在上升的趋势中，展现为结构性差异特征，并且结构性差异比较明显。其中，增加幅度几乎年年提高。但是，几乎每隔两三年就要压缩增加的空间，此也为特征之一。2009 年、2013 年、2016 年增加幅度相比前期要窄，以此低点为连线，支撑小幅增减中向上运行的趋势线。其中，城镇居民可支配收入增加幅度最少的金额为 2006 年的 942.5 元，2010—2012 年、2013—2014 年、2017 年增加幅度又出现上升的趋势。增加幅度最大的是 2017 年的 2411.50 元。2007—2013 年，增加幅度在一千元之上、两千元之下的区间变动；2014—2017 年，城镇居民人均可支配收入增加幅度在两千元之上、三千元之下波动（参见图 4-8）。

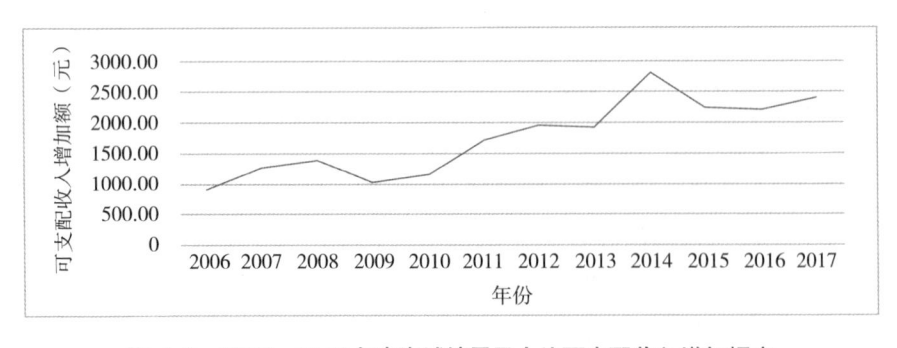

图 4-8　2006—2017 年青海城镇居民人均可支配收入增加幅度

截取 2006—2017 年，青海城镇居民可支配收入增长率结构性差异特征：这个阶段的城镇居民人均可支配收入增长率同样在政策的安排下，除了 2009 年、2010 年、2014 年、2016 年和 2017 年为个位数运行外，其他年份都以两位数运行。其中，增长率最大的数据是 2007 年的 14.17%，最小的数据是

2009 年的 8.96%。可支配收入增长率，围绕 10% 的水平轴运行。青海城镇居民人均可支配收入增长率虽有所减缓，但其趋势随政策的宏观调控，在可预期的区间反映了不断提高的国家城镇化水平；同时，也反映了随着城镇化广泛和深入的推进，城镇居民人均可支配收入对生存的支撑力度在不断加强（参见表 4-1、图 4-9）。

然而，不容忽视的短板效应却时时显现。从城镇居民人均可支配收入增加幅度和增长率可见其结构性差异的特征。

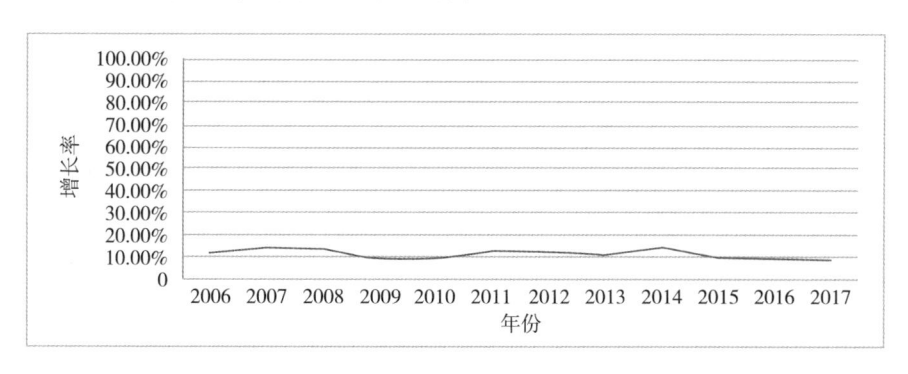

图 4-9　2006—2017 年青海城镇居民人均可支配收入增长率

4.1.2 城镇居民支出结构及趋势特征

城镇居民 1984—2017 年人均消费支出结构及趋势特征。由图 4-10 可知，青海城镇居民人均消费性支出呈现步步高升的态势。城镇居民人均消费性支出，除了 1997 年比前后年份略微下降外，其他年份皆出现了不同程度的增加。1984 年，城镇居民人均消费性支出为 581.19 元。此后，从数百元到数万元，一路上调。1988 年为一千元之上，金额为 1048.06 元。2010 年，消费支出的金额达到了 9613.79 元，相当于 1984 年消费支出的 15 倍以上；2011 年，消费性支出的金额跨上万元关口，金额为 10955.46 元。2016 年，城镇居民人均消费性支出突破了两万元，达到 20853.2 元。2017 年，达到了 21473 元，近似于 1984 年的 37 倍（参见表 4-2）。

表 4-2　1984—2017 年青海城镇居民人均消费性支出成本及增长率

单位：元，%

年份	金额	增长率	年份	金额	增长率	年份	金额	增长率	年份	金额	增长率
1984	581.19	—	1993	1817.68	22.1	2002	5045	7.37	2010	9613.79	9.42
1985	678.7	16.78	1994	2392.44	31.62	2003	5389.4	6.83	2011	10955.46	13.96
1986	753.1	10.96	1995	2930.1	22.47	2004	5759	6.86	2012	12346.29	12.70
1987	828.38	10	1996	3305.25	12.80	2005	6245.26	8.44	2013	13539.50	9.66
1988	1048.06	26.52	1997	3300.48	−0.14	2006	6530.1	4.56	2014	17492.90	29.20
1989	1069.44	2.04	1998	3580.44	8.48	2007	7512.39	15.04	2015	19200.60	9.76
1990	1117.84	4.53	1999	3903.84	9.03	2008	8203.2	9.20	2016	20853.20	8.61
1991	1260.58	12.77	2000	4185.7	7.22	2009	8786.52	7.11	2017	21473.00	2.97
1992	1488.66	18.09	2001	4698.6	12.25						

资料来源：2010—2018 年青海省统计年鉴、1999—2018 年中国统计年鉴。

由表 4-2 分析可见阶段性的结构性差异。如果以人均消费性支出金额划分时段，则第一时段为 1984—1987 年，消费性支出最小金额为 1984 年的 581.19 元，最高金额为 1987 年的 828.38 元，这个时段的消费性支出是一条非常平缓的上升曲线；第二时段为 1988—1993 年，消费性支出最小金额为 1048.06 元，最大的金额为 1993 年的 1817.68 元；第三时段为 1994—1995 年，消费性支出分别为 2392.44 元和 2930.1 元，相比前期而言，这条上升的曲线在不断地加大基数；第四时段为 1996—1999 年，消费支出的最小金额为 1996 年的 3305.25 元，最大金额为 1999 年的 3903.84 元；第五时段为 2000—2001 年，消费性支出分别为 4185.7 元和 4698.6 元；第六时段为 2002—2004 年，消费性支出分别为 5045 元、5389.4 元和 5759 元；第七时段为 2005—2006 年，消费性支出分别为 6245.26 元和 6530.1 元；第八时段为 2007 年，消费性支出 7512.39 元；第九时段为 2008—2009 年，消费性支出分别为 8203.2 元和 8786.52 元；此后，每一年为一个台阶。由图 4-10 可见，消费性支出上台阶所耗时间越来越短。

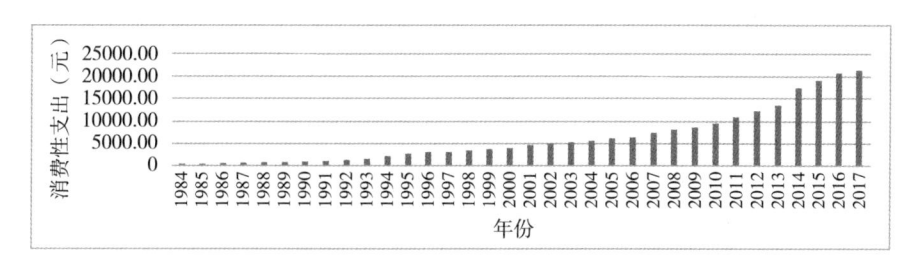

图 4-10 1984—2017 年青海城镇居民人均消费支出

1984—2017 年，青海城镇居民人均消费性支出增加幅度呈现上升趋势，却也存在结构性差异的特征。由图 4-11 可见，从低点连线分析，城镇居民人均消费性支出增加额，运行在以 1986 年、1989 年、1997 年、2000 年、2006 年、2013 年、2017 年最小增加额为节点的连线之上。而且，1988 年、1994 年、2007 年、2011 年及 2014 年的高点连线，形成了一条先平缓，后陡峭的连线。城镇居民人均消费性支出增加额，则介于这两条连线之间运行。这两条连线为生成锐角的两条弧线，呈现上升的趋势。

1984—2017 年，青海城镇居民人均消费性支出增加幅度的结构性差异突出。1984—1997 年，城镇居民人均消费性支出增加幅度在最高点 1994 年的 574.76 元与最低点 1997 年的 -4.77 元的空间变动；之后到 2013 年，城镇居民人均消费性支出增加幅度在起伏中上台阶。随后，以 2014 年增加幅度 3953.4 元为节点，呈现前后全然相反的大起大落的趋势，2013 年为 1193.21 元，2015 年为 1707.70 元。2017 年，消费性支出为 619.8 元（参见图 4-11）。

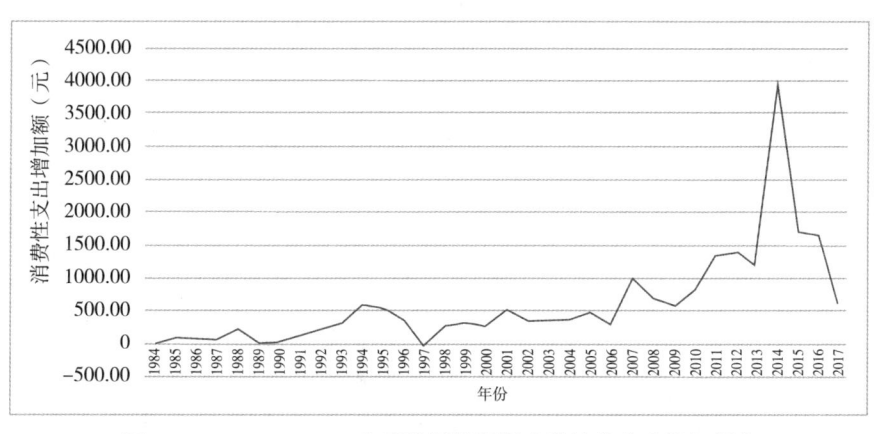

图 4-11 1984—2017 年青海城镇居民人均消费支出增加幅度

城镇居民 1984—2017 年消费支出增长率的结构及趋势特征。城镇居民人均消费性支出增长率整体呈现出在1994年的31.62%到1997年的-0.14%之间大幅度起落的特征。1994年的最高点和2014年城镇居民人均消费性支出增长率为29.2%的高点,左高右低,具有以缓坡的形式下降的特征。其中,一次负增长率,1989年、2017年城镇居民人均消费性支出增长率在3%以下运行(参见图4-12)。

截取1984—2005年,可见城镇居民人均消费支出的阶段性结构差异特征。1984—2005年城镇居民人均消费性支出在上升的过程中,区间差异一目了然。以1996年为节点,城镇居民人均消费性支出分为1984—1996年、1999—2005年两个上涨的区间,但也存在结构性差异。在第一个区间,虽然从图可见城镇居民人均消费性支出不断增加,却也显示出1984—1987年基数小的特点。1988年,有了跳跃式的增加,连续三年平稳推进。1991—1996年,其消费支出的变动很快,金额也大。1996年消费金额支出为1991年的2.6倍。在第二区间,1997年和1996年,消费性支出金额相差无几。随后,消费支出的金额加速增加。到2005年,增加到6245.26元。2005年的消费支出金额约为1984年的10.75倍以上(参见图4-13)。

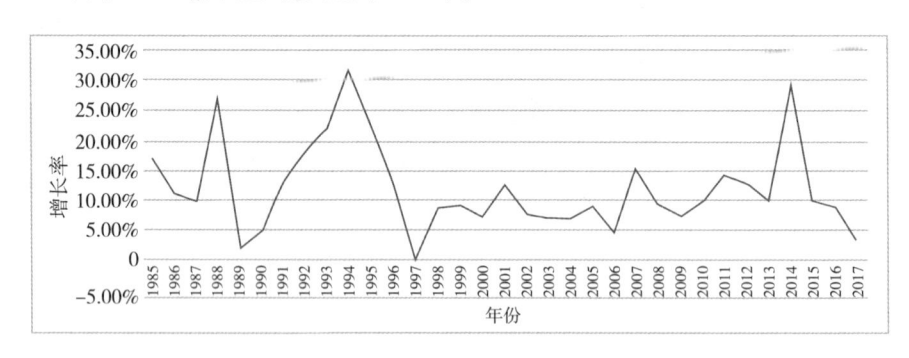

图4-12 1984—2017年青海城镇居民人均消费支出增长率趋势

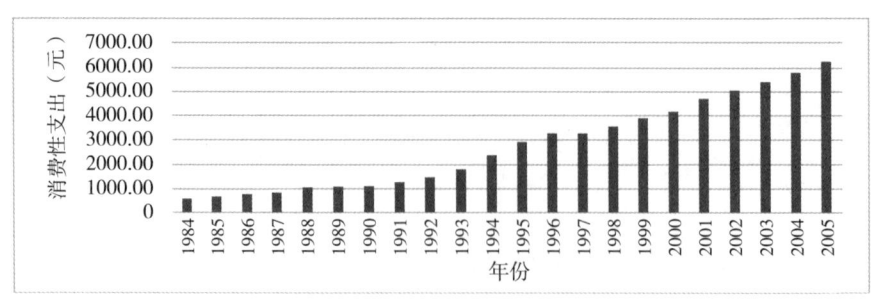

图4-13 1984—2005年青海城镇居民人均消费支出

第 4 章 青海城乡居民人均收支结构及趋势特征

截取 1984—2005 年，青海城镇居民人均消费性支出增加幅度结构性差异特征。青海城镇居民人均消费性支出增加幅度，从数据和图示可见其不稳定的特点。1988 年比 1987 年增加金额 219.68 元，1989 年比 1988 年增加了 21.38 元，1991 年比 1990 年增加金额 142.74 元。有三年的消费性支出超过了 500 元，1994 年比 1993 年增加金额 574.76 元，1995 年比 1994 年增加金额 537.66 元，2001 年比 2000 年增加金额 512.9 元。1994 年消费支出增加幅度最大，为 574.76 元。消费性支出增加幅度，具有不断加速上升和大起大落的结构特征，但总体具有上升的趋势（参见图 4-14）。

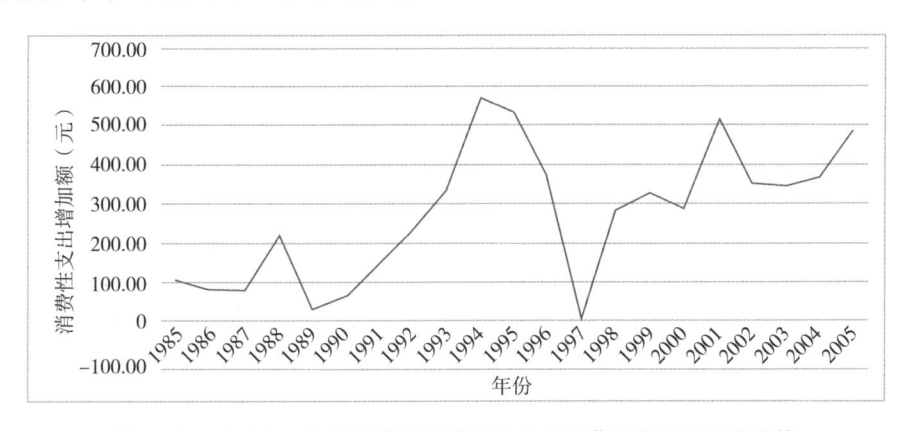

图 4-14　1984—2005 年青海城镇居民人均消费支出增加幅度结构

截取 1984—2005 年，青海城镇居民人均消费性支出增长率的结构性差异特征。1984—2005 年，青海城镇居民人均消费性支出增长率呈下降的趋势，图形右边的低点低于图形左边的低点。1985 年消费支出的增长率为 16.78%，1988 年增长率为 26.52%，1992 年增长率为 18.09%，1994 年增长率为 31.62%，1995 年增长率为 22.47%，2001 年增长率为 12.25%，这些年份的增长率都是两位数。而 1989 年增长率为 2.04%，1990 年增长率为 4.53%，1997 年增长率为 -4.77%，2000 年增长率为 7.22%，2002 年增长率为 7.37%，2003 年增长率为 6.83%，2004 年增长率为 6.86%，2005 年增长率为 8.44%，这些年份消费支出增长率为个位数。其中的起伏、结构性差异，由此可见（参见图 4-15）。

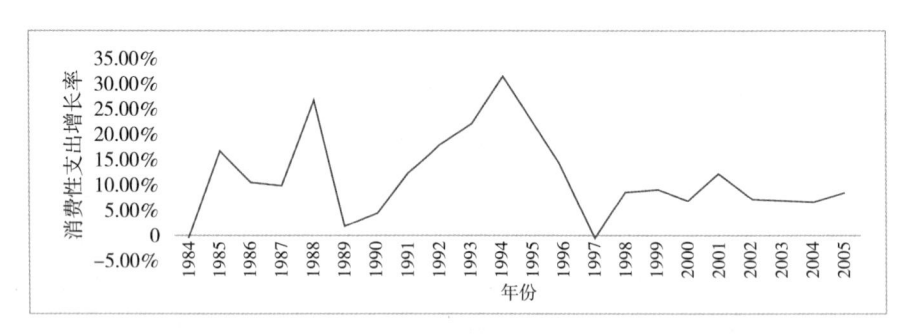

图 4-15　1984—2005 年青海城镇居民人均消费支出增长率

截取 2006—2017 年，青海城镇居民人均消费性支出结构性差异特征。2006 年是又一个五年规划的开始，在前一个五年计划实施积累的基础上，2006—2017 年城镇的人均消费性支出进一步累积。不断的累积使得基数不停地在变动中加大。2006 年的消费性支出为 6530.1 元，而 2007 年的消费性支出为 7512.39 元；到了 2011 年，消费性支出达上万元，变动为 11519 元；到了 2017 年，消费性支出增加为 21473 元。绝对值的增减变动，反映在图形中可见每一个节点支撑的趋势线都是上升的。2010 年作为五年规划的收获之年，其支出的结果大于 2009 年。2006 年和 2017 年两点连接，结构性差异中上升的趋势清晰可见（参见图 4-16）。

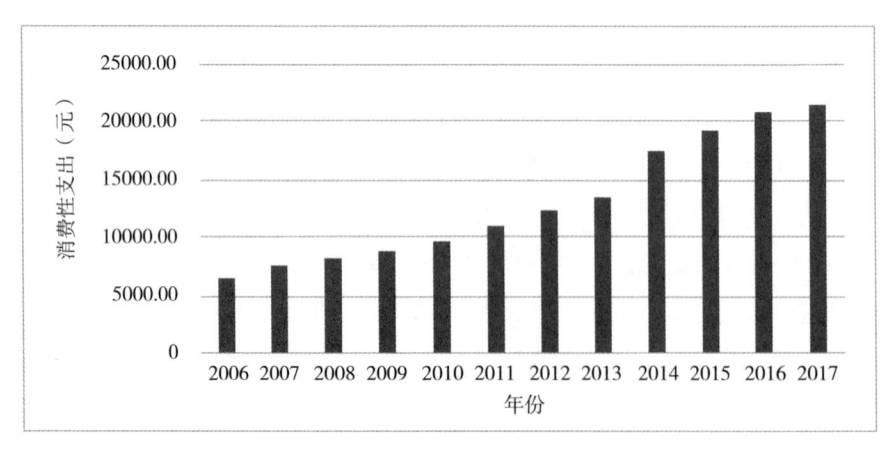

图 4-16　2006—2017 年青海城镇居民人均消费支出

截取 2006—2017 年，青海城镇居民人均消费支出增加幅度结构性差异特征。2006—2017 年，消费性支出每年的增加幅度不断加大，但存在增加幅度大小高低不同的变动和变动中演绎差异及上升趋势的特征。2011 年前，增加幅度低于千元，之后各年均高于千元，除了2017年骤降为619.80元之外。2014年是所在五年规划中消费性支出增加额度最大的一年，为3953.40元。这个图形中消费支出增加幅度的低点为2006年、2009年、2013年和2017年，将2006年和2017年连接，虽然其中存在结构性差异，前后起伏不一，但仍然表现出底部上升的趋势特征（参见图4-17）。

截取2006—2017年，青海城镇居民人均消费支出增长率结构性差异。2006—2017年，消费性支出的增长率显示的特征为结构性差异中下降的趋势。这是要么基数越来越大，要么差额越来越小，或两者变动的速率差异造成的。在此期间，消费性支出的增长率随着发展不断变动。2017年的增长率为2.97%，成为图形中的最低点。2006年的增长率为4.56%，是图形中的另一个低点，两点相连，下降的趋势是清晰可见的。当然，结构性差异也是清晰可见的。几乎可以分解为四个时段，2006年与2009年的时段，这是上升的态势；2009年与2013年的时段，为上升的状态；2013年与2015年，为向下的趋势；2015年到2017年，为下降的趋势（参见图4-18）。

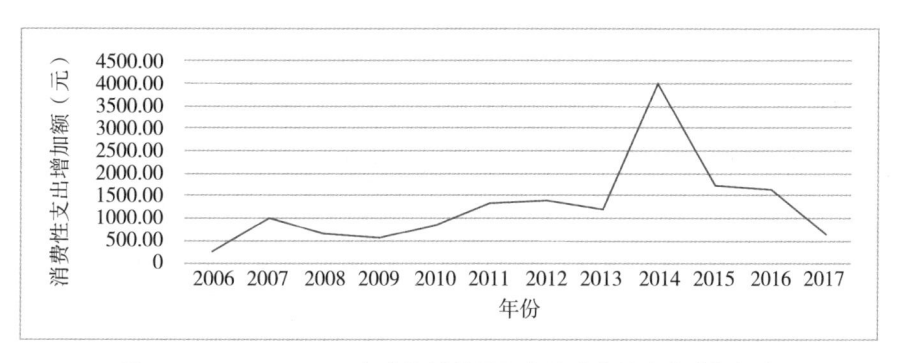

图4-17　2006—2017年青海城镇居民人均消费性支出增加幅度

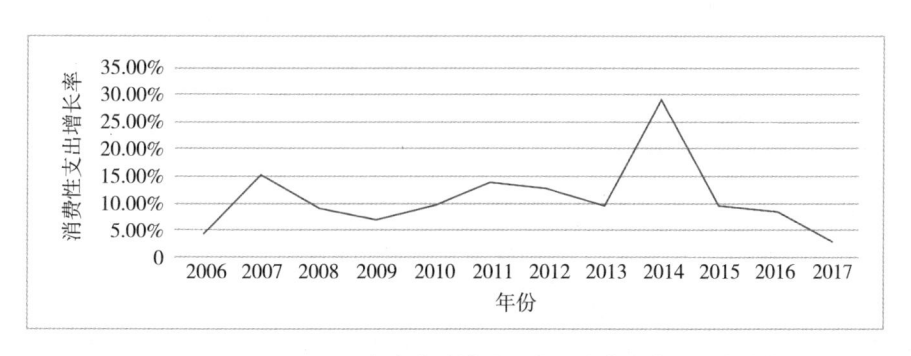

图4-18　2006—2017年青海城镇居民人均消费支出增长率结构

4.1.3 城镇居民人均收支结余结构及趋势特征

城镇居民 1984—2017 年人均收支结余结构及趋势特征。从统计数据分析其规律，城镇居民人均收支最大的结余金额为 2017 年的 7695.9 元，最低的结余金额为 1984 年的 103.61 元。相对而言，1984 年的收支结余是 1984—2017 年中最小的基数。随后的每年都在这个基数上不断累加或增减，1987 年收支结余增加到 255.62 元。1988 年，收支结余有所下降，金额为 105.74 元。类似情况反复出现数次，如 1992 年，经过每年小额的增加，收支结余金额为 267.37 元，1993 年为 261.19 元，1997 年为 698.88 元，1998 年为 659.64 元，小幅下降；2001 年为 1155.12 元，2002 年为 1154.88 元，几乎没有变动；2013 年为 5959.04 元，2014 年为 4813.7 元。2002 年以前，几乎每四年都要出现比前一年的金额低的状况，之后这种间隔的时长拉大，其他时间段都是逐年递增（参见表 4-3）。

表 4-3　1984—2017 年青海城镇居民人均收支结余及增长率

单位：元，%

年份	金额	增长率	年份	金额	增长率	年份	金额	增长率	年份	金额	增长率
1984	103.61	—	1993	261.19	-2.31	2002	1154.88	-0.02	2010	4241.2	8.61
1985	170.5	64.56	1994	376.92	44.31	2003	1342.48	16.24	2011	4647.85	9.59
1986	213.7	25.34	1995	449.75	19.32	2004	1560.67	16.25	2012	5219.99	12.31
1987	255.62	19.62	1996	524.53	16.63	2005	1812.59	16.14	2013	5959.04	14.16
1988	105.74	-58.63	1997	698.88	33.24	2006	2470.25	36.28	2014	4813.7	-19.22
1989	205.46	94.31	1998	659.64	-5.61	2007	2763.67	11.88	2015	5341.7	10.97
1990	218.06	6.13	1999	799.68	21.23	2008	3445.1	24.66	2016	5904.2	10.53
1991	226.02	3.65	2000	984.26	23.08	2009	3905.33	13.36	2017	7695.9	30.35
1992	267.37	18.29	2001	1155.12	17.36						

到 2001 年，随着基数的逐年积累，收支结余金额超过了千元。2007 年，收支结余金额超过了 2000 元。基数越大，城镇居民所能调动的结余金额的能力越强。很快到 2010 年，结余金额就超过了 4000 元。2012 年，结余金额超过了 5000 元，趋向 6000 元。2017 年，结余金额超过了 7500 元，加速上升特征参见图 4-19。

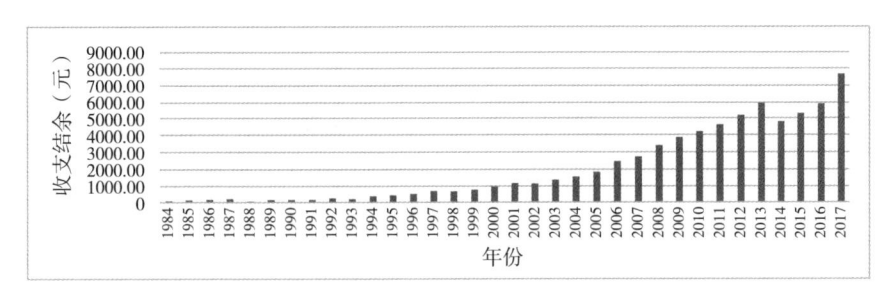

图 4-19　1984—2017 年青海城镇居民人均收支结余

城镇居民 1984—2017 年人均收支结余增加幅度结构及趋势特征。城镇居民人均收支结余就是收入超出支出的金额，也是居民驾驭生存能力的象征。如果视支出为生存成本，则收支结余的程度说明对成本的覆盖程度。收支结余增减幅度说明收支结余累加基数的增减变动，收支结余增加的过程是其基数不断累加的过程。基数越大，对于生存驾驭的余地越大。相比 1985 年与 1984 年的增加幅度 66.89 元，1994 年收支结余增加幅度是 10 年间最多的，为 115.73 元；2004 年相比 2003 年，收支结余增加幅度为 218.19 元；2006 年的增加幅度为 657.66 元；2017 年的增加幅度为 1791.7 元。显然，收支间的距离越拉越大。其中，尽管 1988 年、1998 年、2002 年、2007 年、2010 年、2014 年和 2015 年出现了不同程度的低点，但是总体不改上升的趋势。2014—2017 年，增幅从 –1143.34 元、562.5 元、590.42 元到 1791.7 元，可见居民对生存、生活的把握余地得到了拓展（参见图 4-20）。

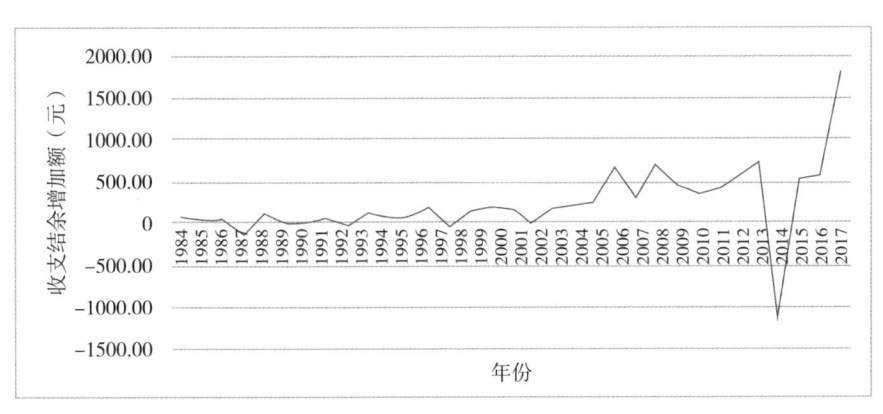

图 4-20　1984—2017 年青海城镇居民人均收支结余增加幅度趋势

城镇居民 1984—2017 年人均收支结余增长率趋势特征。从收支结余增长率及其趋势分析，1984—2017 年，收支结余增长率底部在抬高，连线是向上的态势，高点在下降后趋于平稳。1989 年，增长率为 94.31%，是整个时段增长率的最高点。1988 年，城镇居民人均收支结余增长率为 -58.63%，是整个时段增长率的最低点。其中，每个时间段都有其各自的起伏特征，各有高低点。1993 年收支结余增长率为 -2.31%，1998 年收支结余增长率为 -5.61%，2002 年收支结余增长率为 -0.02%，2014 年收支结余增长率为 -19.22%，这些节点为趋势线上的低点。由此可知，收支结余增长率从宽幅变动，趋向窄幅变动（参见图 4-21）。

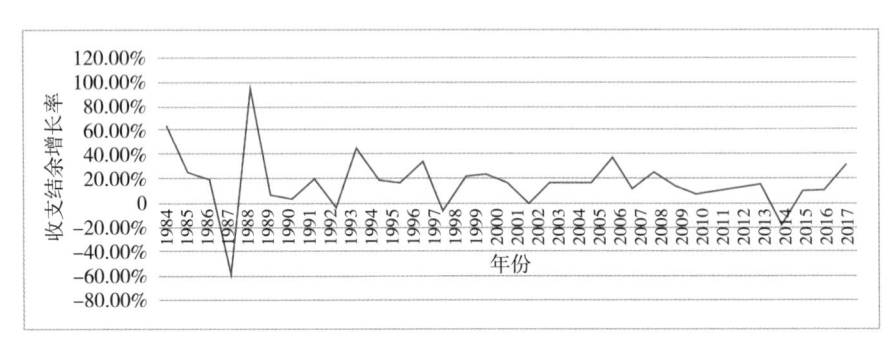

图 4-21　1984—2017 年青海城镇居民人均收支结余增长率趋势

截取 1984—2005 年，城镇居民人均收支结余结构性差异特征。1984—2005 年是 1984—2017 年时间轴上的一个时段，从其收支结余变动趋势可知分阶段的特征。从 1984—1985 年，城镇居民人均收支结余基数小，但也在 200 元之下不断累积，1985 年上升为 170.5 元。1986—1993 年，城镇居民人均收支结余在 200—300 元的宽度内起伏。其中，1988 年回落到 105.74 元，直到 1992 年，超过了 1987 年的水平。但 10 年的时间段内，城镇居民人均收支结余始终在 300 元之下起落。1994—2000 年，城镇居民人均收支结余几乎是每年一跃，从 376.92 元到 984.26 元。2001—2005 年，5 年运行在 1155.12~1812.59 元。由图可见其间的回落，结构性差异明显。由此可见，在这个时间段城镇居民对生存的把控能力在不断加速提升（参见图 4-22）。

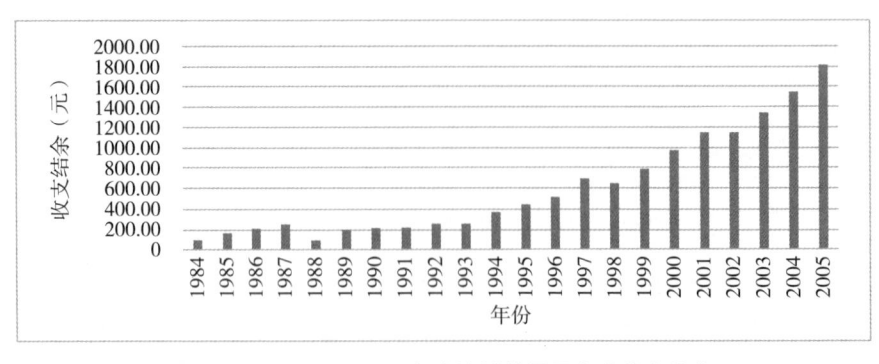

图 4-22　1984—2005 年青海城镇居民人均收支结余

第 4 章 青海城乡居民人均收支结构及趋势特征

截取1984—2005年，收支结余增加幅度分阶段变动的结构差异特征。从图形可见，收支结余的低点1988年、1998年和2002年的连线，是向上的趋势线。其高点1985年、1989年、1994年、1997年、2000年、2005年，同样是一条向上的趋势线，该期间的收支结余增加幅度介于其间，以不同的程度增减运行。1994年前，尽管增加的金额不稳定，而且比较小，但仍然处于不断增加、上升的过程中；1994—1997年，收支结余的增加幅度远大于之前的增加幅度。1984—1993年10年间增加幅度合计为157.58元，1994—1997年，这4年间其增加幅度为437.69元，增加幅度近三倍，由图可见其变动趋势。尤其在1997年收支结余的增加幅度为174.35元，比1996年收支结余的增加幅度74.78元还要多近百元。从1997—2005年，除了偶尔的年份增加幅度下降外，其余年份的增加幅度都超过了百元。2004年，收支结余的增加幅度为218.19元，2005年为251.92元。2003—2005年，增加幅度快速上涨。从三个低点和高点的连线，皆可知收支结余增加幅度的结构性差异及其总体上升的趋势特征（参见图4-23）。

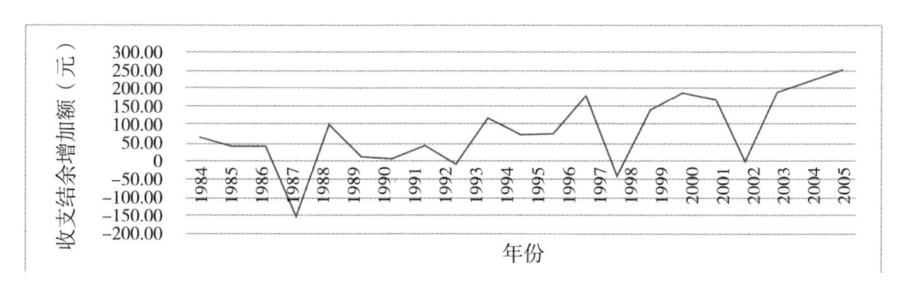

图 4-23　1984—2005 年青海城镇居民人均收支结余增加幅度

截取1984—2005年，城镇居民人均收支结余增长率结构性差异特征。从数据可知，1988年、1993年、1998年、2002年分别出现的负增长率与1985年、1989年、1994年、1997年、1999年、2003年各时段高点，组成了收支结余增长率运动的边界。在此范围内，收支结余增长率围绕着20%的轴线，表现为前宽后窄的空间运行的特征。其中，1990—2005年收支结余增长率的运行为小幅波动中稳定的特点，总体上表现出了城镇居民的生存状况（参见图4-24）。

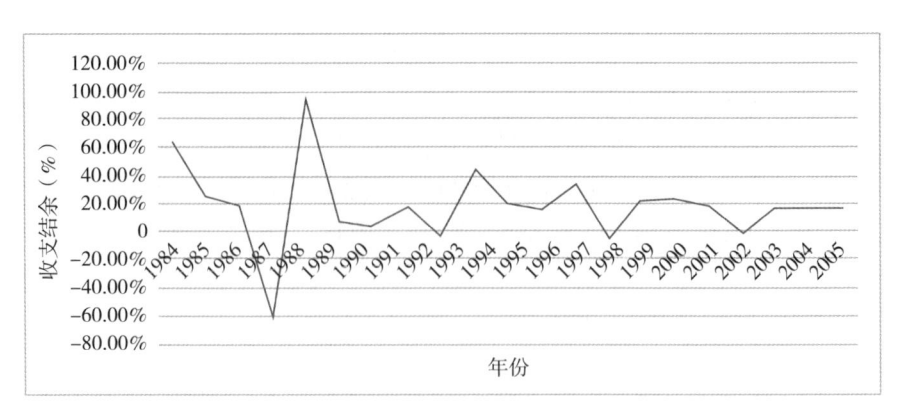

图 4-24　1984—2005 年青海城镇居民人均收支结余增长率趋势

截取 2006—2017 年，城镇居民人均收支结余结构性差异特征。2006—2017 年，城镇居民人均收支结余几乎每两年上一个台阶，运行在 2470.25 元之上，呈现出千元的基数不断上升的趋势特征。如果根据上升趋势划分，可分为 2006—2008 年、2009—2013 年、2014—2017 年，每一个阶段都是一路平稳地走高。2017 年，城镇居民人均收支结余在 2016 年 5904.2 元的基础上，跨越式达到 7695.9 元。2006—2017 年，收支结余在上升的趋势中，各阶段表现出差异性特征（参见图 4-25）。

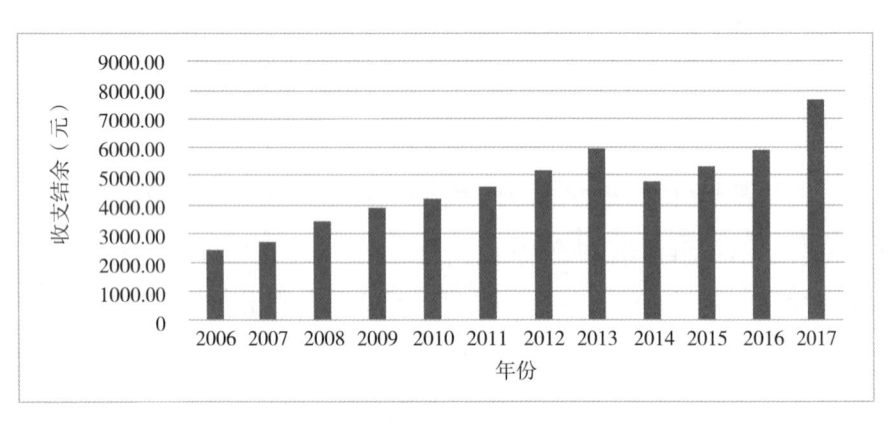

图 4-25　2006—2017 年青海城镇居民人均收支结余

截取 2006—2017 年，城镇居民人均收支结余增加幅度结构差异性特征。收支结余增减幅度变动，可分解为不同阶段的差异特征。以 2014 年为节点，分为左右两个区间段。2014 年收支结余的增加幅度为 -1145.34 元，是 2006—2017 年增加幅度的最低点。该节点的左边是下降的通道，右边是上升的通道。

2006—2014 年和 2014—2017 年的区间段内，各年之间存在结构性差异。2006—2007 年是下降的趋势，增加幅度由 2006 年的 657.66 元下降为 2007 年的 293.42 元，由 2008 年的 681.43 元，下降到 2009 年的 460.23 元，随后上升到 2013 年的 739.05 元。2014 年收支结余的增加幅度呈断崖式下跌，不仅没有在前期的基础上增加，甚至跌至 –1145.34 元。但 2015—2017 年，收支结余增加幅度步步攀升，从 528 元的增加幅度上升到 1791.7 元。由此可见，收入与支出距离变动的幅度，以及城镇居民生存的可持续性状况（参见图 4-26）。

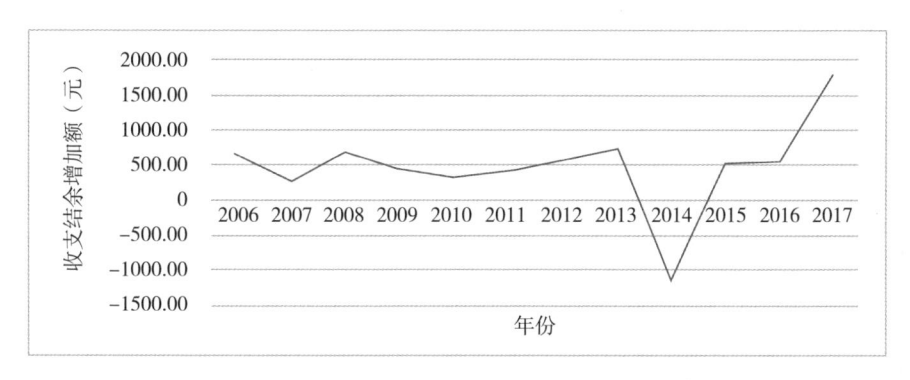

图 4-26　2006—2017 年青海城镇居民人均收支结余增加幅度

截取 2006—2017 年，城镇居民人均收支结余增长率结构性差异特征。从收支结余增长率可知，城镇居民人均收支结余的反转点在 2014 年，其收支结余增长率为 –19.22%。2006—2010 年的时间段内，呈现整体的下降趋势中有波动的特征。2006 年收支结余增长率的高点为 36.28%，不仅是 2006—2010 年的增长率的最高点，还是 2006—2017 年增长率的最高点。2007 年和 2010 年为波动的两个低点，2007 年收支结余增长率为 11.88%，2010 年增长率为 8.61%。其中，2008 年为收支结余增长率的高点，为 24.66%。2011—2013 年，收支结余增长率反转上升。2011 年增长率仅为 9.59%，2012 年为 12.31%，2013 年为 14.16%，而 2014 年，收支结余增长率成为前后截然不同的节点。2017 年，增长率高达 30.35%（参见图 4-27）。

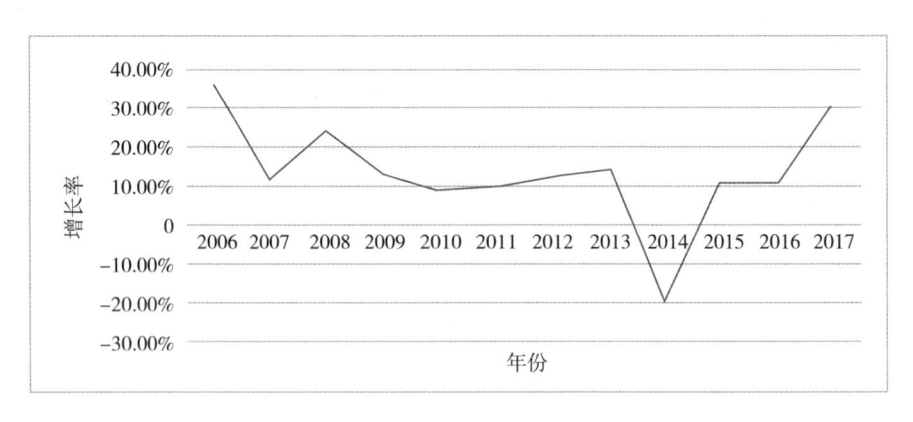

图 4-27　2006—2017 年青海城镇居民人均收支结余增长率趋势

与我国城镇居民家庭恩格尔系数对生存、生活状态的判断结果相比，青海省的城镇居民家庭收入在 2005 年之前，更多的支出在于食品购买，对应的生存必需品，属于生存型消费，主要是满足基本生存；2005 年之后，温饱程度要比 2005 年之前有所增加，食品购买所占的比重要低。可以推断，2005 年之后的生存成本项目结构润物细无声地发生着变化，与我国城镇居民家庭恩格尔系数得出的结果相符。

4.2 青海农村居民人均收支结构及趋势特征

4.2.1 农村居民人均收入结构及趋势特征

农村居民 1984—2017 年人均收入结构及趋势特征。假设 1984—2017 年为一个独立的发展期间，从青海省农村居民人均可支配收入（纯收入）可见其演变出的特征是一条在结构性差异中上升变化的趋势线。1984—1994 年，农村居民人均可支配收入（纯收入）从 281.22 元提高到 869.34 元，可支配收入都在三位数之间运行，结构性差异表在其间起伏。1995 年，这个指标上升到千元以上；1995—2004 年，可支配收入在 1000 元到 2000 元的平台运行。20 年后的 2004 年，可支配收入为 1957.65 元；2005—2007 年，可支配收入上升到了 2000 元以上的平台；2008—2010 年，可支配收入在 3000 元以上的平台运行；2011—2013 年，上台阶的速度不断加快；2014—2015 年，可支配收入在 7000 元到 8000 元的平台运行；2016 年和 2017 年，可支配收入每一年上一个台阶（参见表 4-4）。

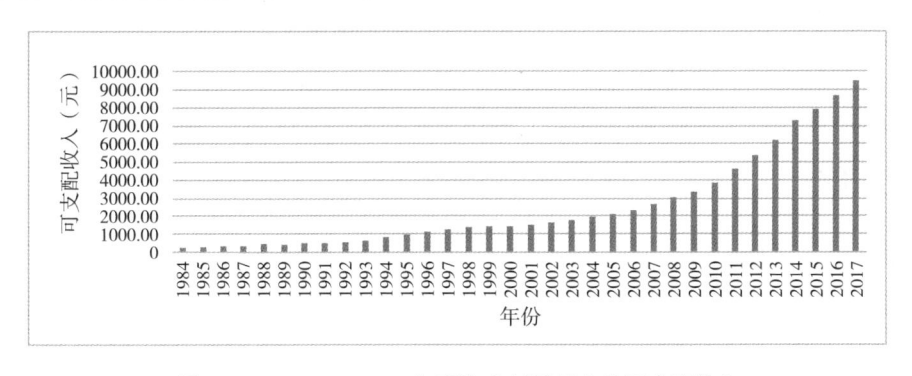

表 4-4 1984—2017 年青海农村居民人均可支配收入及增长率

单位：元，%

年份	金额	增长率	年份	金额	增长率	年份	金额	增长率	年份	金额	增长率
1984	281.22	—	1993	672.56	11.46	2002	1668.94	7.17	2010	3862.68	15.44
1985	342.94	21.95	1994	869.34	29.26	2003	1794.13	7.5	2011	4608.46	19.31
1986	369.15	7.64	1995	1029.77	18.45	2004	1957.65	9.11	2012	5364.38	16.4
1987	392.15	6.23	1996	1173.8	13.99	2005	2151.46	9.9	2013	6196.4	15.51
1988	492.82	25.67	1997	1320.63	12.51	2006	2358.37	9.62	2014	7282.7	17.53
1989	463.52	-5.95	1998	1426	7.98	2007	2683.78	13.8	2015	7933.4	8.93
1990	559.78	20.77	1999	1486.31	4.23	2008	3061.24	14.06	2016	8664.4	9.21
1991	555.56	-0.75	2000	1490.49	0.28	2009	3346.15	9.31	2017	9462.3	9.21
1992	603.4	8.61	2001	1557.32	4.48						

资料来源：1985—2018 年青海省统计年鉴、1999—2018 年中国统计年鉴。

1984—2017 年青海省农村居民人均可支配收入结构及趋势特征，以及其中的 1984—2005 年和 2006—2017 年分阶段的可支配收入结构及趋势特征，都说明了自实施城镇化、西部大开发战略、生态移民工程以来，青海省农村居民人均可支配收入与此相吻合的历程，具有显著效果的发展过程。人均可支配收入（纯收入）从 1984 年不足 300 元到 2017 年的 9462.3 元，青海省农村居民人均可支配收入在 34 年间，由缓慢到快速提升，每一个节点都成为转折点，由图可见其起伏中加速上升的趋势特征。1984—2017 年，在国家资源投入不断加大的同时，青海农村居民人均可支配收入快速增加，增强了生存成本的弥补能力（参见图 4-28）。

图 4-28 1984—2017 年青海农村居民人均可支配收入

1984—2017年农村居民人均可支配收入增加幅度结构及趋势特征。假设以1984年为基期,将每一个农村居民人均可支配收入增加幅度下降后的低点连接,就形成一条弧状的曲线。如图4-28所示,在1984—2017年上升的趋势线上,每一个高低节点意味着增加幅度起伏的程度。在起伏中农村居民人均可支配收入增加幅度最大的是2014年的1086.3元,增加幅度最小的是1989年的-29.3元。人均收入增减幅度背后,是农村居民生存状况的起伏程度。1984—2005年,人均可支配收入增幅在200元之下变动起伏。2006—2017年之间,除了2006年农村居民人均可支配收入增幅为206.91元、2009年为284.91元和2014年为1086.3之外,其他各年份的增减幅度在325.41元到832.02元的通道上下起伏,反映出生存状况改善的趋势状况及其间的不确定性(参见图4-29)。

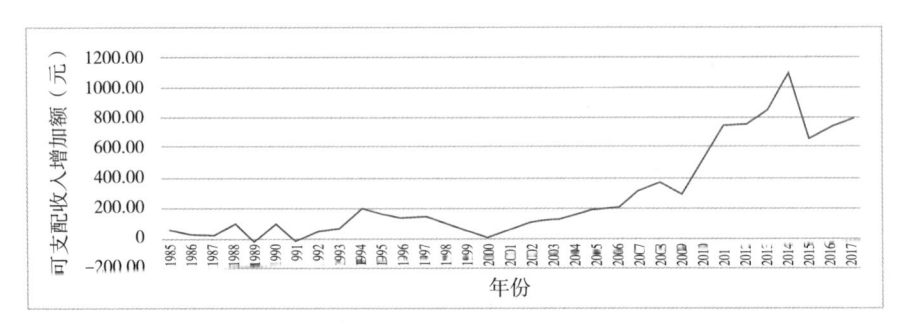

图4-29　1984—2017年青海农村居民人均收入增加幅度趋势

1984—2017年农村居民人均可支配收入增长率结构及趋势特征。由图4-30中曲线可见,1984—2017年收入增长率的趋势由前后两种截然不同的状态构成。以2000年为界,1984—2000年,收入增长率在-6%~30%之间以大幅度的高低间距波动。其中,1994年收入增长率为整个期间的最高点,1989年为最低点,上下落差大。1985年、1988年、1990年、1994年,农村收入的增长率在大于20%和小于30%的区间运行;2000—2017年,每年增长率在0.28%—19.31%起伏变动(参见图4-30)。

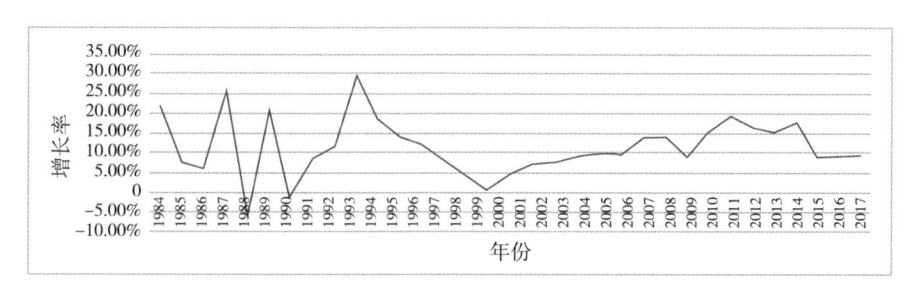

图 4-30　1984—2017 年青海农村居民人均可支配收入增长率趋势

截取 1984—2005 年农村居民人均可支配收入结构差异性特征。由 1990—1994 年和 1999—2002 年两个弧底，可见起伏的状态。这个时段可以划分为 1984—1994 年、1995—2005 年不同的增长阶段。1984—1989 年，可支配收入基数小，最高不足 500 元。1985 年，收入为 342.94 元，1989 年为 463.52 元。1994 年前，收入不足千元。1990 年增加为 559.78 元，1992 年上升到了 603.4 元，1993 年攀升为 672.56 元，1994 年提升得很快，收入为 869.34 元。由此可见，其对生存消费支出可能的弥补程度，及对需求的满足层次。

随着基数的扩大，收入的绝对数也快速上升，经过逐步积累，突破了千元大关，1995 年攀升为 1029.77 元。此后的 10 年间，收入以千元的基数一路上升，2005 年达到 2165.11 元，突破 2000 元大关。尽管存在结构性差异，但每一个小阶段及整体的收入，都呈现了上升的趋势特征（参见图 4-31）。

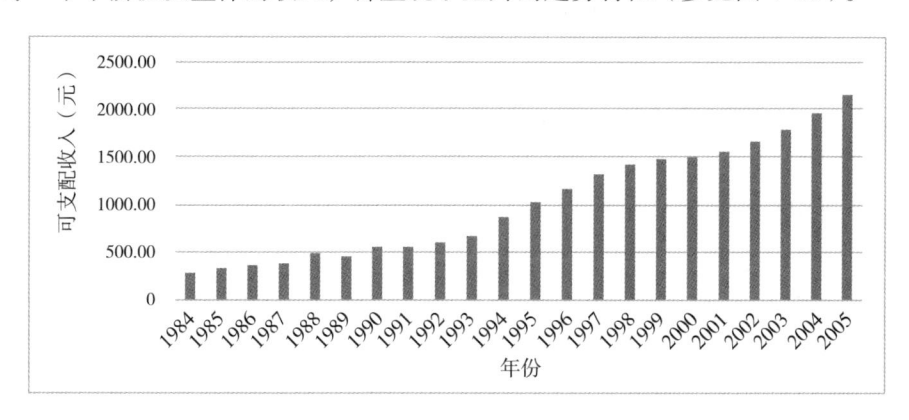

图 4-31　1984—2005 年青海省农村居民人均可支配收入

截取 1984—2005 年，农村居民人均收入增加幅度结构性差异特征。由 1984—2005 年各年收入的增加幅度趋势图可见，1989 年、2000 年连线总体向上，其中的结构性差异由各高低点差距可知。以 1984 年为基点，每年的增幅在各时间段大起大落。增加幅度最大的为 1994 年的 196.78 元,其间的增幅越大,越是为生存质量的提高提供了空间,也会因此而扩大生存的空间。百元的增加幅度,对于一个农村居民而言是可观的收入。除了百元增幅的年限外,收入增幅下降的有 1989 年、1991 年,下降幅度最大的是 1989 年。其余各年,增幅皆在百元之下。总之,收入都在最高点和最低点间震荡走高(参见图 4-32)。

截取 1984—2005 年农村居民人均收入增长率的结构性差异特征。1984—2005 年,收入增长率的趋势线显现出结构性差异。收入增长率最大的是 1994 年的 29.26%,其间,有四个点超过 20%,1985 年收入增长率为 21.95%,1988 年增长率为 25.67%,1990 年增长率为 20.77%。而 1989 年、1991 年的增长率分别为 -5.95%、-0.75%,是该时间段的低点。这个时段收入增长率在最高点与最低点之间上涨下跌,只是程度不同(参见图 4-33)。

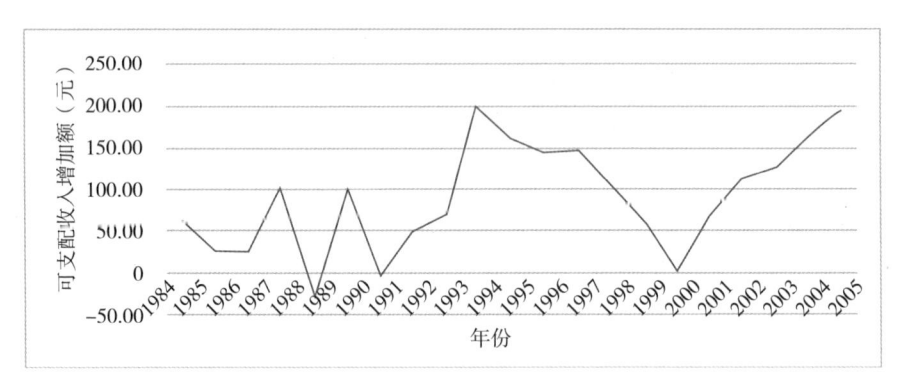

图 4-32 1984—2005 年青海农村居民人均收入增加幅度

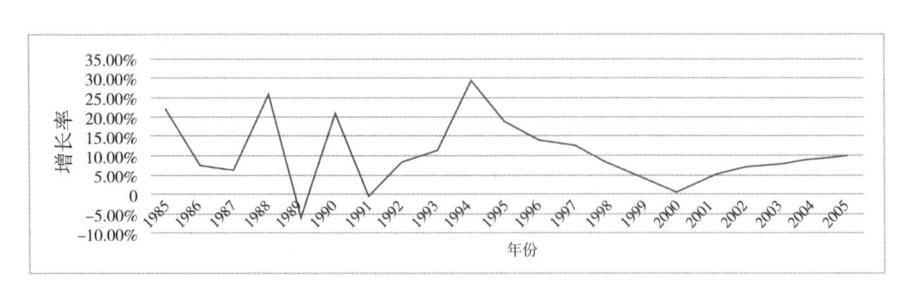

图 4-33 1984—2005 年青海农村居民人均收入增长率

截取 2006—2017 年,农村居民人均可支配收入结构性差异特征。2006—2017 年,收入从 2006 年的 2358.37 元到 2017 年的 9462.3 元,结构性差异表现在趋势线上各个节点的增减金额中。其中,2006—2010 年收入几乎每两年上一个台阶。2008 年、2009 年、2010 年收入均大于 3000 元。2008 年收入为 3061.24 元、2009 年收入为 3346.15 元,2010 年收入为 3862.68 元。2011—2017 年,收入基于 4608.46 元,几乎每一年上一个台阶,在大于 4000 元,小于 9462.3 元的区间上行。2012 年收入超过 5000 元,为 5364.38 元。2013 年上升为 6196.4 元。2014 年和 2015 年在 7000 元的平台震荡,分别为 7282.7 元和 7933.4 元。2016 年收入为 8664.4 元。2017 年则上升到 9462.3 元。从 2011 年开始,加速上升的趋势显而易见(参见图 4-34)。

截取 2006—2017 年,农村居民人均可支配收入增加幅度结构性差异特征,在趋势线上可见一斑。由统计数据和图示可见,2006 年收入的增加幅度为 206.91 元,2017 年为 797.9 元。其结构性的不同表现在 2006—2008 年、2009—2011 年、2012—2014 年、2015—2017 年,虽然期间有低点,2009 年收入增加幅度为 284.91 元,2015 年收入增加幅度为 650 元,为各时段的低点,但总体上各时间段的走向皆为差异中上升的动向(参见图 4-35)。

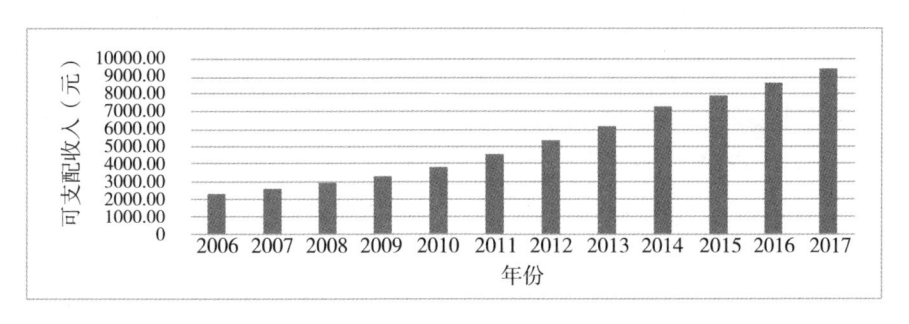

图 4-34　2006—2017 年青海农村居民人均可支配收入

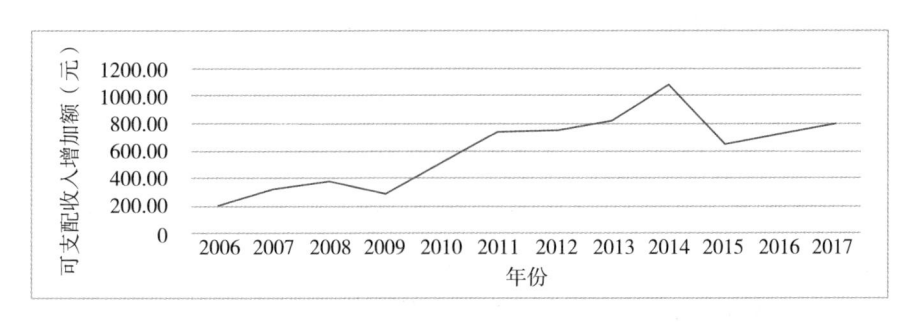

图 4-35　2006—2017 年青海农村居民人均可支配收入增加幅度

截取 2006—2017 年,农村居民人均可支配收入增长率结构性差异的特征突出。由统计数据和图形可见 2006—2017 年人均可支配收入的增长率结构性差异。2006 年、2009 年、2015—2017 年，收入增长率皆小于 10%。其中，2016 年和 2017 年增长率以 9.21% 微弱上升，其余各年都超过了 10%。2007—2008 年，收入增长率小于 15%，而其余时间节点收入增长率皆大于 15%，小于 20%。2011 年，收入增长率为 19.31%，为该时间段最高的增长率（参见图4-36）。

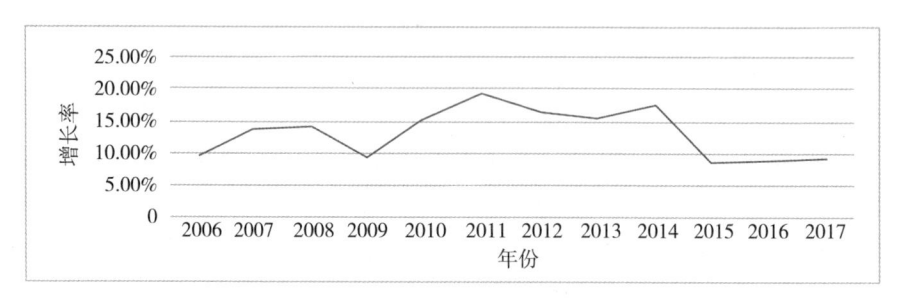

图 4-36　2006—2017 年青海省农村居民人均可支配收入增长率

在国家城镇化背景下，青海省从 20 世纪中后期随西部大开发不断深化城镇化。自 2014 年开始，青海省"全面推进以人为本的新型城镇化建设"。其间，扶贫进入攻坚阶段，扶贫工作重心进一步下沉，扶贫的广度、深度在整村推进、进村入户中进一步延伸，扶贫开发进入巩固温饱成果阶段，"六个精准"等一系列政策落地开花，青海农村居民人均可支配收入及其增加幅度和增长率不断上台阶。可见城镇化、扶贫开发对农村居民人均收入水平提升的积极作用。虽然在生计模式城镇化的过程中，在可支配收入及其增加幅度和增长率上升的趋势中，存在结构性差异，不同的时间段起伏震荡，甚至有的年份有大起大落，但是农村居民的收入从基数小、缺乏积累到不断累积、加速增加收入，为拓展生存空间，进一步提升驾驭生存的能力奠定了基础。

4.2.2　农村居民人均收入与贫困标准的结构及趋势特征

根据青海省农村居民 1984—2017 年收入结构及趋势特征以及在全国所处的现状和国家统计局《中国农村贫困监测报告（2020 年）》披露的我国贫困标准的结构及趋势特征，假设每一年的贫困标准是确保我国现行标准下农村贫困人口实现脱贫的生存成本底线。连接这些底线的节点，生成了贫困标准趋势线，也即生存成本趋势线，这条趋势线的高低起伏可见其运行结构性差异的特征。基于短板理论，视青海农村居民人均消费支出为生存成本，则通过比较，可知青海省农村居民人均可支配收入与消费支出及贫困标准的关系，以判断农村居民人均可支配收入对生存成本的弥补程度及生存状况（参见表1-1、表4-4）。

1985年，当年价贫困标准，即生存成本底线为482元，1990年为807元，1995年为1511元，2000年为1528元，2009年为1196元，2010年为2300元，2011年为2536元，2012年为2625元，2013年为2736元，2014年按照2010年的不变价格得出的农村扶贫标准年人均收入为2300元，按照2014年当年价，农村扶贫标准年人均收入为2800元，2015年为2855元，2016年和2017年均为2952元。2016年开始在2952元标准的基础上，加上"两不愁三保障"的条件。这是一条逐年上升的趋势线，但每一年增长的幅度不同，增速也不同。

通过比较可知，1985年青海省农村居民人均可支配收入（纯收入）为342.94元，而当年价贫困标准为482元；1990年人均可支配收入（纯收入）为559.78元，而当年价贫困标准为807元；1995年人均可支配收入（纯收入）为1029.77元，而当年价贫困标准为1511元；2000年人均可支配收入（纯收入）为1490.49元，而当年价贫困标准为1528元；而2005年，青海省农村居民人均可支配收入（纯收入）为2151.46元，超过了当年价贫困标准1742元；2010年收入为3862.68元，而当年价贫困标准为2300元；2011年收入为4608.46元，而当年价贫困标准为2536元；2012年收入5364.38元，而当年价贫困标准为2625元；2013年收入6196.4元，而当年价贫困标准为2736元；2014年收入为7282.7元，而当年价贫困标准为2800元；2015年收入为7933.4元，而当年价贫困标准为2855元；2016年收入为8664.4元，而当年价贫困标准为2952元；2017年收入为9462.3元，而当年价贫困标准为2952元。

其中，1985—2000年，当年价贫困标准＞人均可支配收入；2012—2016年，人均可支配收入＞当年价贫困标准，是其2倍多；2017年，人均可支配收入＞当年价贫困标准，是其3倍多。无论是人均可支配收入，还是人均可支配收入对贫困标准，即生存成本的弥补能力，呈一条加速上升的曲线，这是最大的特征。这说明，人均可支配收入与当年价贫困标准的距离不断拉大，意味着农村居民的生存水平和质量有了较大提升。

4.2.3 农村居民人均消费支出结构及趋势特征

农村居民1984—2017年人均消费支出结构及趋势特征。由1984—2017年趋势图可知,农村居民人均消费性支出每年均呈现增加趋势,这一趋势是一条先缓后急的上升曲线。1984年,青海省农村居民人均消费性支出为225.2元;2017年,青海省农村居民人均消费性支出为9902.7元,总体为上升的趋势线,结构性差异分布在各个阶段(参见表4-5)。

表4-5　1984—2017年青海农村居民人均消费支出及增长率

单位:元,%

年份	金额	增长率	年份	金额	增长率	年份	金额	增长率	年份	金额	增长率
1984	225.2	——	1993	585.2	18.01	2002	1386.08	4.18	2010	3774.5	41.09
1985	274.7	21.98	1994	745.7	27.43	2003	1563.15	12.77	2011	4536.81	20.2
1986	313.5	14.12	1995	913.8	22.54	2004	1676.44	7.25	2012	5338.91	17.68
1987	344.9	10.02	1996	1052.3	15.16	2005	1976.03	17.87	2013	6060.2	13.51
1988	399.5	15.83	1997	1085.4	3.15	2006	2178.95	10.27	2014	8235.1	35.89
1989	413.3	3.45	1998	1117.8	2.99	2007	2446.5	12.28	2015	8566.5	4.02
1990	474.8	14.88	1999	1133.6	1.41	2008	2896.62	18.4	2016	9222	7.65
1991	486.3	2.42	2000	1218.23	7.47	2009	2675.31	−7.64	2017	9902.7	7.38
1992	495.9	1.97	2001	1330.45	9.21						

其中,1984—1995年的消费性支出小于1000元。换句话说,消费性支出用12年提高到了千元以上。1996—2005年,10年间消费性支出小于2000元。2006—2009年,4年间消费支出小于3000元。2010—2013年消费性支出大于3000元,小于8000元。2014—2015年,消费性支出大于8000元。2016—2017年消费性支出从9222元增加到9902.7元,几乎近万元(参见图4-37)。

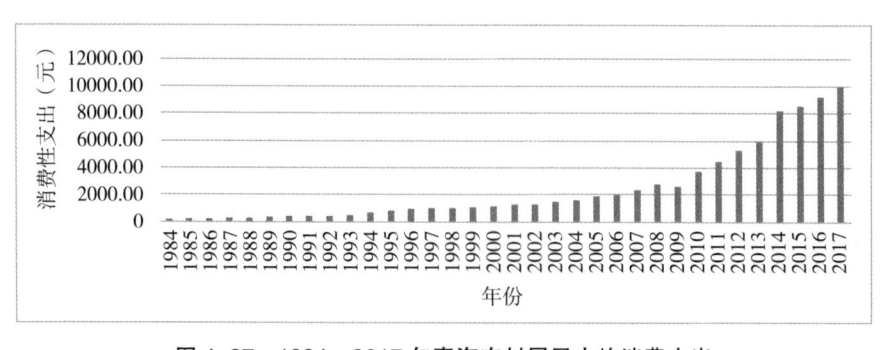

图4-37　1984—2017年青海农村居民人均消费支出

1984—2017 年，农村居民人均消费支出增加幅度的结构及趋势特征。随着每年消费性支出的不断增加，增加幅度不断地增加，为生存质量提高提供了可能。1984—2017 年，消费性支出增加幅度最小的是 2008 年的 -221.31 元；消费支出增加幅度最大的是 2014 年的 2174.9 元。最小和最大的增加幅度之间的距离，反映出曲线间的缓陡程度，也反映出消费支出成本的宽度。从曲线可见 1984—2004 年之间平缓的增加幅度，也能看到 2005—2017 年间落差较大的起伏盘上的状况（参见图 4-38）。

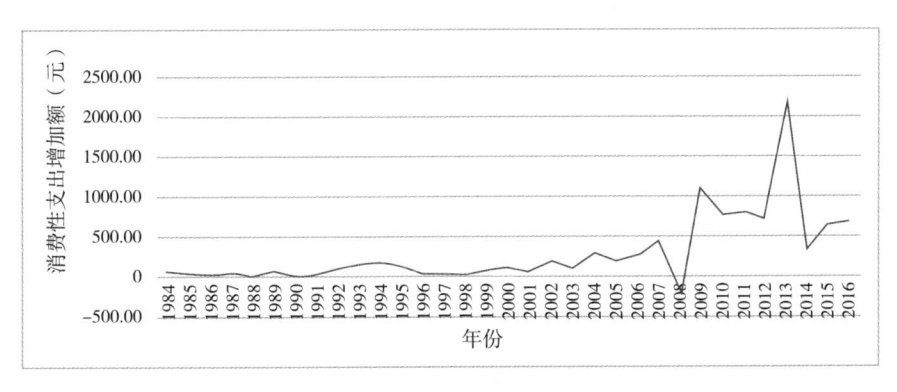

图 4-38 1984—2017 年青海农村居民人均消费性支出增加幅度趋势

1984—2017 年，农村居民人均消费性支出增长率的结构及趋势特征。1984—2017 年，居民人均消费性支出的增长率，有结构性差异。最大的增长率为 2010 年农村消费支出的 41.09%，最小的增长率为 2009 年的 -7.64%。1985 年，基数小，增速快，超过 20% 的增长率，比上一年增长了 21.98%。此外，消费支出增长率超过 20% 的还有 1994 年的 27.43%，1995 年的 22.54%，2011 年的 20.2%，2014 年的 35.89%（参见图 4-39）。

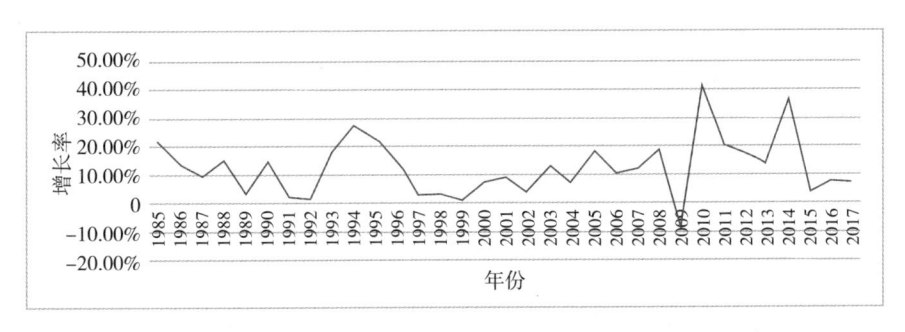

图 4-39 1984—2017 年青海农村居民人均消费性支出增长率趋势

截取1984—2005年，农村居民人均消费支出结构性差异。1984—2005年，农村居民人均消费性支出随着每年的增加，在阶段的起落中趋上。1984—2005年，消费性支出最高与最低之间的差额为1750.83元。从1984年消费支出225.2元到1985年消费性支出274.7元，从1986年的313.5元到1988年的399.5元，从1989年的413.3元到1992年的495.9元，农村居民人均消费性支出基数非常小。从1994年开始，基数呈跨越式增加，消费性支出为745.7元，1995年为913.8元。1996—2000年、2001—2002年，消费性支出在提高的过程中，反映出平缓的特征。2003—2005年消费性支出加速增加，2003年为1572元，2004年为1676.4元。相比2004年，2005年青海省农村居民人均消费性支出稳步上升（参见图4-40）。

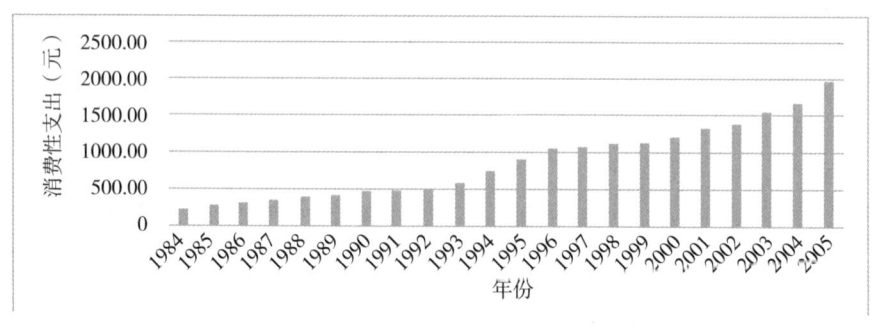

图4-40　1984—2005年青海农村居民人均消费支出

截取1984—2005年，农村居民人均消费支出增加幅度结构性差异。1984—2005年，青海省农村居民人均消费性支出增加幅度在1989年的13.8元、1991年的11.5元、1992年的9.6元、1999年的15.8元、2002年的55.63元、2005年的299.59元形成的底部弧线上增减。基本上在百元上下的两个层次中变动，最大的增加幅度为2005年的299.59元。此外，1994—1996年、2001年、2003—2005年，增加幅度都在百元之上起伏（参见图4-41）。

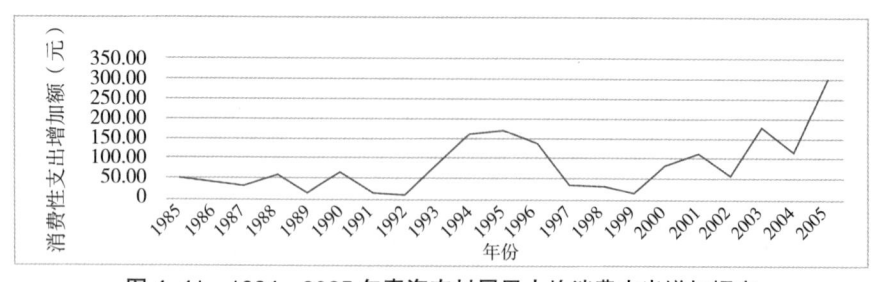

图4-41　1984—2005年青海农村居民人均消费支出增加幅度

截取 1984—2005 年，农村居民人均消费支出增长率结构性差异特征。1984—2005 年，青海省农村居民人均消费性支出增长率表现为"W"形特征。消费性支出增长率最高点为 1994 年的 27.43%，次高点为 1985 年的 21.98% 和 2005 年的 17.87%，最低点为 1992 年的 1.97% 和 1999 年 1.41%。其中，消费性支出增长率大于 20% 的有 1985 年、1994 年和 1995 年；消费性支出增长率小于 5% 的有 1989 年、1991—1992 年、1997—1999 年和 2002 年。由其间的高低，反映出消费性支出增长率的结构性差异（参见图 4-42）。

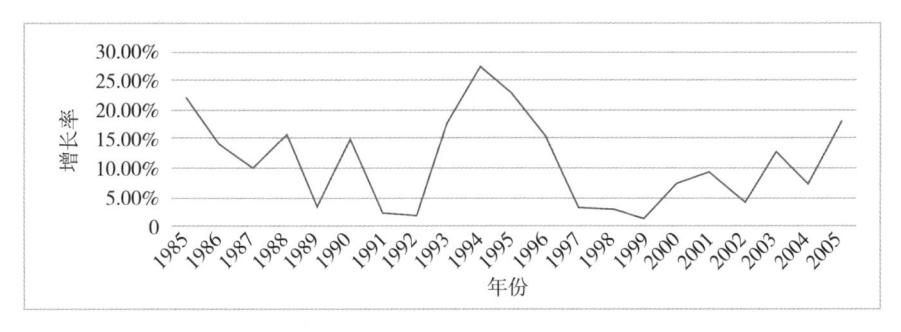

图 4-42　1984—2005 年青海农村居民人均消费支出增长率

截取 2006—2017 年，农村居民人均消费性支出在趋势线的结构性差异特征。统计数据和图示可见其中的结构性差异，以 2009 年消费性支出最低的金额为节点，前后都是上升的趋势。消费性支出从 2006 年的 2178.95 元到 2008 年的 2675.31 元，运行在 2000 元到 3000 元。2010—2013 年，几乎每年上一个台阶。尤其是 2014—2017 年，消费性支出从 8235.1 元增加到 9902.7 元，不断升级（参见图 4-43）。

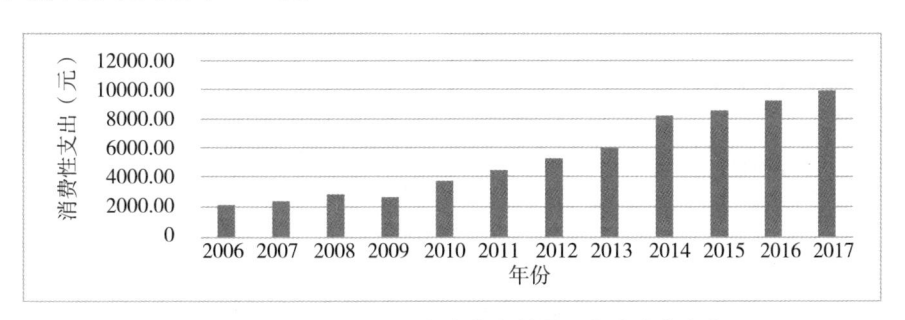

图 4-43　2006—2017 年青海农村居民人均消费支出

截取 2006—2017 年，农村居民人均消费性支出增加幅度的结构性差异特征。2006—2017 年，农村居民人均消费性支出由图示可见，增加幅度最低点为 2009 年的 –221.31 元，最高点为 2014 年的 2174.9 元，落差很大，消费性支出增加幅度在其中起伏。尽管增加幅度在不同期间存在结构性差异，但是还是反映出了农村居民生存状况的改善，更多地取决于国家扶贫政策的具体实施（参见图 4-44）。

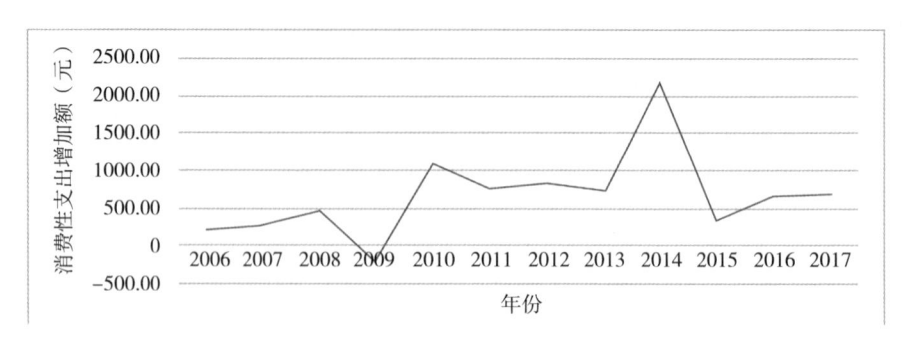

图 4-44　2006—2017 年青海农村居民人均消费支出增加幅度

截取 2006—2017 年，农村居民人均消费性支出增长率的结构性差异特征。2006—2017 年，农村居民人均消费性支出增长率分三种情况。第一，2006 年到 2014 年，农村居民人均消费性支出的增长率基本保持在 10% 以上。尤其是 2010 年、2014 年，消费性支出的增长率大于 35%。第二，2009 年，消费性支出的增长率为负，前后差距很大。第三，2015—2017 年，消费性支出增长率为个位数。整个区间，农村居民人均消费性支出增长率在高低两条趋势线间生成结构性差异（参见图 4-45）。

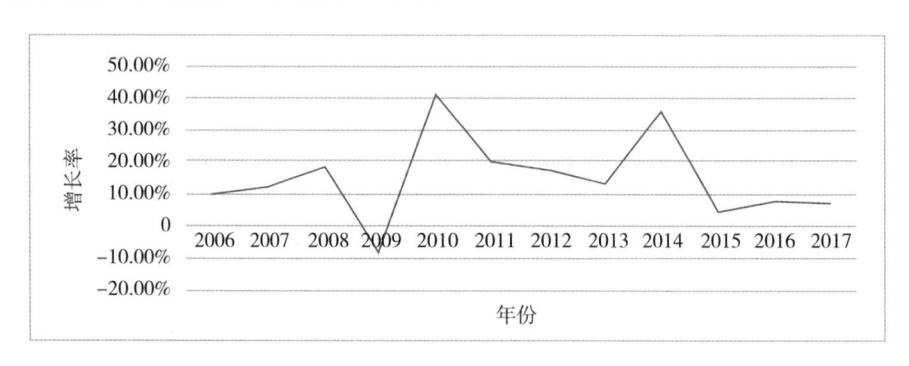

图 4-45　2006—2017 年青海农村居民人均消费支出增长率

4.2.4 农村居民支出与贫困标准的结构及趋势特征

根据1984—2017年青海省农村居民人均消费支出可知其结构及趋势特征，根据国家统计局《中国农村贫困监测报告（2020年）》可知我国贫困标准的结构及趋势特征以及其间的关系，判断得出青海省农村居民生存及其成本的状况（见表1-1）。通过比较，1985年居民人均消费性支出为274.7元，而当年价贫困标准为482元，人均可支配收入却为342.94元；1990年农村居民人均消费性支出为474.8元，而当年价贫困标准为807元，收入却为559.78元；1995年居民人均消费性支出为913.8元，而当年价贫困标准为1511元，收入却为1029.77元；2000年居民人均消费性支出为1218.23元，而当年价贫困标准为1528元，收入却为1490.49元。如果仅仅考虑数据信息之间的关系，同样可见收支与当年价贫困标准的差距。虽然收入超过了消费性支出，但达不到当年价贫困标准的高度，反映出生存层次有待提高的现状。

2005年这种情况得到改善，农村居民人均消费性支出接近2000元，为1976.03元，超过了当年价贫困标准1742元，人均可支配收入（纯收入）为2151.46元；2010年居民人均消费性支出为3774.5元，超过了当年价贫困标准2300元，收入为3862.68元；2011年居民人均消费性支出为4536.81元，超过当年价贫困标准2536元，收入为4608.46元；2012年，居民人均消费性支出为5338.91元，而当年价贫困标准为2625元，收入为5364.38元；2013年，居民人均消费性支出为6060.2元，而当年价贫困标准为2736元，收入为6196.4元。虽然收入略胜于消费性支出，但农村居民人均消费性支出超过了当年价贫困标准，收入覆盖消费支出，更是远超当年价贫困标准，生存水平及对生存的把握能力快速地得到提高。

2014年，农村居民人均消费性支出为8235.1元，而当年价贫困标准为2800元，收入为7282.7元；2015年，居民人均消费性支出为8566.5元，而当年价贫困标准为2855元，收入为7933.4元；2016年居民人均消费性支出为9222元，而当年价贫困标准为2952元，收入为8664.4元；2017年居民人均消费性支出为9902.7元，而当年价贫困标准为2952元，收入为9462.3元。虽然收入没有覆盖住消费性支出，但消费性支出远高于当年价贫困标准。农村居民的消费能力在收入增加的趋势中，在进一步市场化的过程中，得到了进一步的释放，消费层次也在此过程中不断提高，但是结构性差异还是客观存在。

农村居民生存结构性差异的特征表现为：第一，1985年、1990年、1995年、2000年，贫困标准＞人均可支配收入＞人均消费性支出。虽然覆盖了人均消费性支出，但收支达不到当年价贫困标准，也说明了生存的低水平及短板的状况。第二，2005年、2010—2013年，人均可支配收入＞人均消费性支出＞贫困标准。第三，2014—2017年，人均消费性支出＞贫困标准＞人均可支配收入。由此再一次从另一个视角审视单项分析的意义，人均可支配收入、人均消费性支出、当年价贫困标准不同程度趋高，如果以收入或消费性支出或贫困标准等单项判断生存质量和生存水平，可能会失之偏颇。鉴于青海省的生存环境及贫困的广深程度，在视消费性支出为生存成本的同时，将收入、消费性支出、当年价贫困标准结合比较分析，可能会更全面。

4.2.5 农村居民人均收支结余结构及趋势特征

1984—2017年农村居民收支结余结构及趋势特征。农村居民人均收支覆盖程度，从结余特征可窥一斑。以1993年、2009年、2013年为节点，农村居民人均收支结余所表现的共性特点可分段分析。1993年回溯到1984年，农村居民人均收支结余大多在百元之内。农村居民人均收支结余最少为1987年的47.25元，结余最多的是1992年的107.5元；1994—2009年，农村居民人均收支结余在1995年的115.97元到2009年的670.84元之间涨落；2010—2013年，农村居民人均收支结余在2012年的25.47元到2013年的136.2元之间起伏；2014—2017年，农村居民人均收支结余在2014年的-952.4元到2017年的-440.4元之间震荡。

表4-6 1984—2017年青海农村居民人均收支结余

单位：元，%

年份	收支结余	年份	收支结余	年份	收支结余	年份	收支结余	年份	收支结余	年份	收支结余
1984	56.02	1990	84.98	1996	121.5	2002	282.86	2008	164.62	2013	136.2
1985	68.24	1991	69.26	1997	235.23	2003	230.98	2009	670.84	2014	-952.4
1986	55.65	1992	107.5	1998	308.2	2004	281.21	2010	88.18	2015	-633.1
1987	47.25	1993	87.36	1999	352.71	2005	175.43	2011	71.65	2016	-557.6
1988	93.32	1994	123.64	2000	272.26	2006	179.42	2012	25.47	2017	-440.4
1989	50.22	1995	115.97	2001	226.87	2007	237.28				

1984—1993 年，农村居民人均收支结余的高低落差为 60.25 元。这个时段的特征为收支结余基数小，每年的结余有限，然而，趋势是向上的。1994—2009 年，农村居民人均收支结余落差为 554.87 元，起落间依然向上。2010—2013 年，农村居民人均收支结余落差为 48.02 元。尽管农村居民人均收支结余年年减少，但 2013 年有了回升。2014—2017 年，农村居民人均收支结余虽然都是负值，但负值却在不断减小而趋于向上。

由此可见，收支结余既是生存、生活的宽度，也是高度。在收支结余基数小、每年增加少且收支结余不稳定、高低落差巨大的现状下，生存受到收支结余波动而波动。如脱贫可能在封闭落后中存在拉锯现象，积累有限可能影响发展的可持续性，生存成本项目可能维持原状的消费支出额度（参见图 4-46）。

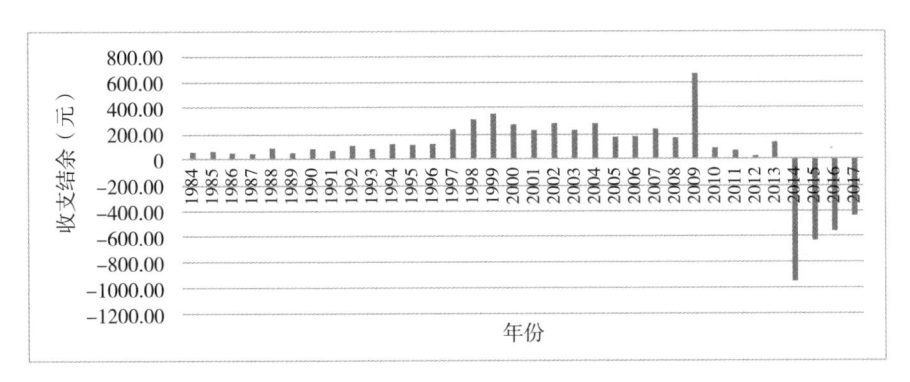

图 4-46　1984—2017 年青海农村居民人均收支结余

1984—2017 年农村居民人均收支结余增加幅度的结构及趋势特征。从高低不等的农村居民人均收支结余的增加幅度可知，1984—2009 年增多降少，且 1984—2008 年都在平稳的增减中推进。2010—2017 年则下降的金额大于增加的金额。总体而言，增减相抵，收支结余所剩无几，几乎没有积累发展的基础。青海省农村居民人均收支结余增加幅度的大起大落特征影响全年的增加幅度，且结构性差异很大（参见图 4-47）。

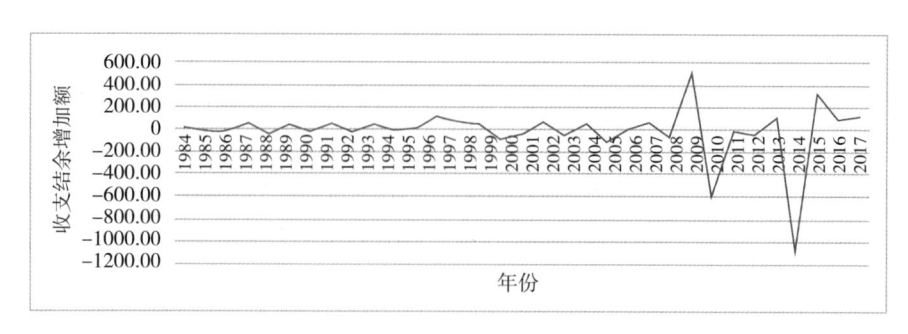

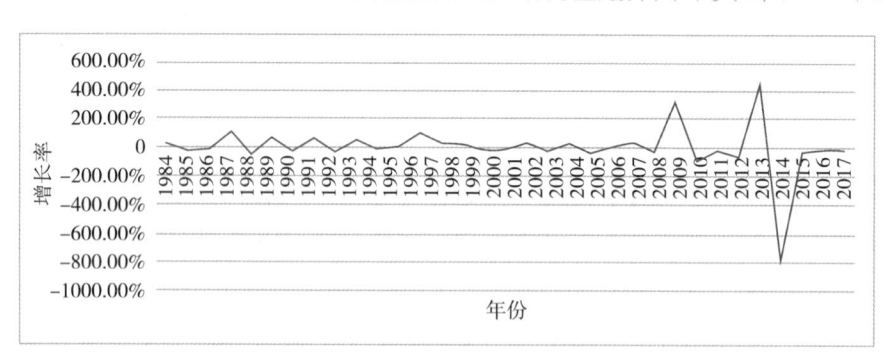

图 4-47　1984—2017 年青海农村居民人均收支结余增加幅度趋势

1984—2017 年农村居民人均收支结余增长率的结构及趋势特征。1984—1993 年，农村居民人均收支结余增长率交替呈现正负值，最大的增长率为 1988 年的 97.5%，最小的增长率为 1989 年的 -46.19%；1994—2009 年，农村居民人均收支结余增长率最大的为 2009 年的 307.51%，最小的为 2008 年的 -30.62%；2010—2013 年，农村居民人均收支结余增长率最大的为 2013 年的 434.75%，最小的为 2010 年的 -86.86%；2014—2017 年，农村居民人均收支结余增长率最大值为 2016 年的 11.93%，最小值为 2014 年的 -799.27%。1984—2017 年，农村居民人均收支结余增长率落在 2013 年和 2014 年 434.75% 和 -799.27% 的空间，高低落差大，结构性差异大（参见图 4-48）。

图 4-48　1984—2017 年青海农村居民人均收支结余增长率趋势

截取 1984—2005 年，农村居民人均收支结余趋势特征。1984—2005 年的时段，农村居民人均收支结余存在低位和高位起伏的两个极端的结构性差异，总体呈上升趋势。其中，又以三个共性特征可分为 1984—1996 年、1987—1999 年、2000—2005 年三个时段。第一个时段几乎呈现一增一减的变化趋势，比较前后数据，高点之间有差距，但相差不是很大。低点之间也存在差距，但相差也不是很大。1987 年和 1989 年作为低点，其金额分别为 47.25 元和 50.22 元。第二时段呈现大幅上升的趋势，收支结余从 1996 年的 121.5 元跳跃到 1999 年的 352.71 元，涨了近 2.9 倍。第三时段小幅起伏波动，2000 年、2002 年和 2004 年作为这个时段的高点，差距微乎其微。高低点之间，差距也不大。但是，三个时段之间特征不同，差异却也明确（参见图 4-49）。

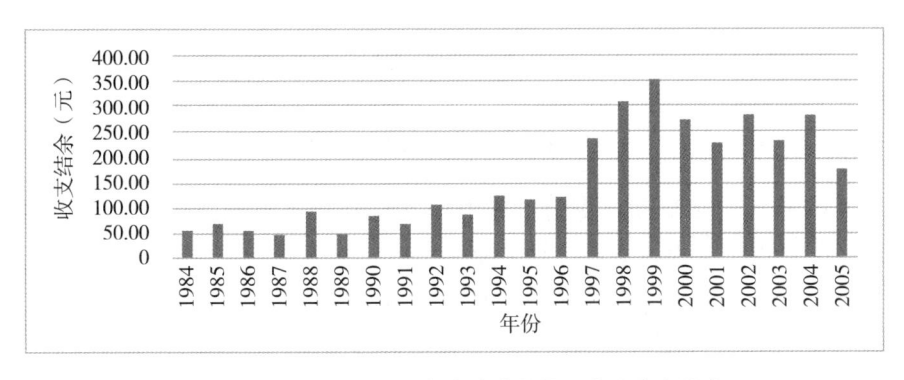

图 4-49　1984—2005 年青海农村居民人均收支结余

截取 1984—2005 年，农村居民人均收支结余增加幅度趋势特征。图中显示，1997 年是这个时段农村居民人均收支结余增加幅度的最高点。1997 年前后，农村居民人均收支结余的增加幅度呈现上升和下降的相反态势。1984—1996 年，无论是增加的幅度还是减少的幅度，呈推行平缓、起伏均匀的趋势。在这个时间段，1988 年的收支结余增加幅度为 46.07 元，1990 年为 34.76 元，1992 年为 38.24 元，1994 年为 36.28 元，1997 年为 113.73 元，高点相连成为上升趋势。1989 年的收支结余增加幅度为 –43.1 元，1991 年为 –15.72 元，1993 年为 –20.14 元，1995 年为 –7.67 元，四点相连成为增加幅度低点的上升线。1997 年之后，收支结余增加幅度的高点与低点的趋势，都为下降的趋势。下降的幅度和上升的幅度较前一阶段不同的是具有大起大落的特征（参见图 4-50）。

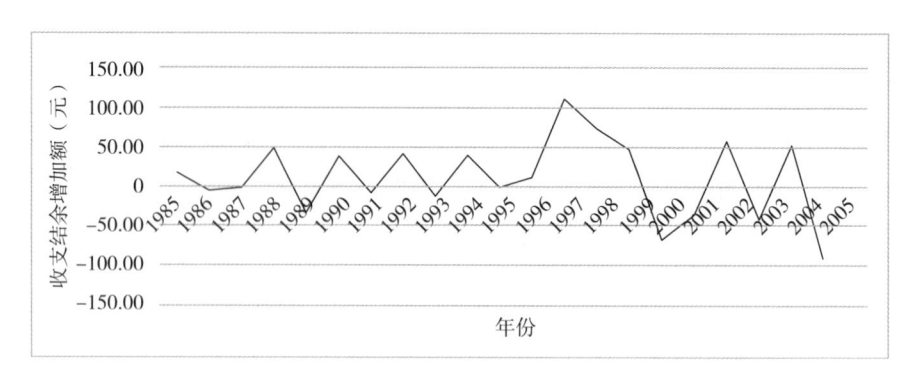

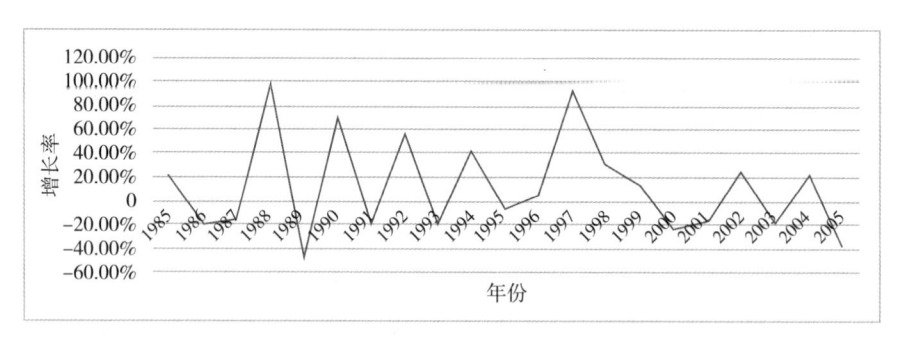

图 4-50　1984—2005 年青海农村居民人均收支结余增加幅度

截取 1984—2005 年，农村居民人均收支结余增长率趋势特征。以 1997 年为时间节点，将农村居民人均收支结余增长率分为前后两个时段。第一时段，收支结余增长率低点为不断抬高的态势；第二时段，收支结余增长率低点为下降的态势。1984—2005 年，农村居民人均收支结余增长率的低点为 1989 年的 −46.19% 和 2005 年的 −37.62%，总体为起伏震荡中略微上升的斜线（参见图 4-51）。

图 4-51　1984—2005 年青海农村居民人均收支结余增长率结构

截取 2006—2017 年，农村居民人均收支结余变化的结构性差异特征。由 2006—2017 年青海省农村居民人均收支结余图形可知，2013 年前后是截然相反的态势，不同的区间段，其收支结余结构性差异大。2013 年前，农村居民人均收支结余以 2009 年为界，从 2006 年的 179.42 元上升到 2009 年的 670.84 元，随后在反复中一路下跌。2010 年，农村居民人均收支结余为 88.18 元，2013 年为 136.2 元。2014—2017 年，收支结余在骤然下行后，从 2014 年 −952.4 元的收支结余反转向上为 2017 年的 −44.4 元（参见图 4-52）。

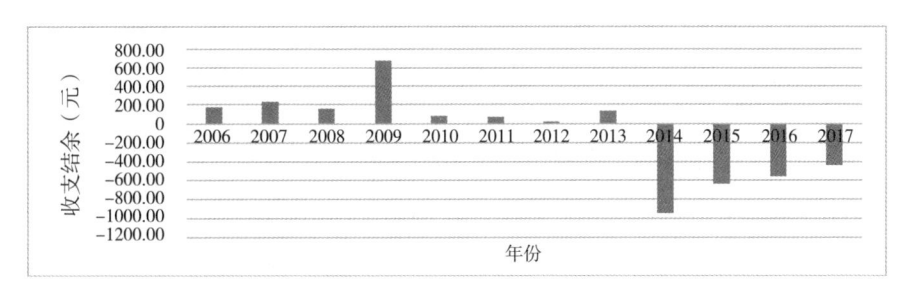

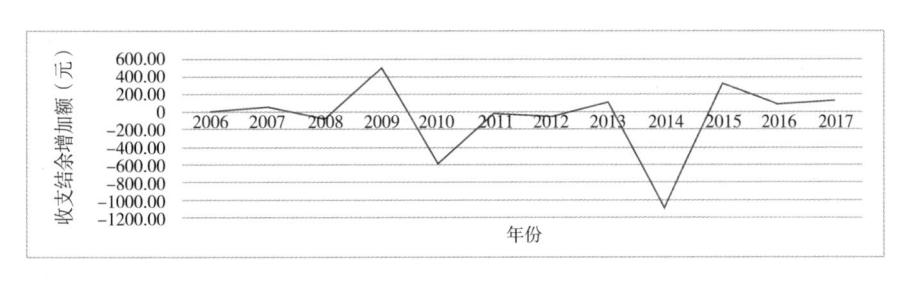

图 4-52　2006—2017 年青海农村居民人均收支结余

截取 2006—2017 年，农村居民人均收支结余增加幅度结构性差异特征。由图示可知，收支结余增加幅度大幅度起落。在 2006—2017 年的时间段虽然有下跌，但阶段性下行后，就是上行。如收支结余增加幅度从 2006 年的 3.99 元上升到 2009 年的 506.22 元；从 2010 年的 -582.66 元上升到 2013 年的 110.73 元，从 2014 年的 -1088.6 元上升到 2017 年的 117.2 元（参见图 4-53）。

截取 2006—2017 年，农村居民人均收支结余增长率的结构性差异特征。2006—2017 年农村居民人均收支结余增长率与经济增长的大环境相符合，表现为多年下降的特征。如 2007 年，增长率为 32.25%，而 2008 年的收支结余增长率则为 -30.62%，显然收支结余 2008 年比 2007 年的增加减少了。2009 年收支结余增长率为 307.51%，2010 年则为 -86.86%，显然，两年间增减落差很大，随后收支结余增长率一直在减缓，甚至在下降。2011 年的增长率为 -18.75%，2012 年的增长率为 -64.45%，显然，没有多少增加。2013 年，收支结余的增长率为 434.75%，而 2014 年则为 -799.27%，显然，收支结余不仅没有增加，反而抵销了增加的金额。2014—2017 年，收支结余增长率在大幅度减小后，逐年回升，这主要得益于扶贫政策的精准实施。收支结余的增长率，在大起大落中上下波动（参见图 4-54）。

图 4-53　2006—2017 年青海农村居民人均收支结余增加幅度

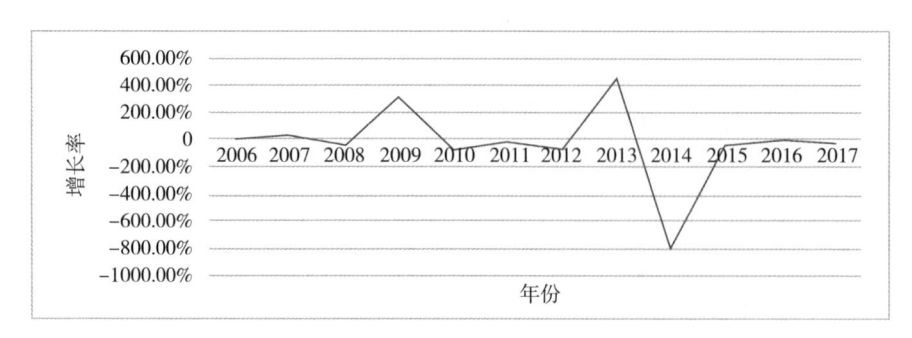

图 4-54　2006—2017 年青海农村居民人均收支结余增长率

4.3 青海城乡居民人均收支项目结构及趋势特征

4.3.1 城乡居民 1984—2009 年收支项目结构特征

城镇居民人均收支项目结构特征。青海省城镇居民人均收支既有各个期间的构成，又具体反映了各个项目结构和趋势。要了解不同时段各项目的情况，需要分段、分项目分析。由统计报表构成指标可知，收入由工资性收入、经营净收入、财产净收入、转移净收入各要素项目组成。从另一个角度看，这些项目也就成为城镇居民获取收入的路径，各路径同时铺就了收入来源的宽度。目的在于至少满足生存支出的消费需求，用于生存所需的食品烟酒、衣着、居住、生活用品及服务、交通通信、文化教育娱乐、医疗保健、其他用品及服务各项目的消耗；满足生存支出，用于家庭经营费用支出、购置生产性固定资产、税费支出、生活消费支出、转移性和财产性支出，尤其满足包括上述居民生存的各项目在内的生活的消费支出，以维持生存。1984—2009 年，横向分析收入结构性差异，可见其一步一步地跨上更高的台阶。由 1985 年的 849.2 元增加到 2009 年的 12691.5 元，一路上行。每一年收入的金额，源自各个收入项目。1985 年，分解的工资性收入为 768 元、经营净收入为 44.6 元、财产净收入为 5.6 元和转移净收入为 31 元。通过纵向分析结构性差异特征，可知居民收入来源单一，主要依赖工资性收入（参见表 4-7）。

表 4-7　1985—2009 年青海城镇居民人均收支项目

单位：元

指标	1985 年	1995 年	2000 年	2005 年	2008 年	2009 年
城镇居民人均可支配收入	849.2	3379.86	5169.96	8057.85	11648.3	12691.5
城镇居民人均可支配收入（扣除转移净收入）	818.2	2902.06	3797.20	6189.28	9437.02	10222.44
工资性收入	768	2862.25	3607	5613.8	8624.4	9341.26
经营净收入	44.6	29.67	160.9	513.4	761.22	835.48
财产净收入	5.6	10.03	29.3	62.1	51.4	45.7
转移净收入	31	477.8	1399.4	2577.4	3444.01	3927.81
城镇居民人均生活消费支出	678.7	2930.07	4185.73	6245.3	8203.17	8786.52
食品烟酒（Ⅰ类）	348.4	1507.06	1711.05	2267.4	3315.6	3548.85
衣着（Ⅱ类）	112.9	408.79	458.57	690.76	943.42	1043.4
居住（Ⅲ类）	55.4	195.63	334	356.5	537.4	505.32
生活用品及服务（Ⅳ类）	6.7	162.03	307.24	554.1	611.5	701.37
交通通信（Ⅴ类）	——	138.62	297.72	691.3	791.1	975.91
文化教育娱乐（Ⅵ类）	72.4	231.97	495.34	803.1	889.5	889.32
医疗保健（Ⅶ类）	6.2	102.67	274.47	666.4	801.8	790.5
其他用品及服务（Ⅷ类）	76.7	183.3	306.44	215.8	312.9	331.86

资料来源：1986—2006 年青海省统计年鉴、1996—2010 年青海省统计年鉴。

1985 年工资性收入占据了收入的 90.44%，其次是转移净收入占比为 3.65%。此外，经营净收入占比 5.25%，财产净收入占比 0.66%。各项目在收入中的重要程度，结构性差异偏颇一目了然；1995 年，工资性收入占收入的比重为 84.69%，转移净收入占比为 14.14%，经营净收入占比为 0.88%，财产净收入占比为 0.3%。各项目在收入中的重要程度与 1985 年相比，出现了结构性倾斜的特征（参见表 4-8）。

表 4-8　1985—2009 年青海城镇居民人均收支项目比重

单位：%

城镇居民人均可支配收入项目构成情况						
项目/年份	1985	1995	2000	2005	2008	2009
城镇居民人均可支配收入（扣除转移净收入）	96.35	85.86	73.45	76.81	81.02	80.55

续表

城镇居民人均可支配收入项目构成情况

项目/年份	1985	1995	2000	2005	2008	2009
工资性收入	90.44	84.69	69.77	69.67	74.04	73.6
经营净收入	5.25	0.88	3.11	6.37	6.54	6.58
财产净收入	0.66	0.3	0.57	0.77	0.44	0.36
转移净收入	3.65	14.14	27.07	31.99	29.57	30.95

城镇居民人均生活消费支出项目构成情况

项目/年份	1985	1995	2000	2005	2008	2009
食品烟酒（Ⅰ类）	51.33	51.43	40.88	36.31	40.42	40.39
衣着（Ⅱ类）	16.63	13.95	10.96	11.06	11.5	11.88
居住（Ⅲ类）	8.16	6.68	8	5.71	6.55	5.75
生活用品及服务（Ⅳ类）	0.99	5.53	7.34	8.87	7.45	7.98
交通通信（Ⅴ类）	—	4.73	7.11	11.07	9.64	11.11
文化教育娱乐（Ⅵ类）	10.67	7.92	11.83	12.86	10.84	10.12
医疗保健（Ⅶ类）	0.91	3.5	6.56	10.67	9.77	9
其他用品及服务（Ⅷ类）	11.3	6.26	7.32	3.46	3.81	3.78

显然，工资性收入的比重、经营净收入和财产净收入比重都在下降，反而转移净收入的比重却在大幅度提高；2005年，工资性收入占可支配收入的比重继续下降至69.67%，转移净收入的比重却快速上升为31.99%；2009年各收入项目进一步调整比重，工资性收入的比重为73.6%，转移净收入比重为30.95%，经营性净收入占比为6.58%，财产性净收入的比重为0.36%（参见图4-55）。

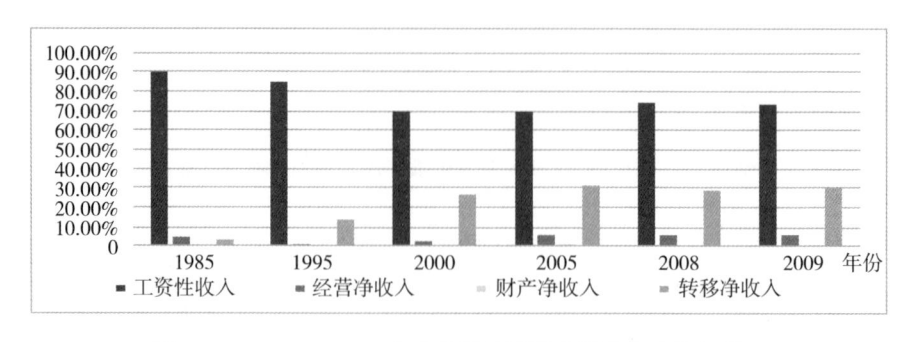

图4-55 1985—2009年青海城镇居民人均可支配收入项目

收入与支出的关系犹如硬币的两面，1985—2009 年，城镇居民人均生活消费支出逐步增加，呈现出结构性差异。由 1985 年的 678.7 元，1995 年的 2930.07 元，2000 年的 4185.73 元，2005 年的 6245.3 元，增加到 2008 年的 8203.17 元和 2009 年的 8786.52 元，可见其增加的趋势。每一年的消费支出金额分解到构成的每一个项目，可见其结构性差异。从 1985—2009 年，可视绝对数除了Ⅲ类、Ⅵ类和Ⅶ类略微降低了 32.08 元、0.18 元和 11.3 元外，Ⅰ类、Ⅱ类、Ⅳ类、Ⅴ类、Ⅷ类无一例外地步步趋上，但上升的幅度及增长率存在差异（参见表 4-7）。

1985 年，Ⅰ类支出占消费支出的 51.33%，1995 年占 51.43%，2000 年占 40.88%，2005 年占 36.31%，2008 年占 40.42%，2009 年占 40.39%。Ⅰ类所占比重的下降，与恩格尔系数反映的情况相符；Ⅱ类支出占消费支出的比重：1985 年占 16.63%，1995 年占 13.95%，2000 年占 10.96%，2005 年占 11.06%，2008 年占 11.50%，2009 年占 11.88%。除了 1985 年所占比重超过了 16% 之外，10 年后的 1995 年所占比重低于 15%，其他各年份所占比重降为 10%~11.88%；Ⅲ类占消费支出的比重：1985 年占 8.16%，1995 年占 6.68%，2000 年占 8.00%，2005 年占 5.71%，2008 年占 6.55%，2009 年占 5.75%；Ⅳ类支出占消费支出的比重：1985 年占 0.99%，1995 年占 5.53%，2000 年占 7.34%，2005 年占 8.87%，2008 年占 7.45%，2009 年占 7.98%；Ⅴ类支出占消费支出的比重：1995 年占 4.73%，2000 年占 7.11%，2005 年占 11.07%，2008 年占 9.64%，2009 年占 11.11%；Ⅵ类支出所占消费支出的比重：1985 年为 10.67%，1995 年为 7.92%，2000 年为 11.83%，2005 年为 12.86%，2008 年为 10.84%，2009 年为 10.12%；Ⅶ类支出占消费支出的比重：1985 年为 0.91%，1995 年为 3.50%，2000 年为 6.56%，2005 年为 10.67%，2008 年为 9.77%，2009 年为 9.00%；Ⅷ类支出占消费支出的比重：1985 年为 11.30%，1995 年为 6.26%，2000 年为 7.32%，2005 年为 3.46%，2008 年为 3.81%，2009 年为 3.78%（参见表 4-8）。

纵向分析可知，1985 年Ⅰ类项目的支出占消费支出的 51.33%、Ⅱ类项目的支出占消费支出的 16.63%、Ⅲ类项目的支出占消费支出的 8.16%、Ⅳ类项目的支出占消费支出的 0.99%、Ⅴ类项目的支出占消费支出的 0.00%、Ⅵ类项目的支出占消费支出的 10.67%、Ⅶ类项目的支出占消费支出的 0.91%、Ⅷ类项目的支出占消费支出的 11.30%；2005 年Ⅰ类项目的支出占消费支出的

36.31%、Ⅱ类项目的支出占消费支出的 11.06%、Ⅲ类项目的支出占消费支出的 5.71%、Ⅳ类项目的支出占消费支出的 8.87%、Ⅴ类项目的支出占消费支出的 11.07%、Ⅵ类项目的支出占消费支出的 12.86%、Ⅶ类项目的支出占消费支出的 10.67%、Ⅷ类项目的支出占消费支出的 3.46%（参见表 4-8）。

无论是 1985 年还是 1995 年，抑或是 2005 年，直到 2009 年，即便是Ⅰ类项目，横向比较是下降的趋势，或许能够说明随着改革开放、城镇化，城镇居民生存、生活水平的提升，质量的提高。但纵向比较，始终是"民以食为天"。而且，具有衣、食、住、行各个方面纵向的结构性差异特征。在Ⅰ类所占比重最大的前提下，Ⅱ类、Ⅲ类在消费支出下降中趋于稳定；Ⅳ类、Ⅴ类、Ⅶ类在消费支出构成中具有不断上升的趋势。尤其是Ⅴ类和Ⅶ类构成中所占的比重，上升的幅度比较大，这也反映出结构性差异的倾斜方向。但是，Ⅵ类项目在消费支出构成中，所占的比重在保持平稳的同时，有所下降。2005 年相比前后期，是一个时间节点。Ⅳ类、Ⅴ类、Ⅵ类、Ⅶ类、Ⅷ类，这些项目在消费支出构成中，比 2000 年、2008 年都要高（参见图 4-56）。

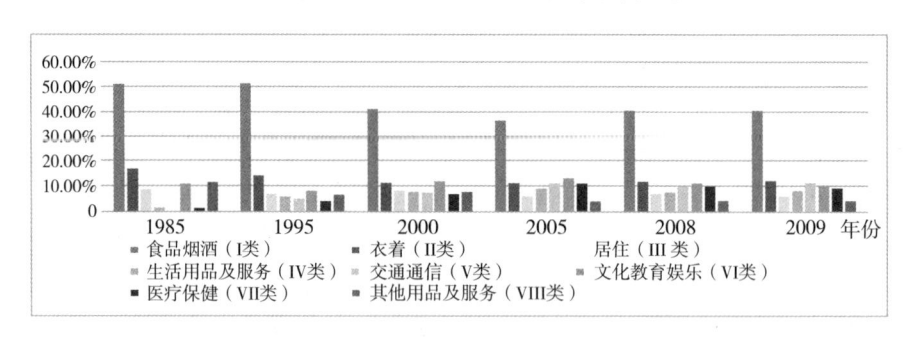

图 4-56 1985—2009 年青海城镇居民人均生活消费支出项目

农村居民人均收支结构及趋势特征。2000—2009 年，农村人均可支配收入在不断增加。在 2000 年的基础上，收入增加到 2005 年的 2151.46 元，2008 年的 3061.24 元，继而 10 年后达到 3346.15 元。每年都在以不同的幅度增加。2009 年与 2000 年相比，10 年间的增幅为 1855.66 元。2005 年与 2000 年相比，增幅为 660.97 元。2009 年和 2005 年相比，增幅为 1194.69 元。2009 年和 2008 年相比，仅一年就达到了 284.91 元。2000—2009 年，每年收入的增加额度为 185.57 元，说明农村居民生存水平、生存质量、生存能力加速提高。收入由各个收入项目的多寡决定，主要由工资性、经营、财产、转移净收入路径提供收入来源，其中结构性差异很大。由统计数据可见，经营净收入是其主要来源。以 2000 年的 1119.77 元为经营净收入的基数，2005 年在此基础上增加了 239.79 元，达到 1359.56 元；2009 年比 2000 年增加了 546.47 元，该项目金额上升到 1666.24 元（参见表 4-9）。

表 4-9　2000—2009 年青海农村居民人均收支项目

单位：元

指标	2000年	2001年	2002年	2003年	2004年	2005年	2006年	2007年	2008年	2009年
人均可支配收入	1490.49	1557.32	1668.94	1794.13	1957.65	2151.46	2358.37	2683.78	3061.24	3346.15
人均可支配收入（扣除转移净收入）	1456.77	1515.74	1602.42	1705.86	1847.30	1982.06	2128.32	2396.14	2734.44	2864.83
工资性收入	312.30	351.34	401.51	454.06	460.90	560.52	653.30	790.88	983.16	1081.59
经营净收入	1119.77	1115.45	1161.88	1200.32	1333.62	1359.56	1374.36	1477.32	1602.74	1666.24
财产净收入	24.70	48.94	39.04	51.49	52.79	61.99	100.66	127.93	148.55	117.00
转移净收入	33.72	41.58	66.52	88.27	110.35	169.40	230.05	287.64	326.80	481.32
人均生活消费支出	1218.23	1330.45	1386.08	1563.15	1676.44	1976.03	2178.95	2446.5	2896.62	2675.31
食品烟酒（Ⅰ类）	705.24	689.54	664.69	775.89	813.35	893.32	938.50	1069.04	1220.02	644.96
衣着（Ⅱ类）	93.35	100.90	113.94	113.88	121.83	156.11	170.81	191.80	200.26	222.91
居住（Ⅲ类）	126.19	183.52	164.36	192.17	233.16	329.33	366.36	359.74	568.79	808.52
生活用品及服务（Ⅳ类）	44.81	54.43	69.72	60.94	65.48	83.96	94.69	122.17	110.35	131.69
交通通信（Ⅴ类）	53.15	88.16	112.16	145.85	176.41	208.43	255.82	292.10	316.75	341.13
文化教育娱乐（Ⅵ类）	79.38	91.82	107.88	131.71	108.14	109.53	118.66	135.13	148.86	173.75
医疗保健（Ⅶ类）	78.20	85.62	118.01	115.73	126.60	152.33	192.77	229.28	270.06	291.34
其他用品及服务（Ⅷ类）	37.92	36.45	35.32	26.98	31.48	43.03	41.33	47.23	61.54	61.00

资料来源：1986—2006 年青海省统计年鉴、1996—2010 年青海省统计年鉴。

由此可测算出，经营净收入项目收入所占比重在 2000 年达到 75.13%，2005 年为 63.19%。随后，经营净收入从 2000—2009 年在收入中所占比重不断下降，2008 年为 52.36%，2009 年为 49.8%。尽管如此，经营净收入在 2000—2009 年这个时间段的每一年，所占比重都是主要的。

在收入中，占据第二位的是工资性收入。2000—2009 年，工资性收入不断增加。2000 年，工资性收入为 312.3 元，基数小。但是，到了 2009 年，工资性收入增加到 1081.59 元，是 2000 年的 3.46 倍。将 2004 年工资性收入的增加幅度与 2000 年的相比，仅为 148.6 元；而 2009 年与 2005 年相比，增幅为 521.07 元，超过了前 5 年的增幅。工资性收入在收入中所占的比重不断上升，由 2000 年的 20.95%，上升到了 2009 年的 32.32%。工资性收入对收入的影响，确实是在逐渐加大（参见表 4-9、图 4-57）。

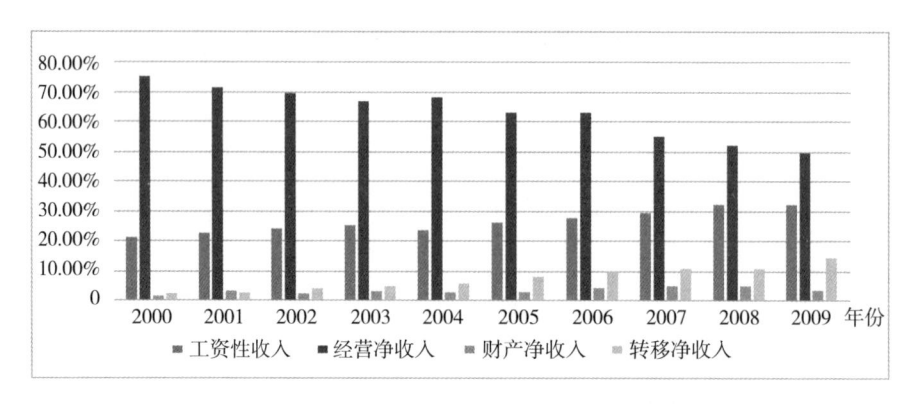

图 4-57　2000—2009 年青海农村居民人均可支配收入项目

第三大收入是转移净收入，虽然 2001 年财产净收入大于转移净收入，但是，其他年份转移净收入大于财产净收入。转移净收入 2000 年为 33.72 元，2004 年为 110.35 元，2005 年为 169.4 元，2009 年为 481.32 元。2000 年，转移净收入在收入中所占的比重为 2.26%；2001 年，转移净收入所占的比重为 2.67%；2002 年，转移净收入所占的比重为 3.99%；2003 年，转移净收入所占的比重为 4.92%；2004 年，转移净收入所占的比重为 5.64%；2005 年，转移净收入所占的比重为 7.87%；2006 年，转移净收入所占的比重为 9.75%；2007 年，转移净收入所占的比重为 10.72%；2008 年，转移净收入所占的比重为 10.68%；2009 年，转移净收入在收入中所占的比重达到了 14.38%。由每一年在收入中的增加幅度，可见转移净收入所占比重的上升趋势。而财产性净收入在收入中所占的比重略有增加，但幅度很小（参见表 4-10、图 4-57）。

表 4-10　2000—2009 年青海农村居民人均收支项目比重

单位：%

农村居民人均可支配收入项目构成情况										
项目/年份	2000	2001	2002	2003	2004	2005	2006	2007	2008	2009
人均可支配收入（扣除转移净收入）	97.74	97.33	96.01	95.08	94.36	92.13	90.25	89.28	89.32	85.62
工资性收入	20.95	22.56	24.06	25.31	23.54	26.05	27.70	29.47	32.12	32.32

续表

农村居民人均可支配收入项目构成情况										
项目/年份	2000	2001	2002	2003	2004	2005	2006	2007	2008	2009
经营净收入	75.13	71.63	69.62	66.90	68.12	63.19	58.28	55.05	52.36	49.8
财产净收入	1.66	3.14	2.34	2.87	2.70	2.88	4.27	4.77	4.85	3.50
转移净收入	2.26	2.67	3.99	4.92	5.64	7.87	9.75	10.72	10.68	14.38
农村居民人均生活消费支出项目构成情况										
项目/年份	2000	2001	2002	2003	2004	2005	2006	2007	2008	2020
食品烟酒（Ⅰ类）	57.89	51.83	47.95	49.64	48.52	45.21	43.07	43.70	42.12	24.11
衣着（Ⅱ类）	7.66	7.58	8.22	7.29	7.27	7.9	7.84	7.84	6.91	8.33
居住（Ⅲ类）	10.36	13.79	11.86	12.29	13.91	16.67	16.81	14.70	19.64	30.22
生活用品及服务（Ⅳ类）	3.68	4.09	5.03	3.90	3.91	4.25	4.35	4.99	3.81	4.92
交通通信（Ⅴ类）	4.36	6.63	8.09	9.33	10.52	10.55	11.74	11.94	10.94	12.75
文化教育娱乐（Ⅵ类）	6.52	6.9	7.78	8.43	6.45	5.54	5.45	5.52	5.14	6.49
医疗保健（Ⅶ类）	6.42	6.44	8.51	7.40	7.55	7.71	8.85	9.37	9.32	10.89
其他用品及服务（Ⅷ类）	3.11	2.74	2.55	1.73	1.88	2.18	1.9	1.93	2.12	2.28

由图、表可见，收入弥补消费支出的能力具有结构性差异。收入的增减变动为生存、生活消费支出提供了可能的条件，收支的关系不能单方面地反映出农村居民生存、生活的实际状况。需要将收入与消费账户支出相配比，才能从余额测试出农村居民生存和生活的驾驭能力，由2000—2009年收支结构性差异可知，这个时间段的收支差距，反映出收入对消费支出的成本需求的满足程度。2000年，消费支出为1218.23元，消费支出能够被收入覆盖；2003年，消费支出为1386.08元，2005年为1976.03元，2006年为2178.95元，2008年为2896.62元，2009年为2675.31元，除了2009年略微下降外，其他各年份都是逐年上升，且在2003年、2005年之后，都是加速加码。相对应的是这些年份收入的趋势，均能够覆盖生存、生活消费支出。但是，覆盖能力却存在结构性差异。

仅就2000—2009年时段而言，如果扣除转移净收入，收入与消费支出就有可能存在缺口，且会出现加大的可能。2006年扣除转移净收入后，收入为2128.32元，而消费支出为2178.95元；2007年收入为2396.14元，而消费支出为2446.5元；2008年收入为2734.44元，而消费支出为2896.62元。虽然这种情况不多，但既反映出收入弥补生存消费支出成本的困境，也反映出转移净收入对生活消费支出的弥补功能，以及农村居民对转移性净收入依赖的现实状况（参见表4-9）。

消费支出的金额由各个项目组成，其中，Ⅰ类消费支出占人均生活消费支出的比重是最大的。2000年为57.89%，2001年为51.83%，2002年为47.95%，2003为49.64%，2004年为48.52%，2005年为45.21%，2006年为43.07%，2007年为43.70%，2008年为42.12%，2009年为24.11%，一路下降。在消费支出中，占据第二大比重的是Ⅲ类消费项目的支出，且逐年上升。2000年为10.36%，2001年为13.79%，2002年为11.86%，2003为12.29%，2004年为13.91%，2005年为16.67%，2006年为16.81%，2007年为14.70%，2008年为19.64%，2009年为30.22%。

在消费支出中，占据第三大比重的是Ⅴ类的消费支出项目。其中，2000年为4.36%，2001年为6.63%，2002年为8.09%，2003年为9.33%，2004年为10.52%，2005年为10.55%，2006年为11.74%，2007年为11.94%，2008年为10.94%，2009年为12.75%。在消费支出中，占据第四大比重的是Ⅶ类的消费支出项目。其中，2000年为6.42%，2001年为6.44%，2002年为8.51%，2003年为7.40%，2004年为7.55%，2005年为7.71%，2006年为8.85%，2007年为9.37%，2008年为9.32%，2009年为10.89%（见表4-10）。

由消费支出各项目在其中所占的比重及其变动趋势（突出的是2009年的消费支出的结构加速调整）可见消费支出的项目结构随着城镇化的演进不断调适而优化。消费支出项目结构的变动，反映出Ⅰ类项目消费支出所占比重在逐年下降，而Ⅲ类项目的消费支出所占比重却在逐年增加。尤其是Ⅴ类项目消费支出所占比重的逐年增加，反映出现代元素对生存成本的影响，及其在农村居民生活中的作用逐渐凸显的趋势。此趋势状态，与恩格尔系数吻合。同时，也反映出Ⅵ类项目消费支出在生活消费支出中所占的比重没有太大变化。这也是在进一步优化生存成本项目结构中，需要着重关注的。此外，也反映出收入对于生存和生活的满足程度是有限的，有待进一步拓展路径，以增加收入，为生存成本增加及其项目的结构优化，提供前提条件（参见图4-58）。

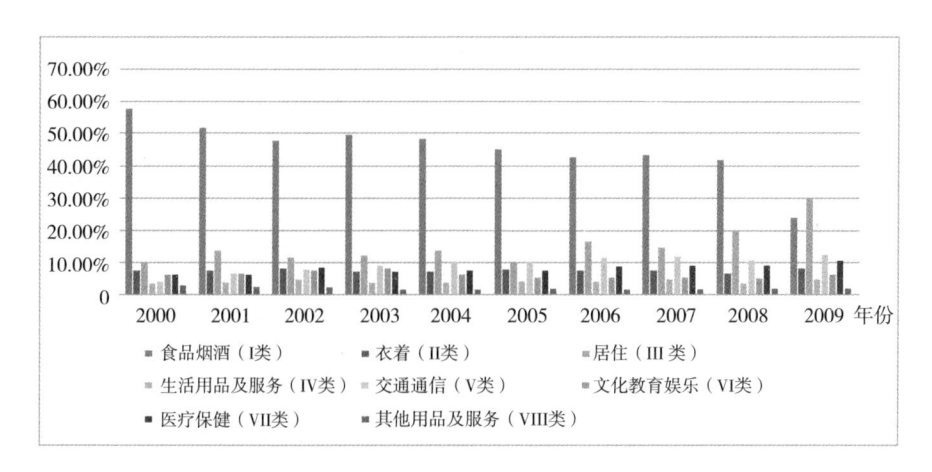

图 4-58　2000—2009 年青海农村居民人均消费支出项目结构

4.3.2 城乡居民 2010—2017 年收支项目结构特征

城镇居民人均收支项目结构。2010—2017 年，收入呈增长的趋势。2010 年收入为 13854.99 元、2011 年收入为 15603.31 元、2012 年收入为 17566.28 元、2013 年收入为 19498.54 元、2014 年收入为 22306.6 元、2015 年收入为 24542.3 元、2016 年收入为 26757.4 元、2017 年收入为 29168.9 元。由 2010 年的 13854.99 元增加到 2017 年的 29168.9 元，将各年作为节点连接，呈向上的趋势线。其中，每一年的增加幅度具有跳跃式增加的特征（参见表 4-11）。

表 4-11　2010—2017 年青海城镇居民人均收支项目

单位：元

指标	2010 年	2011 年	2012 年	2013 年	2014 年	2015 年	2016 年	2017 年
人均可支配收入	13854.99	15603.31	17566.28	19498.54	22306.60	24542.30	26757.40	29168.90
人均可支配收入（扣除转移净收入）	9453.62	10345.54	11718.44	13374.18	18142.50	19995.20	22199.60	24080.10
工资性收入	10061.58	11403.97	12614.39	14015.57	15283.50	16899.20	18740.90	20568.30
经营净收入	943.96	1054.60	1191.42	1696.71	1699.40	1765.30	2007.60	1899.20
财产净收入	73.90	78.64	92.98	294.35	1159.60	1330.80	1451.00	1612.50
转移净收入	4401.37	5257.77	5847.84	6124.36	4,64.10	4547.10	4557.80	5088.80
人均生活消费支出	9613.79	10955.46	12346.29	13539.50	17492.90	19200.60	20853.20	21473.00
食品烟酒（Ⅰ类）	3784.81	4260.27	4667.34	4,777.10	5228.50	5502.60	5975.70	6060.80

续表

指标	2010年	2011年	2012年	2013年	2014年	2015年	2016年	2017年
衣着（Ⅱ类）	1185.56	1394.28	1512.24	1675.06	1754.20	1902.50	1963.50	1901.10
居住（Ⅲ类）	923.52	1055.15	1232.39	1684.78	3446.50	3340.10	3809.40	3836.80
生活用品及服务（Ⅳ类）	644.01	723.23	923.70	890.08	1008.70	1179.10	1322.10	1398.80
交通通信（Ⅴ类）	1116.56	1293.45	1549.76	1742.96	2335.20	3354.80	3064.30	3241.30
文化教育娱乐（Ⅵ类）	908.07	967.90	1097.21	1471.98	2056.40	2022.50	2352.90	2528.30
医疗保健（Ⅶ类）	718.78	854.25	906.14	813.13	1213.00	1459.30	1750.40	1948.60
其他用品及服务（Ⅷ类）	332.49	406.93	457.51	484.41	550.40	439.00	614.90	557.20

在收入组成结构中，按照收入所占比重大小，以工资性收入、转移净收入、经营净收入和财产净收入的顺序排列，占收入比重第一位的项目是工资性收入。2010年工资性收入项目所占收入比重为72.62%；2011年所占比重为73.09%；2012年所占比重为71.81%；2013年所占比重为71.88%；2014年所占比重为68.52%；2015年所占比重为68.86%；2016年所占比重为70.04%；2017年所占比重为70.51%。其中，工资性收入增加幅度存在结构性差异。占据第二位的收入项目为转移净收入，2010年转移净收入的比重为31.77%，2011年所占比重为33.7%，2012年所占比重为33.29%，2013年所占比重为31.41%，2014年所占比重为18.67%，2015年所占比重为18.53%，2016年所占比重为17.03%，2017年所占比重为17.45%。其中，转移净收入每年增加幅度存在结构性差异。收入对政府财政的依赖程度，可见一斑（参见表4-12）。

表4-12 2010—2017年青海城镇居民人均收支项目比重

单位：%

城镇居民人均可支配收入项目构成情况								
项目/年份	2010	2011	2012	2013	2014	2015	2016	2017
人均可支配收入（扣除转移净收入）	68.23	66.30	66.71	68.59	81.33	81.47	82.97	82.55
工资性收入	72.62	73.09	71.81	71.88	68.52	68.86	70.04	70.51
经营净收入	6.81	6.76	6.78	8.70	7.62	7.19	7.50	6.51
财产净收入	0.53	0.50	0.53	1.51	5.20	5.42	5.42	5.53
转移净收入	31.77	33.70	33.29	31.41	18.67	18.53	17.03	17.45

续表

城镇居民人均生活消费支出项目构成情况								
项目/年份	2010	2011	2012	2013	2014	2015	2016	2017
食品烟酒（Ⅰ类）	39.37	38.89	37.80	35.28	29.89	28.66	28.66	28.23
衣着（Ⅱ类）	12.33	12.73	12.25	12.37	10.03	9.91	9.42	8.85
居住（Ⅲ类）	9.61	9.63	9.98	12.44	19.70	17.40	18.27	17.87
生活用品及服务（Ⅳ类）	6.70	6.60	7.48	6.57	5.77	6.14	6.34	6.51
交通通信（Ⅴ类）	11.61	11.81	12.55	12.87	13.35	17.47	14.69	15.09
文化教育娱乐（Ⅵ类）	9.45	8.83	8.89	10.87	11.76	10.53	11.28	11.77
医疗保健（Ⅶ类）	7.48	7.80	7.34	6.01	6.93	7.60	8.39	9.07
其他用品及服务（Ⅷ类）	3.46	3.71	3.71	3.58	3.15	2.29	2.95	2.59

此外，在收入中占据后两位的分别是经营净收入和财产净收入。经营净收入所占收入比重从2010年的6.81%到2013年的8.7%、2017年的6.51%，稳定中有起伏；财产净收入在收入中所占比重，从2010年的0.53%，提升到了2017年的5.53%。由此可知，经营净收入和财产净收入，从每年的金额、增加幅度到增长率，反映出收入来源的渠道及其对生存和生活的支持力度。虽然每一年的增加幅度比较小，但是呈现稳定增加上扬的势头（参见图4-59）。

城镇居民人均生活消费支出，从2010—2017年呈步步高升的趋势。由2010年消费支出9613.79元，增加到2017年的21473元。其中，消费支出每一年的增加幅度都存在结构性差异，2014年之后加速增加。消费支出，包括食品烟酒、衣着、居住、生活用品及服务、交通通信、文化教育娱乐、医疗保健、其他用品及服务项目。按照在消费支出中所占比重，各支出项目的排列顺序为Ⅰ类、Ⅲ类、Ⅴ类、Ⅵ类、Ⅱ类、Ⅶ类、Ⅷ类。Ⅰ类消费支出项目，从2010年的3784.81元逐年增加，2011年比2010年增加了475.46元，依次类推，2012年增加407.07元，2013年增加109.76元，2014年增加451.4元，2015年增加274.1元，2016年增加473.1元，2017年增加85.1元（参见表4-11）。

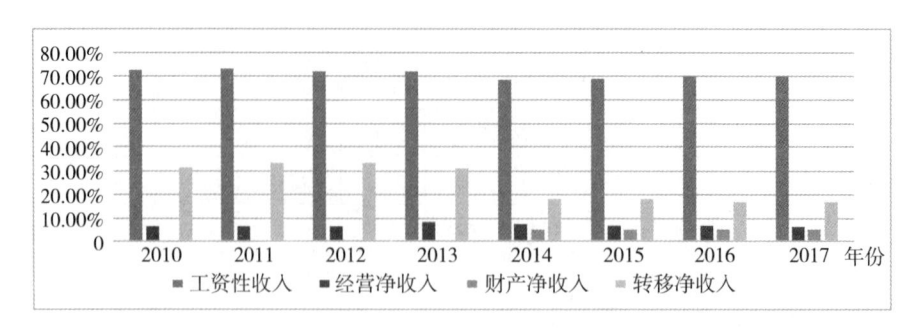

图 4-59 2010—2017年青海城镇居民人均可支配收入项目

Ⅰ类消费项目的支出在消费支出中所占比重：2010年为39.37%，2011年为38.89%，2012年为37.80%，2013年为35.28%，2014年为29.89%，2015年和2016年均为28.66%，到2017年所占比重为28.23%。相对而言，Ⅰ类项目的消费支出，随着收入的增加而增加的同时，所占比重存在结构性差异。Ⅲ类项目的支出所占消费支出的比重：2010年为923.52元，到2017年上涨至3836.8元，上升趋势线清晰。Ⅲ类项目支出所占消费支出的比重由2010年的9.61%，上涨到2017年的17.87%。其中，最高上涨到2014年的19.7%。2014年后，Ⅲ类项目的支出所占消费支出的比重具有加速上涨的特征。

Ⅴ类消费项目支出，从2010年的1116.56元增加到2017年的3241.3元。2014年之后，呈现跨越式增加的特征。Ⅴ类消费项目支出所占消费支出比重由2010年的11.61%，上升到2017年的15.09%，最高为2015年的17.47%。Ⅵ类项目的消费支出，由2010年的908.07元，增加到2017年的2528.3元。2013年和2014年后，加速增加。其所占比重从2010年的9.45%，上升到2017年的11.77%，虽然上升的幅度不如前几项消费支出的项目，但是，却也在稳步趋上。Ⅱ类项目消费支出，从2010年的1185.56元，增加到2017年的1901.1元。其所占比重从2010年的12.33%，下降为2017年的8.85%。Ⅶ类项目消费支出，从2010年的718.78元，增加到2017年的1948.6元。Ⅶ类项目的消费支出所占比重由2010年的7.48%，上升到2017年的9.07%。各项目支出所占比重的结构在不断地调适过程中（参见表4-11、4-12，图4-60）。

```
45.00%
40.00%
35.00%
30.00%
25.00%
20.00%
15.00%
10.00%
 5.00%
    0
       2010    2011    2012    2013    2014    2015    2016    2017  年份
```
■ 食品烟酒（Ⅰ类）　　■ 衣着（Ⅱ类）　　■ 居住（Ⅲ类）
■ 生活用品及服务（Ⅳ类）　■ 交通通信（Ⅴ类）　■ 文化教育娱乐（Ⅵ类）
■ 医疗保健（Ⅶ类）　　■ 其他用品及服务（Ⅷ类）

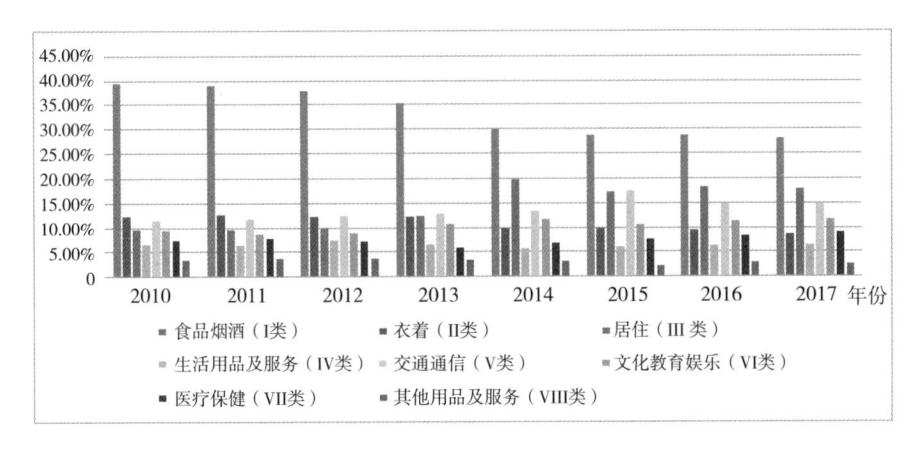

图4-60　2010—2017年青海城镇居民人均生活消费支出项目

农村居民2010—2017年收支项目结构。不考虑其他因素，假设青海省农村居民人均可支配收入由工资性收入、经营净收入、财产净收入、转移净收入组成。2010—2017年，收入呈增长的趋势，由2010年的3862.68元增加到2017年的9462.3元，增加了近2.5倍，反映了结构性差异特征。2011年收入为4608.46元，2012年为5364.38元，2013年为6196.4元，2014年为7282.7元，2015年为7933.4元，2016年为8664.4元。其中，每一年的增加幅度也存在结构性差异（参见表4-13）。在收入项目组成中，从各项目所占收入的比重分析，显示经营净收入是农村居民弥补生存成本的主要来源。根据工资性收入和转移净收入的属性，随着这两项来源的上升趋势及其所占比重，可合理推断其在逐步城镇化中，生存支出成本对工资性收入和转移净收入项目依赖的程度及轨迹。

表4-13　2010—2017年青海农村居民人均收支项目

单位：元

指标	2010年	2011年	2012年	2013年	2014年	2015年	2016年	2017年
农村居民人均可支配收入	3862.68	4608.46	5364.38	6196.40	7282.70	7933.40	8664.40	9462.30
农村居民人均可支配收入（扣除转移净收入）	3363.61	3957.87	4306.87	5083.70	5350.60	5618.80	5986.60	6794.10
工资性收入	1269.81	1775.39	1989.69	2347.50	2041.40	2234.70	2464.30	2704.10
经营净收入	1973.12	2088.80	2221.92	2570.30	3021.40	3058.50	3197.00	3763.60
财产净收入	120.68	93.69	95.26	165.90	287.80	325.70	325.20	326.40

续表

指标	2010年	2011年	2012年	2013年	2014年	2015年	2016年	2017年
转移净收入	499.07	650.59	1057.51	1112.70	1932.10	2314.60	2677.80	2668.20
农村居民人均生活消费支出	3774.50	4536.81	5338.91	6060.20	8235.10	8566.50	9222.20	9902.70
食品烟酒（Ⅰ类）	1442.88	1716.39	1858.62	1872.00	2626.00	2564.20	2715.40	2944.70
衣着（Ⅱ类）	255.19	347.47	404.47	449.30	615.50	626.90	635.60	670.00
居住（Ⅲ类）	944.23	1090.74	1209.74	1449.10	1416.30	1461.70	1486.60	1739.10
生活用品及服务（Ⅳ类）	193.59	272.26	257.40	314.90	487.50	444.60	464.40	488.30
交通通信（Ⅴ类）	369.60	450.88	683.73	910.90	1392.30	1278.10	15770.00	1629.30
文化教育娱乐（Ⅵ类）	198.53	265.43	283.28	270.10	610.60	806.60	851.40	897.10
医疗保健（Ⅶ类）	307.92	308.08	520.06	676.70	944.50	1190.90	1278.80	1270.40
其他用品及服务（Ⅷ类）	62.55	85.57	121.62	117.10	142.50	193.60	212.90	263.80

经营净收入，作为支撑农村居民生存和生活的重要来源，有其运行的特征。2010年经营净收入项目为1973.12元，所占收入比重为51.08%；2011年为2088.8元，所占比重为45.33%；2012年为2221.92元，所占比重为41.42%；2013年为2570.3元，所占比重为41.48%；2014年为3021.4元，所占比重为41.49%；2015年为3058.5元，所占比重为38.55%；2016年为3197元，所占比重为36.90%；2017年为3763.6元，所占比重为39.77%。显然，经营净收入在2010—2017年的时段，对农村居民生存、生活的影响是重要的，所起的作用是积极的。

工资性收入作为内生力，其对生存、生活的作用不可忽视。2010年，工资性收入为1269.81元，所占比重为32.87%；2011年为1775.39元，比重为38.52%；2012年为1989.69元，比重为37.09%；2013年，为2347.5元，比重为37.88%；2014年为2041.4元，比重为28.03%；2015年，为2234.7元，比重为28.17%；2016年为2464.3元，比重为28.44%；2017年为2704.1元，比重为28.58%。由绝对值可见，工资性收入不断增加，呈一条上升的趋势线。而其在可支配收入中的比重，以2014年为节点，表现为前高后低。

转移净收入对于贫困地区而言，是非常重要的收入来源。有的地区的生存几乎仅依赖这一来源。青海省作为被地理环境制约的地区，生活水平普遍低于发达的地区，尤其是农村居民人均生活消费支出，很大一块就是依赖转移净收入这一来源。有的时段，这一净收入甚至高出工资性收入。从2010—

2017年农村居民转移性净收入的走势，可见其特征。2010年农村居民转移净收入为499.07元，所占农村居民人均可支配收入的比重为12.92%；2011年为650.59元，所占比重为14.12%；2012年为1057.51元，所占比重为19.71%；2013年为1112.7元，所占比重为17.96%；2014年为1932.1元，所占比重为26.53%；2015年为2314.6元，所占比重为29.18%；2016年为2677.8元，所占比重为30.91%；2017年为2668.2元，所占比重为28.2%。无论是绝对值，还是相对值，转移净收入的增加幅度在不断加速。转移净收入对农村居民生存的支持力度越来越大，可见其对生存成本的补缺功能（参见表4-14）。

表4-14 2010—2017年青海农村居民人均收支项目比重

单位：%

项目/年份	2010	2011	2012	2013	2014	2015	2016	2017
农村居民人均可支配收入项目构成情况								
农村居民人均可支配收入（扣除转移净收入）	87.08	85.88	80.29	82.04	73.47	70.82	69.09	71.80
工资性收入	32.87	38.52	37.09	37.88	28.03	28.17	28.44	28.58
经营净收入	51.08	45.33	41.42	41.48	41.49	38.55	36.90	39.77
财产净收入	3.12	2.03	1.78	2.68	3.95	4.11	3.75	3.45
转移净收入	12.92	14.12	19.71	17.96	26.53	29.18	30.91	28.20
农村居民人均生活消费支出项目构成情况								
项目/年份	2010	2011	2012	2013	2014	2015	2016	2017
食品烟酒（Ⅰ类）	38.23	37.83	34.81	30.89	31.89	29.93	29.44	29.74
衣着（Ⅱ类）	6.76	7.66	7.58	7.41	7.47	7.32	6.89	6.77
居住（Ⅲ类）	25.02	24.04	22.66	23.91	17.20	17.06	16.12	17.56
生活用品及服务（Ⅳ类）	5.13	6.00	4.82	5.20	5.92	5.19	5.04	4.93
交通通信（Ⅴ类）	9.79	9.94	12.81	15.03	16.91	14.92	17.10	16.45
文化教育娱乐（Ⅵ类）	5.26	5.85	5.31	4.46	7.41	9.42	9.23	9.06
医疗保健（Ⅶ类）	8.16	6.79	9.74	11.17	11.47	13.90	13.87	12.83
其他用品及服务（Ⅷ类）	1.66	1.89	2.28	1.93	1.73	2.26	2.31	2.66

将转移净收入和工资性收入的来源占可支配收入的比重合计，可知2010年为45.79%，2011年为52.64%，2012年为56.8%，2013年为55.84%，2014年为54.56%，2015年为57.35%，2016年为59.35%，2017年为56.78%，从这一比重的结构性分布可见青海省农村居民人均可支配收入，几乎由财政或

财政性质的收入支撑。从 2011 年起，转移净收入和工资性收入之和所占比重超过了 50%。在经营净收入所占比重不断减小的同时，转移净收入和工资性收入之和所占比重远大于经营净收入所占比重，且还处于不断加码上升的状态。由青海省农村居民人均可支配收入结构性调整，反映出对政府财政收入依赖程度越来越大的特征（参见图 4-61）。

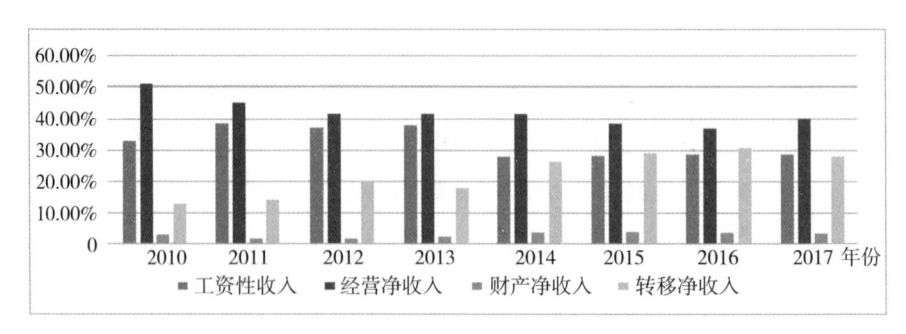

图 4-61　2010—2017 年青海农村居民人均可支配收入项目

2010—2017 年青海省农村居民人均生活消费支出结构特征。农村居民人均生活消费支出作为大类，一方面反映了每年的支出成本相应的水平和质量的变动，另一方面反映了其可预见的趋势。从 2010 年农村居民人均生活消费支出 3774.5 元，增加到 2017 年的 9902.7 元，每个节点连接，呈增长的趋势。支出组成项目消费的结构特征：第一，所画出的这条趋势连线，高于农村居民人均可支配收入上升的趋势线；第二，各消费支出成本项目按照所占比重大小排列，各项目的前后顺序为Ⅰ类、Ⅲ类、Ⅴ类、Ⅶ类、Ⅵ类、Ⅱ类、Ⅳ类、Ⅷ类；第三，Ⅰ类消费成本支出上升的同时，Ⅲ类的消费支出成本的比重不断加大，且Ⅴ类和Ⅶ类的消费支出成本不断加强；第四，各项目在人均生活消费成本支出结构的比重、增加幅度存在结构性差异（参见表 4-13）。

Ⅰ类消费支出项目从 2010 年的 1442.88 元逐步累加，增加到 2017 年的 2944.7 元。其增加幅度存在结构性差异。Ⅰ类消费支出项目在人均生活消费支出中所占比重，2010 年为 38.23%、2011 年为 37.83%、2012 年为 34.81%、2013 年为 30.89%、2014 年为 31.89%、2015 年为 29.93%、2016 年为 29.44%，到 2017 年所占比重为 29.74%。相对而言，Ⅰ类消费项目支出随着居民人均可支配收入的增加而增加的同时，所占比重却不断下降。这一现象特征，符合恩格尔系数理论表述（参见表 4-14）。

Ⅲ类消费项目支出在 2010 年、2017 年，分别为 944.23 元、1739.1 元，支出所占生活消费支出比重在 25.02% 和 17.56% 之间波动；Ⅴ类消费项目支出在 2010 年、2017 年，则为 369.6 元、1629.3 元，其所占比重由 9.79% 上升到 16.45%，最大的比重为 2016 年的 17.1%；与城镇不同的是，农村消费支出中，Ⅶ类消费项目所占比重高于Ⅵ类，所占比重由 2010 年的 8.16% 上升到 2017 年的 12.83%，这个阶段最大的比重为 2015 年的 13.9%；而Ⅵ类消费项目的支出，缓慢中改变基数小、所占人均生活消费支出比重低的现状，稳定增加，幅度有限；Ⅱ类消费项目支出所占比重和城镇下降的趋势相似，处于稳定状态。此外，Ⅳ类消费项目支出所占比重与Ⅷ类消费项目支出所占比重却在稳定起伏。显然，各消费项目支出所占比重的结构，在不断调适城镇化的要求中优化（参见图 4-62）。

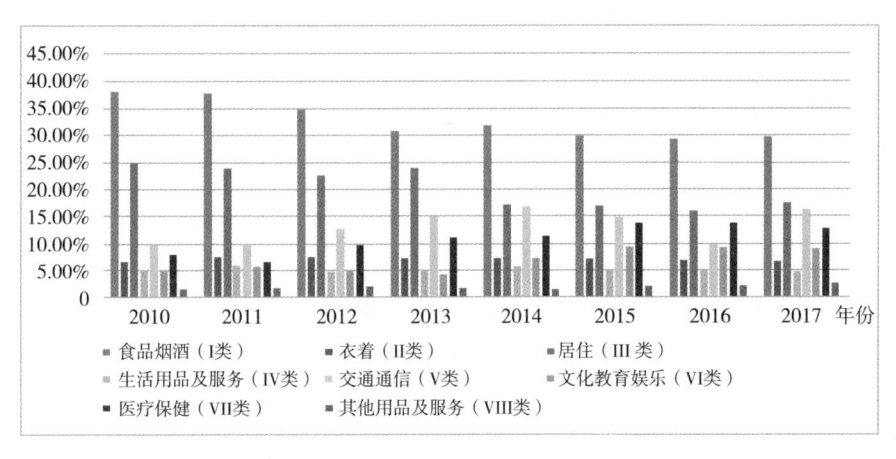

图 4-62　2010—2017 年青海农村居民人均消费支出项目结构

4.4 青海可支配收入中位数结构及趋势特征

中位数是统计学名词，将样本数据排序后，位置在最中间的数值就是中位数。以中位数加以辅助分析，可避免极端数据影响样本总体情况的缺陷，反映普遍存在的总体的特点；弥补异常数据拉高平均数所掩盖的低于平均数的情况。为了避免落差大的数据在城乡人均可支配收入中，对存在的普遍现象的扭曲，避免样本总体对样本个体人均可支配收入弥补生存成本能力困境的掩盖，以 2013—2017 年度中位数为例，反映绝大多数样本的特征，为生存成本分析提供参考。当人均可支配收入样本数据中，中位数左侧偏小且落差大的数据居多时，得出的平均数就会小于中位数；中位数右侧偏大且落差大的数据居多时，得出的平均数就会大于中位数。以此降低偏大数和偏小数对平均数的影响程度，提高判断人均可支配收入对生存成本的弥补能力，及相应群体普遍存在的生存、生活状况的反应能力。但是，中位数只能代表以其为依据的同等层级的群体的可支配收入、生存成本及其生存和生活状况。基于中位数的局限性，这一指标应该结合其他指标一起分析，才能真实反映各层级群体的生存和生活状态。

4.4.1 城镇可支配收入中位数结构及趋势特征

2013年，青海省城镇人均可支配收入中位数为18165元，此后，呈增加的趋势。2014年，中位数为21572元，增长率为18.76%；2015年，为23416元，增长率为8.55%；2016年，为24651元，增长率为5.27%；2017年，为27070元，增长率为9.81%。2013—2017年，中位数增长率在2016年最小，2014年最大。中位数的增长率，意味着整体生活状态的动态变动趋势（参见表4-15）。

由2013—2017年人均可支配收入的中位数及其增长率与人均可支配收入及其增长率比较，可知各年份人均可支配收入中位数都低于人均可支配收入。2013年，人均可支配收入中位数低于人均可支配收入19498.54元；2017年，人均可支配收入中位数低于人均可支配收入29168.9元，由此可知，中位数右侧的人均可支配收入数据中，偏大且落差大的数据居多。通过各自增长率比较，2014年和2017年人均可支配收入中位数增长率远大于人均可支配收入增长率。尽管2015年、2016年中位数增长率低于人均可支配收入增长率，但中位数趋势是上升的，代表着与中位数同等层次的群体可支配收入的增加和增长幅度及上升的趋势，也能推理出中位数左侧基数和各数据间的落差小，增加、增长幅度和上升的趋势小且缓慢，也可以看出2014年，青海省新型城镇化前后的差异。

表4-15 2013—2017年青海城镇居民收入中位数

项目/年份	2013	2014	2015	2016	2017
人均可支配收入中位数（元）	18165	21572	23416	24651	27070

续表

项目/年份	2013	2014	2015	2016	2017
人均可支配收入中位数增长率（%）	—	18.76	8.55	5.27	9.81
人均可支配收入（元）	19498.54	22306.60	24542.30	26757.40	29168.90
人均可支配收入增长率（%）	—	14.40	10.02	9.03	9.01

4.4.2 农村居民人均可支配收入中位数结构及趋势特征

2013—2017年，青海省农村居民人均可支配收入的中位数及其增长率与人均可支配收入及其增长率比较，可知各年份人均可支配收入中位数都低于人均可支配收入。2013年，低于537.4元，2017年，低于1518.3元。由此可知，中位数左侧人均可支配收入数据中，落差小的数据居多。通过各自增长率比较，2014年人均可支配收入中位数增长率远大于人均可支配收入增长率。2013—2017年中位数增长率低于人均可支配收入增长率，但从人均可支配收入中位数趋势来看，是一条上升的趋势线，代表着与中位数同等层次的人均可支配收入的增加和增长幅度及上升的趋势（参见表4-16）。

表4-16 2013—2017年青海农村居民人均收入中位数

项目/年份	2013	2014	2015	2016	2017
人均可支配收入中位数（元）	5659	6896	7204	7501	7944
人均可支配收入中位数增长率（%）	—	21.86	4.47	4.12	5.91
人均可支配收入（元）	6196.4	7282.7	7933.4	8664.4	9462.3
人均可支配收入增长率（%）	—	17.53	8.93	9.21	9.21

资料来源：2013—2018年青海省统计年鉴。

4.5 青海城乡居民恩格尔系数结构及趋势特征

19世纪，德国统计学家恩格尔通过消费结构的变化得出规律：反映食品支出占总消费支出的比例，随收入变化而变化，揭示了居民收入和食品支出之间的相关关系。用食品支出占消费总支出的比例，说明经济发展、收入增加对生活消费的影响程度。国际上常用恩格尔系数来衡量一个国家和地区居民生活水平的状况。根据联合国粮农组织的标准，恩格尔系数的不同比例，表示生存状况的不同层级：恩格尔系数 59% 以上，为贫困；恩格尔系数 50%—59%，为温饱；恩格尔系数在 40%—50% 范围内，为小康；恩格尔系数在 30%—40% 范围内，则为富裕；当恩格尔系数低于 30%，则为最富裕（见表 4-17）。所谓恩格尔系数，是根据经验数据提出的，它在假定其他一切变量都是常数的前提下才适用，是食品支出总额占个人消费支出总额的比重。恩格尔系数 = 食物支出变动百分比 ÷ 总支出变动百分比 × 100% = 食物支出金额对总支出金额的比率（R1），或食物支出变动百分比 ÷ 收入变动百分比 × 100% = 食物支出金额对收入金额的比率（R2）。R2 又称为食物支出的收入弹性。由此可见，收入增加对消费需求支出构成有影响。

表 4-17 恩格尔系数特征

恩格尔系数	59% 以上	50%—59%	40%—50%	30%—40%	低于 30%
特征	贫困	温饱	小康	富裕	最富裕

饮食是人类生存的第一需要，在收入水平较低时，其在消费支出中必然占有重要地位。随着收入的增加，在食物需求基本满足的情况下，消费的重心才会开始向着穿、用等其他方面转移。这符合马斯洛的需求层次理论。在总支出金额不变的条件下，恩格尔系数越大，说明用于食物支出的所占金额越多；恩格尔系数越小，说明用于食物支出所占的金额越少，二者成正比。反过来，在食物支出金额不变的条件下，总支出金额与恩格尔系数成反比。恩格尔系数是衡量一个国家、一个地区或一个家庭经济程度的主要标准之一。一般在其他条件相同的情况下，恩格尔系数较高，作为家庭来说，则表明收入较低；作为国家来说，则表明该国较穷。反之，恩格尔系数较低，作为家庭来说，则表明收入较高，作为国家来说，则表明该国经济状况较好。恩格尔系数趋势的重要意义在于，假设个人消费总支出除去购房支出，或金融产品支出等其他个人投资性支出，食品物价及消费品价格不变，居民生活习惯相同、社会经济制度一致，恩格尔系数所反映的是短期的波动中的长期历史趋势。恩格尔系数趋势变化，应该起到了补缺平均数、中位数，总体及其组成部分所展现的特征，进一步从生存需要支出出发，演绎生存及生活成本项目的结构性差异。以恩格尔系数 50%—59% 为判断温饱的依据，食品支出成本在人均生活消费收支中所占的比重，达到 50%—59%，则意味着脱离了贫

困，进入了维持温饱的生存成本阶段（参见表4-17）。

4.5.1 1984—2017年恩格尔系数结构及趋势特征

青海省恩格尔系数从1994年的51.22%，在2017年降落到28.72%，这一数据描绘出青海城乡居民从温饱到最富裕的行进路程。根据恩格尔系数特征，1994年和1995年恩格尔系数大于50%。青海省城乡居民生活消费支出总额中，主要是食品支出。该项支出所占比重，也反映出收入对支出结构的影响程度。收支结合，凸显出城乡居民的生活状态主要是徘徊在维持生存的温饱区间的特征。但是，其不断分段降低的趋势非常明显。1996—2000年，恩格尔系数整体呈下降趋势的数据信息反映出，青海省城乡居民从温饱的生存水平进入了小康的阶段。1996年，恩格尔系数为49.64%，2000年为40.87%，这个时段的恩格尔系数分别落在了40%—50%。这个区间不再是维持生存，而应该具有超越以温饱为特征的生存状况，升级为小康的生活阶段。2001—2005年、2007年、2010—2014年，青海省城乡居民整体的生活状态进一步升级为富裕阶段。其间，最大的恩格尔系数为2010年的39.36%，最小的为2014年的30.58%，其他各年份的恩格尔系数都落在其间。2003年，恩格尔系数为36.78%，2004年为35.7%，2005年为36.3%，2007年为37.31%，2011年为38.88%，2012年为37.8%、2013年为35.28%，各年的恩格尔系数都在30%—40%的区间（参见表4-17、4-18）。

表4-18 青海省1994—2017年恩格尔系数

单位：%

年份	恩格尔系数	年份	恩格尔系数	年份	恩格尔系数	年份	恩格尔系数	年份	恩格尔系数
1994	51.22	1999	42.38	2004	35.70	2009	40.38	2014	30.58
1995	51.43	2000	40.87	2005	36.30	2010	39.36	2015	29.08
1996	49.64	2001	38.01	2006	44.20	2011	38.88	2016	28.91
1997	48.28	2002	35.65	2007	37.31	2012	37.80	2017	28.72
1998	45.41	2003	36.78	2008	40.41	2013	35.28		

资料来源：1994—2018年青海省统计年鉴。

说明：从2015年开始，青海统计年鉴未公布青海省恩格尔系数，因此，用食品烟酒/生活消费支出计算，可能存在误差。

根据恩格尔系数的规律描述，这个阶段富裕的特征应该是收入在增加，而食品支出在减少，生活有了游刃有余的主动权。生活成本支出的项目结构，倾向于非食品成本项目支出比重加大的特征。也有反复的情况，2006年、2008年、2009年，各年的恩格尔系数返回到小康阶段。1994—2017年的恩格尔系数的趋势线总体而言，呈现下降的态势。尤其是2015—2017年，恩格尔系数分别为29.08%、28.91%和28.72%，低于30%，象征着青海省居民生活具有最富裕的特征（参见图4-63）。

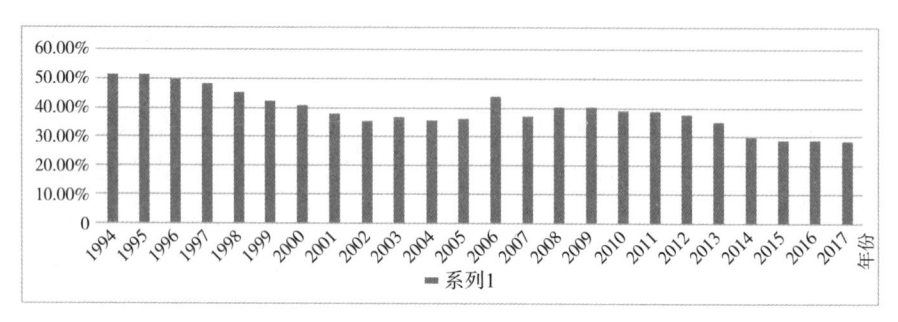

图4-63　1994—2017年青海恩格尔系数

从恩格尔系数降低幅度、恩格尔系数增长率图示可见，恩格尔系数及其线性整体呈下降的趋势，这得益于城镇化实施和精准扶贫的扎实落实。收入增加，收入基数不断变大。从生存的消费支出到生活的消费支出，从满足食品支出成本的弥补到满足多元化的生活成本的弥补，从"偏科"的倾向于单一的成本项目到各成本项目之间的结构调整，尽管依然存在各种现实的困境，但这一指标的趋势和结构性变动，反映的是青海省经济发展，城乡居民逐步富裕的轨迹。直观的表象是城乡居民增加非食品消费支出的比重，衣着质量的提高，居住条件现代化元素的增加，交通工具的品牌化，家用电器的升级换代，尤其是对教育的重视程度的提高、外出旅游意识的增强、医疗保健观念的改变，文化娱乐活动参与等等。需要说明的是，地域不同、地理环境不同、自然禀赋不同、民族不同、文化不同、消费习惯不同，恩格尔系数背后的结构性差异很大，反映在生存和生活消费项目支出构成上，则具有区域特征（参见表4-18、图4-64）。

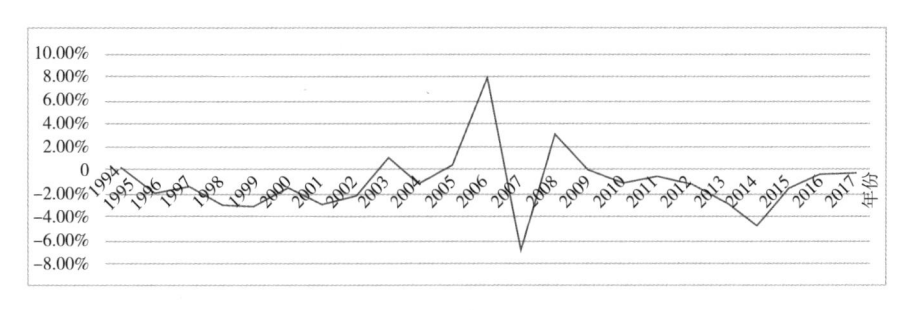

图 4-64　1994—2017 年青海恩格尔系数增加幅度

4.5.2 青海城乡居民 1984—2017 年恩格尔系数结构及趋势特征

城镇居民恩格尔系数结构及趋势特征。由 1984—2017 年青海省城镇居民恩格尔系数结构及趋势可知，整体呈下降的态势，但存在结构性差异。根据恩格尔系数上升、下降的趋势，划分 1991 年、1995 年、2000 年、2007 年、2010 年、2016 年为时间节点进行分析。1984—1991 年，除 1988 年下降外，该时间段内其余年份的恩格尔系数均呈上升的趋势。该阶段的恩格尔系数从 1984 年的 51.47% 增长到 1987 年的 60.26% 后，进入 1988 年的短暂下降，为 55.03%。1989—1991 年，恩格尔系数进入增加阶段，分别达到 62.46%、63.4% 和 64.12%。1991 年的 64.12% 不仅是该阶段的恩格尔系数最大值，还是 1984—1991 年的恩格尔系数最大值。这也反映了 1991 年城镇居民的收入水平较低，用于购买生存性食物所占的比重较大，居民的生存、生活质量较其他年份有所下降。1984—1987 年的恩格尔系数在 50%~59%，根据表 4-17 可知，这四年已脱离贫困迈入温饱；1987 年、1989—1991 年的恩格尔系数均大于 60%，这四年仍处于贫困阶段。

1992—2007 年恩格尔系数整体呈下降的趋势。1992—1995 年恩格尔系数骤降，并达到 1995 年的 51.43%，居于温饱特征的范围；1996—2000 年、2008—2009 年，恩格尔系数进入缓慢有序的下降通道，都处于 40%~50% 的区间，居于小康特征的范围；2001—2007 年恩格尔系数在 38.1%~35.7% 区间波动运行，2010—2015 年恩格尔系数从 39.4%~33.3% 进入缓慢有序的下降通道，居于富裕特征的范围；而 2016—2017 年，恩格尔系数为 28.66%~28.23%，居于最富裕特征的范围；这象征着青海省城镇居民已从贫困、温饱迈入小康及富裕阶段（参见表 4-17、表 4-19、图 4-65）。

表 4-19　1984—2017 年青海省城镇恩格尔系数

单位：%

年份	恩格尔系数	年份	恩格尔系数	年份	恩格尔系数	年份	恩格尔系数	年份	恩格尔系数
1984	51.47	1991	64.12	1998	45.41	2005	36.30	2012	37.80
1985	55.12	1992	60.96	1999	42.39	2006	36.20	2013	35.30
1986	57.08	1993	58.23	2000	40.88	2007	37.30	2014	34.80
1987	60.26	1994	59.74	2001	38.10	2008	40.40	2015	33.30
1988	55.03	1995	51.43	2002	35.70	2009	40.40	2016	28.66
1989	62.46	1996	49.65	2003	36.80	2010	39.40	2017	28.23
1990	63.40	1997	48.29	2004	35.70	2011	38.90		

资料来源：1984—2020 年青海省统计年鉴。

2003—2006 年恩格尔系数呈下降的趋势，从 2003 年的 36.80% 下降到 2005 年的 36.3% 和 2006 年的 36.2%；2008 年和 2009 年的恩格尔系数一致，均为 40.4%。2012—2017 年恩格尔系数呈下降的趋势，2016 年之后，恩格尔系数均低于 30%。城镇化正在促使居民进入贫困—温饱—小康—富裕—最富裕的行列，不仅提高了居民的生存、生活质量，还优化了居民的生存消费成本项目的结构。

1984—2017 年，城镇居民恩格尔系数是一条平缓下降的直线。1985—1987 年的增加幅度为 3.65%、1.96% 和 3.18%，虽然 1986 年的增加幅度有所下降，但恩格尔系数仍呈现上升的趋势。1988 年，恩格尔系数增加幅度下降到第一个低点，为 -5.23%。但 1989 年上升到该阶段的最高点，为 7.43%。1990—1992 年，增加幅度一路下滑，从 0.94% 下滑到 -3.16%，短暂回升后骤降到 1995 年的 -8.51%，这是第二个低点，也是该阶段的最低点。1996 年，恩格尔系数增加幅度上升到 -1.78%。1997—2003 年，恩格尔系数增加幅度在波动中上升，1997 年为 -1.36%、2000 年为 -1.51% 和 2003 年为 1.10%。2004—2008 年呈现整体上升的态势，2009—2012 年整体呈下降的态势，2013—2017 年，恩格尔系数增加幅度起伏波动，由增加幅度线性趋势线看，是一条下降的趋势线（参见表 4-19、图 4-66）。

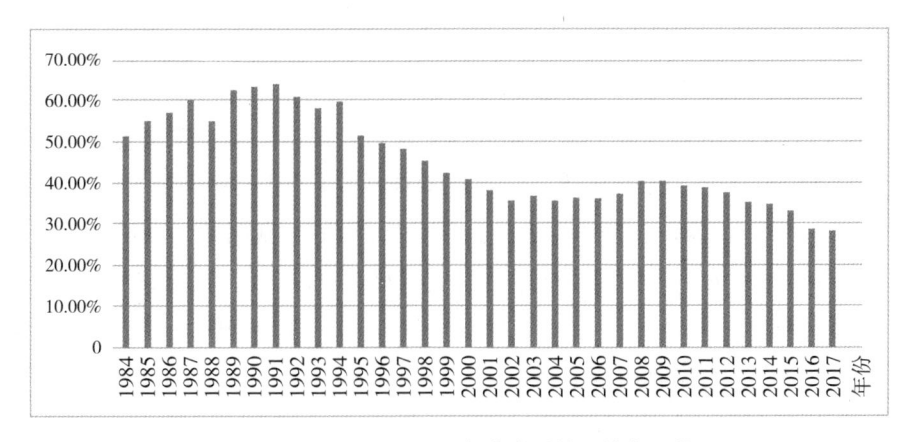

图 4-65　1984—2017 年青海城镇恩格尔系数

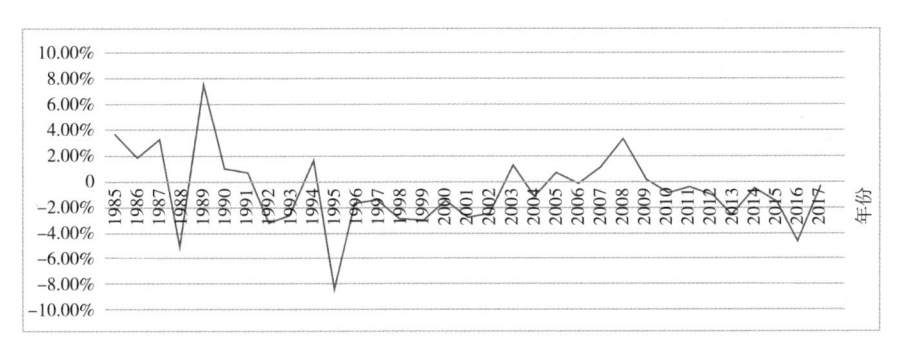

图 4-66　1984—2017 年青海城镇恩格尔系数增加幅度

1984—2017 年，城镇居民恩格尔系数增长率的线性趋势是一条平缓下降的直线。1984—1987 年的增长率为 7.09%、3.56% 和 5.57%，1988 年，恩格尔系数增长率为 -8.68%，是 1984—2017 年的第一个低点。1989 年，增长率迅速攀升到 13.50%。1989—1993 年恩格尔系数增长率呈下降的趋势，由 1.50% 下降到 -4.48%。1994 年小幅上升到 2.59% 后，猛然下跌到 1995 年的 -13.91%。1996—2003 年，恩格尔系数增长率在波动起伏，1996 年的 -3.46%，2000 年的 -3.56% 和 2003 年的 3.08% 三个小高点和 1999 年的 -6.65% 和 2001 年的 -6.80% 两个小低点，形成了这个时段的波段。2004—2008 年呈上升趋势，并于 2008 年达到 8.31%，是一个高点。2011—2014 年呈现 "V" 形的变化特征，2012 年的 -16.09% 是 "V" 形的底点。2015—2017 年，青海省城镇居民恩格尔系数增长率在波动中呈现下降的趋势。恩格尔系数增长率整体平缓下降的线性趋势，意味着城镇居民收入在增加，食品支出在减少，居民人均消费支出更倾向于与非食品项目的支出，城镇化推动居民的生活向前发展，生活水平得到了极大的改善（参见表4-19）。

农村居民恩格尔系数结构及趋势特征。1984—2017年，青海省农村居民恩格尔系数整体呈下降的态势，但存在结构性差异。以1988年为时间节点，1984—1988年和1989—1997年分别位于1988年的左右两端，且整体上分别呈现下降和上升的态势。1984—1988年，农村居民恩格尔系数从62.71%下降到1986年的61.58%、1987年的57.84%和1988年的55.99%，农村居民也因此从贫困阶段跨到温饱阶段。1989—1997年，恩格尔系数进入反复上升的阶段，从1989年的59.13%上升到1996年的66.59%和1997年的66.29%。在该阶段，农村居民由温饱阶段下降为贫困阶段（参见表4-20）。

1997—2015年，农村居民恩格尔系数表现出来的特点为：小幅坡度下降。该阶段中，1997—1998年、1999—2000年、2000—2001年、2001—2002年、2008—2009年、2012—2013年的下降坡度较突出，农村居民也正在从贫困到温饱、温饱到小康、小康到富裕、富裕到最富裕的逐级跨越。居民的消费支出项目由较为单一转向多元，消费生存支出的成本项目和项目结构在这个过渡中得到调适和优化，生存、生活水平也得到了质的飞跃。2016—2017年，农村居民恩格尔系数表现出来的特点为：平缓地下降，该阶段农村居民生存维持在一定的水平（参见图4-67）。

表4-20 1984—2017年青海省农村居民恩格尔系数

单位：%

年份	恩格尔系数	年份	恩格尔系数	年份	恩格尔系数	年份	恩格尔系数	年份	恩格尔系数
1984	62.71	1991	60.42	1998	62.14	2005	45.13	2012	34.80
1985	64.11	1992	60.95	1999	61.70	2006	44.16	2013	30.90
1986	61.58	1993	60.56	2000	57.89	2007	44.36	2014	29.70
1987	57.84	1994	61.25	2001	52.37	2008	43.64	2015	27.80
1988	55.99	1995	64.99	2002	48.90	2009	38.05	2016	29.44
1989	59.13	1996	66.59	2003	49.07	2010	39.57	2017	29.74
1990	59.53	1997	66.29	2004	48.53	2011	37.83		

资料来源：1984—2020年青海省统计年鉴。

说明：从2015年开始，青海统计年鉴未公布青海省农村恩格尔系数，食品烟酒也未区分，因此，用食品烟酒/生活消费支出计算恩格尔系数。

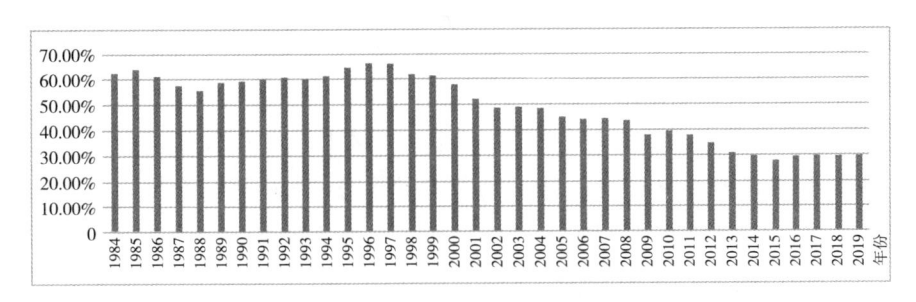

第4章 青海城乡居民人均收支结构及趋势特征

图 4-67　1984—2017 年青海省农村恩格尔系数

1984—2017 年，农村居民恩格尔系数增加幅度及线性趋势特征。农村居民恩格尔系数增加幅度整体表现为大起大落的起伏特征。1985—1989 年，农村居民恩格尔系数增加幅度呈现"V"形特征，1985 年的 1.40% 和 1989 年的 3.14% 是"V"形的两点，1987 年的 -3.74% 是低点。1990—1995 年，该阶段展示为下降和上升的特征。从 1990 年的 0.40% 下降到 1993 年 -0.39% 后，快速上升到 1995 年的 3.74%。1995—1997 年，恩格尔系数增加幅度下落。1997—2009 年，恩格尔系数增加幅度在上升和下降的起伏波动中呈现下降的趋势。从 2003 年的 0.17% 下降到 2009 年的 -5.59%，2009 年的增加幅度为 1984—2019 年农村居民恩格尔系数增加幅度最小的年份。以 2013 年为节点，2013 年左边的 2010—2013 年区间整体呈下降的态势，2013 年右边的区间整体呈上升的态势。总体而言，恩格尔系数增加幅度的上升与下降，反映了城镇化对农村居民生存、生活水平的促进作用（参见图 4-68）。

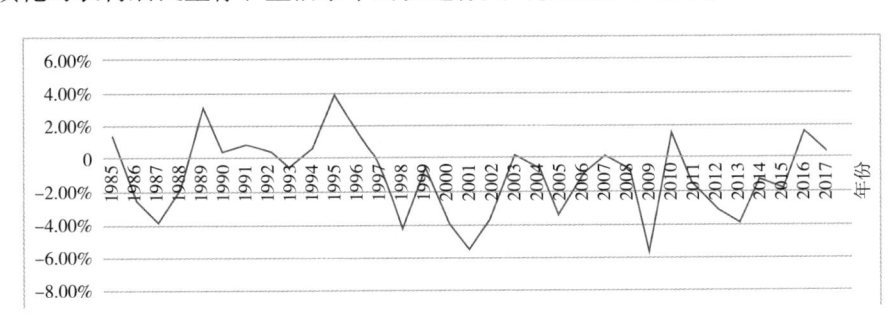

图 4-68　1984—2017 年青海省农村恩格尔系数增加幅度

由 1984—2017 年农村居民恩格尔系数增长率及线性趋势可知，其表现为大起大落的起伏特征，线性趋势线是一条下降的直线。1987 年的 -6.07% 是 1984—2017 年农村居民恩格尔系数增长率的第一个低点，以 1987 年为节点，

1985—1987 年增长率由 2.23% 下落到 –6.07%，增长率的下降幅度为 8.3%；1987—1989 年，增长率上升到 5.61%，上升幅度为 11.68%。1989—1995 年，农村居民恩格尔系数增长率在波动中下落后又上升，后从 1995 年的 6.11% 骤然降到 1998 年的 –6.26%，这是恩格尔系数增长率的第二个低点，2000—2001 年恩格尔系数增长率猛然下降，增长率的下降幅度为 3.36%，2001—2003 年是进行猛然上升的阶段，增长率的上升幅度为 9.71%。2004—2007 年、2008—2010 年、2013—2015 年的特征与 2001—2003 年的特征相似，均为先下降后上升的趋势，其中，2001 年的 –9.54%、2005 年的 –7.01%、2009 年的 –12.81% 和 2013 年的 –10.55% 是恩格尔系数增长率的后四个低点。恩格尔系数增长率的下降意味着恩格尔系数增加幅度的下降和恩格尔系数的下降，也意味着农村居民人均收入的增加和生活的升级（参见表 4-20）。

4.5.3 恩格尔系数比较

2010—2017 年，城镇居民恩格尔系数比较特征。2010—2017 年城镇居民恩格尔系数三省的下降趋势，结构性差异客观存在，相比陕西省城镇居民恩格尔系数趋势线反映的大起大落特征，青海省城镇居民恩格尔系数趋势线反映出稳中有降的特征；而与山东省城镇居民恩格尔系数趋势线相比，有着共同的特点：两省显示较为平缓和稳定（参见图 4-69）。

与陕西省相比，青海省城镇居民恩格尔系数除了 2010—2012 年和 2017 年低于陕西省以外，其余年份都要高于陕西省的恩格尔系数，且比陕西省高出的幅度大。但总体而言，城镇居民恩格尔系数仍是下降的趋势线（参见表 4-21）。2010 年，陕西省城镇居民恩格尔系数为 37.06%，青海省城镇居民恩格尔系数则为 34.13%；2011 年，两省城镇居民恩格尔系数分别为 36.57% 和 33.75%；2012 年，两省城镇居民恩格尔系数则为 36.2% 和 32.64%；2017 年，两省城镇居民恩格尔系数则为 28.44% 和 28.23%。但其特征表现为：首先，两省城镇居民恩格尔系数在这些时段都是逐年降低；其次，青海省与陕西省的城镇居民恩格尔系数相差无几。2013—2016 年，青海省比陕西省的城镇居民恩格尔系数要高。2013 年，陕西省的城镇居民恩格尔系数为 27.34%，而青海省城镇居民恩格尔系数为 30.34%；2014 年，陕西省的为 17.47%，而青海省的为 29.89%；2015 年，陕西省的为 17.42%，而青海省的为 28.66%。其特征表现为：首先，陕西省除了2016年外，两省城镇居民恩格尔系数在这个时段呈逐年降低的趋势；其次，青海省城镇居民恩格尔系数在稳步降低。

表4-21 2010—2017年城镇居民恩格尔系数比较

单位：%

地区	年份	2010	2011	2012	2013	2014	2015	2016	2017
陕西省	城镇	37.06	36.57	36.20	27.34	17.47	17.42	27.99	28.44
	农村	34.25	30.00	29.72	27.31	21.43	20.63	26.93	25.98
山东省	城镇	32.06	33.15	32.97	29.18	28.92	27.84	27.58	26.79
	农村	37.54	35.71	34.26	31.85	30.95	30.43	29.76	28.62
青海省	城镇	34.13	33.75	32.64	30.34	29.89	28.66	28.66	28.23
	农村	42.48	40.43	37.15	33.23	31.89	29.93	29.44	29.49

资料来源：2010—2018年青海省、陕西省、山东省统计年鉴。

说明：因各省年鉴公布数据详略程度不一致，为保持数据的一致性和可比性，2010—2015年恩格尔系数用食品/生活消费支出计算，2016—2019年恩格尔系数用食品烟酒/生活消费支出计算。

与山东省对比，除了2012年，青海省城镇居民恩格尔系数低于山东外，其余在2010—2017年的时段，都要高于山东省的恩格尔系数。总体而言，两省的城镇居民恩格尔系数则是下降的趋势线。2010年，山东省城镇居民恩格尔系数为32.06%，而青海省城镇居民恩格尔系数则为34.13%；2011年，两省城镇居民恩格尔系数分别为33.15%和33.75%；2012年，两省城镇居民恩格尔系数则为32.97%和32.64%；2013年，山东省城镇居民恩格尔系数为29.18%，而青海省城镇居民恩格尔系数为30.34%；2014年，山东省的为28.92%，而青海省的为29.89%；2015年，山东省的为27.84%，而青海省的为28.66%；2017年，两省城镇居民恩格尔系数则为26.79%和28.23%。其特征表现为：首先，两省城镇居民恩格尔系数总体的趋势是下降的；其次，除了2012年，青海省的城镇居民恩格尔系数都要高于山东省，差距始终较大（参见表4-21、图4-69）。

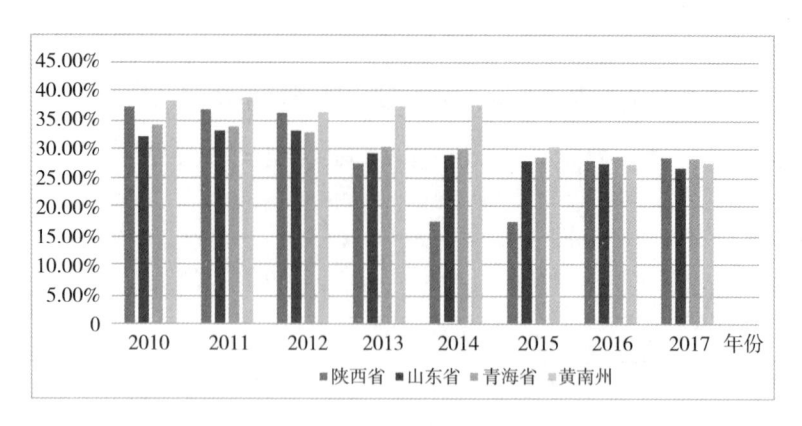

图 4-69　2010—2017 年城镇居民恩格尔系数比较

2010—2017 年，农村居民恩格尔系数比较特征。2010—2017 年，青海省与陕西省和山东省比较，农村居民恩格尔系数结构性差异一目了然。与陕西省相比，青海省农村居民恩格尔系数每一年都要高于陕西省的恩格尔系数，且比陕西省高出的幅度大。与山东省相比，虽然有两年低于山东省农村居民恩格尔系数，但其他年份都要比山东高，差距也小。总体而言，青海省农村居民恩格尔系数，总体表现为下降趋势的特征，存在结构性差异。

与陕西省比较。2010 年，陕西省农村居民恩格尔系数为 34.25%，青海省农村居民恩格尔系数则为 42.48%，高出陕西省 8.23%；2011 年，两省农村居民恩格尔系数分别为 30% 和 40.43%，青海省高出陕西省 10.43%；2012 年，两省农村居民恩格尔系数为 29.72% 和 37.15%，高出陕西省 7.43%；2013 年，两省农村居民恩格尔系数为 27.31% 和 33.23%，高出陕西省 5.92%；2014 年，两省农村居民恩格尔系数为 21.43% 和 31.89%，高出陕西省 10.46%；2015 年，两省农村居民恩格尔系数为 20.63% 和 29.93%，高出陕西省 9.3%；2016 年，两省农村居民恩格尔系数为 26.93% 和 29.44%，高出陕西省 2.51%；2017 年，两省农村居民恩格尔系数为 25.98% 和 29.49%，高出陕西省 3.51%。特征表现为：首先，两省农村居民恩格尔系数都是逐年降低；其次，相对陕西省农村居民恩格尔系数起伏较大的特点，青海省稳中有降；最后，青海省与陕西省的农村居民恩格尔系数差距较大，青海省农村居民恩格尔系数远高于陕西省的农村居民恩格尔系数（参见表 4-21、图 4-70）。

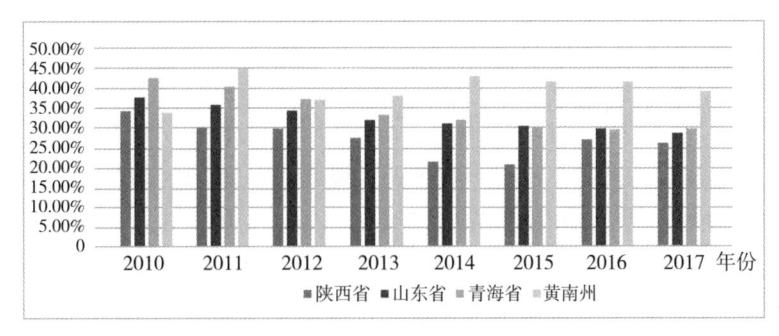

图 4-70　2010—2017 年农村居民恩格尔系数比较

4.6 小结

城镇化和中央精准扶贫政策，为本章研究铺垫了宏大的画卷背景。在这一背景下，对青海省城镇居民人均收支结构及趋势特征进行了描述。在此基础上，根据短板效应、成本理论，将农村居民人均收支与我国贫困标准进行对比，以此分析其收入对支出及贫困标准的覆盖程度。青海省城乡居民在区域发展的背景下，收支逐年增加。无论是增加幅度还是增长率都能反映出获取收入及提高支出的内生力在国家力量托起的平台上不断提升的态势。

城镇化及扶贫的精准化，不仅提升了青海城乡居民的生存能力，而且优化了收支项目的结构，这是实质性的、可持续性的提升。通过分时段拆分，说明了青海省城乡居民收支项目结构优化的前提是国家资源的投入，尤其是农村居民的收支项目结构的优化，更是说明了国家力量支撑对生活消费支出的积极作用，以及对生存成本弥补的积极意义。同时，在国家城镇化及扶贫精准化的深入推进实施中，在国家大量资源投入的前提下，消费支出的成本项目不断优化。在保证食品烟酒（Ⅰ类）、衣着（Ⅱ类）、居住（Ⅲ类）基本生存项目的消费支出的基础上，促进交通通信（Ⅴ类）、文化教育娱乐（Ⅵ类）、医疗保健（Ⅶ类）等消费项目的支出成本不断增加，使生存的环境得到了大幅度的改善，生存的质量和水平也在不断提升。当然，结构性差异是客观存在的。青海可支配收入中位数结构、趋势特征分析、青海城乡居民恩格尔系数结构及趋势特征分析结果，同样可见一斑。虽然青海省是我国欠发达地区，在恩格尔系数的比较中，反映出一定差距，但青海省城乡居民可支收支加速增加的趋势特征显著。

城镇化中,青海省生计模式及其生存成本支出的态势发生了变化。农牧居民生存处于"变迁"的过程中,这是"共同的最普遍的特征","最显著的是生产方式和生活方式的变迁"(段继业,2006)[①]。随着生计模式的转型升级,逐步从传统的农耕模式和游牧模式,演变为包括农耕模式、游牧模式、打工模式、经商模式等在内的生计模式体系。农耕生计模式和游牧生计模式受制于气候和土壤,所以,只能仅仅维持基本的生存。而打工、养殖、经商等成为农牧区带来最重要的现金流,牧民也开始经营牛羊、药材等。从人均可支配收入,或纯收入结构性变化,仅打工收入便呈现上升的趋势。从1984—2017年,居民对于"打工"为生计模式的态度的转变就可知一二。"2004年,青海省劳务输出为80万人,务工收入达15亿元。"挖虫草、销售虫草,成为青海涉藏地区特定赖以生存的生计模式之一。挖虫草带来的经济收入成为玉树、果洛等地区居民每年的重要经济来源。开商铺,也逐渐成为城镇化后突出的生计模式。城镇化为生计模式城镇化体系的宽度和深度、为收入项目结构的优化、收入来源渠道的拓展提供了前提条件。2010—2017年,青海省人均可支配收入增速为10.41%。其中,工资性收入的增速为10.16%,经营净收入的增速为8.43%,财产净收入的增速为33.13%,转移净收入的增速为10.94%(参见表4-22)。

总之,城镇化生计模式的转型,扶贫工作的精准化,使得贫困人口在内的居民人均可支配收入逐年增加,覆盖了人均生活消费支出,优化了消费支出项目结构,提高了居民生存能力,并不断从贫困、温饱,向小康、富裕迈进。

表4-22 2010—2017年青海居民人均收支及增速

单位:元,%

项目\年份	2010	2011	2012	2013	2014	2015	2016	2017	8年内增速
人均可支配收入	8661.00	10030.00	11468.00	12948.00	14374.00	15813.00	17302.00	19001.00	10.41
工资性收入	5270.00	6147.00	6940.00	7607.00	8292.00	9192.00	10235.00	11351.00	10.16

---

① 段继业.青海农牧民生存状态的"关键词"——《青海农牧民的生活状态》序[J].攀登,2006(2):100-103.

续表

项目\年份	2010	2011	2012	2013	2014	2015	2016	2017	8年内增速
经营净收入	1521.00	1608.00	1687.00	2050.00	2397.00	2445.00	2629.00	2861.00	8.43
财产净收入	156.00	172.00	199.00	562.00	699.00	803.00	863.00	949.00	33.13
转移净收入	1712.00	2103.00	2641.00	2729.00	2986.00	3374.00	3575.00	3840.00	10.94
居民人均生活消费支出	7772.00	9035.00	10384.00	11576.00	12605.00	13611.00	14775.00	15503.00	9.13

资料来源：2018年青海统计年鉴、1999—2021年中国统计年鉴。

第 5 章　青海涉藏地区城乡居民人均收支结构及趋势特征

本章是我国涉藏地区精准扶贫的缩影。精准扶贫、区域特色城镇化，为青海及其海北州、黄南州、海南州、果洛州、玉树州和海西州等主要涉藏地区城乡居民人均收支结构及趋势特征，铺垫了国家背景，极具地方特征。青海城镇居民1984—2017年收支框架下，青海涉藏地区2005—2017年的收支差异特征，反映了该地区收入对消费支出生存成本的弥补能力，收支与贫困标准的差距，也反映了收支短板效应特征。通过比较分析，青海涉藏地区仅仅转移净收入项目，每年增幅很大，且具有快速上升的趋势，凸显其生存成本补偿的收入来源对国家资源投入的高度依赖，为后续章节研究提供了依据。

5.1 青海涉藏地区城镇居民人均收支结构及趋势特征

5.1.1 城镇居民收入结构及趋势特征

2005—2017年，统计数据及图所示不同年份各州城镇居民人均可支配收入（人均纯收入）存在结构性差异，趋势有别，各州的收入在结构性差异中不断上台阶。各州相比，每一年的收入都在增加，行进在上升的趋势中。随着基数的加大，增长率具有增长的韧性（见表5-1、图5-1）。

表5-1　2005—2017年青海涉藏地区城镇居民人均可支配收入

单位：元

地区 年份	海北州	黄南州	海南州	果洛州	玉树州	海西州
2005	7798.37	7383.00	6849.55	8348.28	8637.00	8693.31
2006	9016.20	8660.89	7797.01	9336.27	9778.03	9691.37
2007	10710.35	10103.00	9099.00	10085.01	10822.53	11548.31
2008	12538.39	11761.25	10431.77	11093.73	12015.37	13522.26
2009	14135.63	13270.61	11456.28	12273.42	13031.71	15077.12
2010	14333	14284	13312	14916	16342	15274

续表

年份\地区	海北州	黄南州	海南州	果洛州	玉树州	海西州
2011	16420	16212	15537	16585	17465	17323
2012	18699	18235	17557	18868	18935	19369
2013	20626	20266	19783	21243	21206	21326
2014	22314	22151	21810	23457	23398	23198
2015	24606	24407	24025	25762	25655	25419
2016	26828	26567	26218	28133	27978	27720
2017	29267	28952	28545	30678	30512	30233

资料来源：2005—2017年青海省统计年鉴。

海北州城镇居民收入特征。海北州城镇居民人均可支配收入从2005年的7798.37元上升到2017年的29267元，呈现步步高升的趋势。2005年最低点为7798.37元，2007年突破万元，自此六年运行在10710.35元到18699元之间。2009年和2010年几近相同。2013年，跨上2万元的台阶，2013—2017年运行期间，2017年接近3万元，为29267元，达到此期间的最高点。由此可见，收入的结构性差异，基本从1万元之下，1万元到2万元之间和2万元到3万元之间，不断上台阶（参见表5-1、图5-1）。

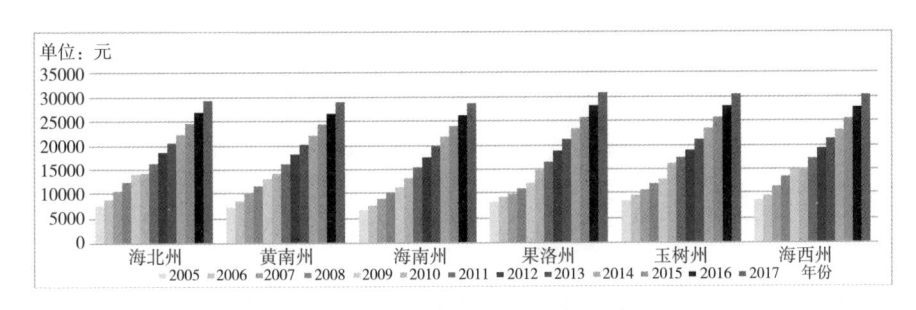

图5-1　2005—2017年青海涉藏地区城镇居民人均可支配收入

海北州城镇居民收入增加幅度特征。由人均可支配收入的趋势图示可知，增加幅度总体呈现上涨的趋势，结构性差异也显而易见。将2006年与2005年相比，收入的增加幅度为1217.83元，也是这个时段增加幅度的起点。2009—2010年增加幅度有了下降，为197.37元，是整个期间的最低点。并且在2013—2014年、2016年增加幅度也有不同程度的下降，但是整体而言，增加幅度在上升途中。2012年增加幅度下降到2014年的1688元。除了2010年这个节点外，各年增加幅度皆为上千元。2017年与2016年相比，收入增加幅度为2439元。增加幅度在基数不断变动的基础上，各年较上年的增加幅度结构性差异由此可见（参见表5-1、图5-2）。

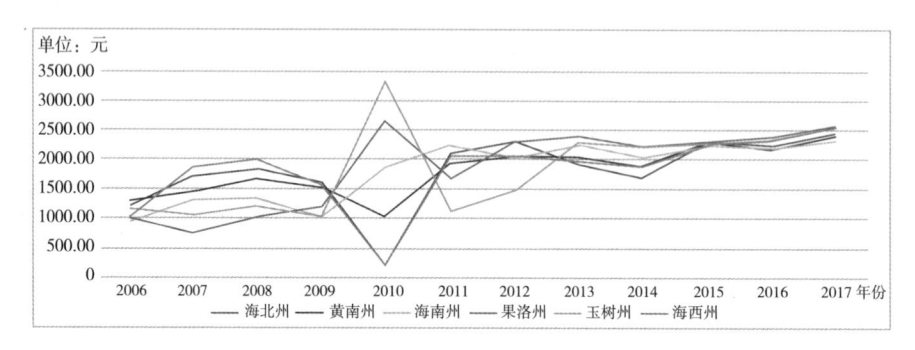

图5-2　2006—2017年青海涉藏地区城镇居民人均可支配收入增加幅度

海北州城镇居民收入增长率特征。海北州城镇居民可支配收入增长率，在增加幅度不断增减中起伏，且在结构性差异中变动。2005—2017年，收入增长率最大是2007年的18.79%，最小的增长率是2010年的1.4%。其间，分为不同的下降时段。2007—2010年，从18.79%的增长率到1.4%；2011—2014年，从14.56%到8.18%；2015—2016年，从10.27%到9.03%；2017年小幅上扬。每一个时段，在收入上升的趋势、增加幅度抬高的过程，增长率下台阶（参见表5-1、图5-3）。

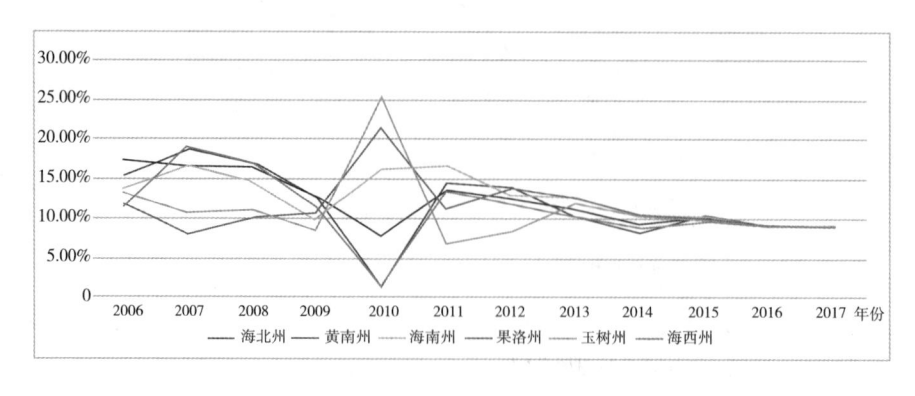

图5-3　2006—2017年青海涉藏地区城镇居民人均可支配收入增长率

黄南州城镇居民收入特征。黄南州城镇居民人均可支配收入从 2005 年的 7383 元，上升到 2017 年的 28952 元，每年都在增加。相比海北州，黄南州每年的收入都要低于海北州对应的收入。2005 年为收入最低点，2017 年为最高点。2005—2006 年，增加到 8660.89 元。2007 年，收入跨上万元的台阶，持续六年运行在 10103~18235 元；2013—2017 年，收入在 20266~28952 元。三个台阶不断上行（参见表 5-1、图 5-1）。

黄南州城镇居民收入增加幅度特征。黄南州人均可支配收入增加幅度以不同的程度增减，除了 2006 年和 2013 年，收入增加幅度略高于海北州外，其他各年份都低于海北州。2006 年比 2005 年增加了 1277.89 元，到 2011 年，增加幅度为 1928 元，该时段的增加幅度在此区间增减。2010 年增加幅度为 1013.39 元，是这个期间的最低点，而 2017 年为最高点。由收入增加幅度的趋势图可知，增加幅度的连线在波动中上升，结构性差异显示出分段的增减趋势。典型的是 2010 年前后时间段，增加幅度有下降趋势段和上升趋势段。总的来说，是在结构性差异的显现中不断呈趋上的走势（参见表 5-1、图 5-2）。

黄南州城镇居民收入增长率特征。黄南州城镇居民人均可支配收入增长率，在基数不断增加的基础上变动，在增加幅度总体上升的途中，起伏于下降的趋势中。相对而言，收入的增长率除了 2006 年的 17.31%、2009 年的 12.83%、2010 年的 7.64%、2013 年的 11.14%、2014 年的 9.3% 外，其余各年都要低于海北州各年份的增长率。其中，增长率最大的是 2006 年的 17.31%，最小的增长率是 2010 年的 7.64%。其间分为三个不同的下降段，2006—2010 年、2011—2014 年、2015—2017 年，而 2017 年，增长率略有翘头（参见表 5-1、图 5-3）。

海南州城镇居民收入特征。海南州城镇居民人均可支配收入从 2005 年的 6849.55 元，上升到 2017 年的 28545 元。收入最低点为 2005 年的 6849.55 元，最高点为 2017 年的 28545 元。海南州 2008—2013 年，收入跨上万元的台阶，且持续增加。2014—2017 年，收入运行在 21810~28545 元。一步一个台阶，在年限缩短的过程中上台阶。相比海北州和黄南州，海南州从 2005—2017 年，收入的绝对值都低于这两个州。但是，海南州每一年以不同的程度持续加大，从 6849.55 元、10431.77 元，到 21810 元，底部在不断抬高，不改其上升的趋势（参见表 5-1、图 5-1）。

海南州城镇居民收入增加幅度特征。海南州人均可支配收入增加幅度比海北州要低，而与黄南州相比，起伏不断。海南州2010年的增加幅度为1855.72元，比黄南州的1013.39元高。2011年的2225元，2013年的2226元，2016年的2193元，都要高于黄南州的增加幅度。海南州除了2012年的2020元、2014年的2027元，其余各年的增加幅度都在基数加大的基础上，逐年增加。2006年比2005年，增加幅度为这个时段的最低点，为947.46元。此后在两个阶段运行，一个是增加幅度在1024.51~1855.72元，另一个是在2020~2327元。典型的是2009年前后时间段，增加幅度由下降趋势段和上升趋势段构成，其间的起伏在结构性差异中保持了上涨的态势（参见表5-1、图5-2）。

海南州城镇居民收入增长率特征。海南州城镇居民人均可支配收入（纯收入）在增加幅度总体上升途中，增长率随之起伏变动。收入增长率最大的是2011年的16.71%，最小的增长率是2017年的8.88%。2005—2017年，收入的增长率前两年是上涨的，随后两年是下降的，2011—2017年，收入增长率一路小幅下倾。与海北州和黄南州比较，2007年海南州收入的增长率为16.7%，2012年为13%，高于海南州的增长率，低于海北州的增长率；海南州2010年的增长率16.2%，2011年的16.71%，2013年的12.68%，2014年的10.25%，皆高于海北州和黄南州。其余年份的增长率，均低于海北州和黄南州（参见表5-1、图5-3）。

果洛州城镇居民收入特征。果洛州城镇居民人均可支配收入与海北州、黄南州和海南州一样，年年上台阶，2017年，收入上了3万元的台阶。2005—2017年，从2005年的最低点8348.28元，上升到2017年的最高点30678元。当然，结构性差异也是存在的。2007年收入为10085.01元，2008年收入为11093.73元，2009年收入为12273.42元，这三年都低于海北州的收入。此外各年的收入都要高于海北州的收入。2007年收入跨上万元台阶，且持续增加。2013—2016年，收入运行在21243~28133元（参见表5-1、图5-1）。

果洛州城镇居民收入增加幅度特征。果洛州人均可支配收入不断跨上四个台阶，为增加幅度的趋势奠定了基础。收入的增加幅度最低的为2007年的748.74元，最高的为2010年的2642.58元，落差大。2005—2017年，收入的增加幅度以2007年的748.74元、2011年的1669元、2014年的2214元等各低点连接为上升趋势。与海北州比较，除了2006年增加幅度为987.99元，2007年的748.74元，2008年的1008.72元，2009年的1179.69元以及2011年的1669元之外，其他各年都要高于海北州的收入增加幅度。而且，增加的幅度不断增加，速度不断加快。同样，其他各年的收入增加幅度都要高于黄南州（参见表5-1、图5-2）。

果洛州城镇居民收入增长率特征。果洛州城镇居民人均可支配收入在增加幅度总体上升途中，增长率在结构性差异中起伏变动。除了2010年收入增长率为21.53%，2013年的收入增长率为12.59%，2014年的收入增长率为10.42%，2016年的收入增长率为9.2%高于海北州的收入增长率之外，其余各年的收入增长率都要小于海北州的收入增长率。而果洛州收入增长率最大的是2010年的21.53%，最小的是2007年的8.02%，两者之间的差距大（参见表5-1、图5-3）。

玉树州城镇居民收入特征。在2005—2017年，玉树州城镇居民人均可支配收入，从2005年最低点8637元上升到2017年最高点30512元，经历了四个台阶。其间，2007年纯收入突破万元大关，2007—2012年收入运行在10822.53~18935元；2013—2016年，收入在21206元和27978元之间逐年增加；2017年收入为30512元，超过了3万元，达到最高点。与海北州相比，玉树州收入除了2008年和2009年低于海北州外，其他年份都高于海北州的收入（参见表5-1、图5-1）。

玉树州城镇居民收入增加幅度特征。玉树州人均可支配收入每年增加的幅度不同，增加幅度最低点2009年的1016.34元和2011年的低点1123元一起成为曲线的支撑点。2005—2011年，增加额出现隔年下降的现象。2006年比2005年增加了1141.03元，随着每年幅度的增加，基数也在增大。尤为突出的是2010年，其增加幅度为3310.29元，呈跨越式增加。而且，各年增加幅度皆为千元之上。经过2013年前的调适，随后人均可支配收入（纯收入）增加额在平缓地上升。由增加幅度的趋势图示可见，总体在结构性差异中趋高，高低收入的增加幅度差距大。与海北州比较，2010年、2013—2014年和2016年都高于海北州收入增加幅度。与果洛州相比，除了2006—2008年和2010年外，玉树州在其他时间段，收入增加幅度都低于果洛州，结构性差异一目了然（参见表5-1、图5-2）。

玉树州城镇居民收入增长率特征。玉树州人均可支配收入各年较上年的增长率也在结构性差异中变动，与果洛州比较，除了2006—2008年、2010年和2017年的收入增长率大于果洛州外，其他时间段都小于果洛州的增长率；与海北州比较，除了2009年、2011—2012年和2015年、2017年的收入增长率低于海北州外，其余时间段都要高于海北州的收入增长率。无论与其他各州比较的结构性差异如何，玉树州收入增长率的结构及趋势，都有其自身的特征。2009年和2010年，收入增长率最高点25.4%构成了陡然上升的趋势线，而2010年和2011年收入增长率的最低点，却又构成了陡然下降的趋势线。2012年之后，收入增长率趋于平缓（参见表5-1、图5-3）。

海西州城镇居民收入特征。海西州城镇居民人均可支配收入在2005—2017年，从2005年最低点8693.31元，上升到2017年最高点30233元。其中，2007年收入突破万元大关，为11548.31元；2007—2012年，收入运行在2万元之内；2013—2016年，收入在2万元和3万元之间逐年增加；2017年，收入跨上3万元的平台，且每年的增加幅度可观。每年的增加幅度在最小金额998.06元和最大金额2513元之间起伏，也是有较大的差异。相对而言，海西州收入与海北州比较，2005年为8693.31元，而海北州为7798.37元；2006年为9691.37元，而海北州为9016.2元；2007年为11548.31元，而海北州为10710.35元；2008年为13522.26元，而海北州为12538.39元；2009年为15077.12元，而海北州为14135.63元；2010年为15274元，而海北州为14333元；2011年为17323元，而海北州为16420元；2012年为19369元，而海北州为18699元；2013年为21326元，而海北州为20626元；2014年为23198元，而海北州为22314元；2015年为25419元，而海北州为24606元；2016年为27720元，而海北州为26828元；2017年为30233元，而海北州为29267元。由此可见，海西州每年城镇居民的收入大于海北州的收入。通过海北州的收入与黄南州、海南州、果洛州的比较，可知海西州的收入大于这四州的收入。同时，除了2014—2017年以外，其他年份海西州也大于玉树州的收入。海西州收入不仅自身存在结构性差异，且各州也存在结构性差异（参见表5-1、图5-1）。

海西州城镇居民收入增加幅度特征。由2005—2017年的人均可支配收入图示可知，海西州城镇人均可支配收入增加幅度最小的金额为2010年的196.88元，这也是海西州收入"V"形图的最低点，增加幅度最大的金额为2017年的2513元，高低落差为2316.12元。2006年相比2005年，收入的增加幅度为998.06元；2007—2010年，收入的增加幅度分别为1856.94元、1973.95元和1554.86元；2013—2014年，收入增加幅度为1957元和1872元。这两个时段收入增加幅度都在1000元至2000元之间起伏。而2011年之后的其他时段，则在2000元至3000元之间逐年增加上升。整个区间，海西州收入增加额在起伏中不断往上升。这说明收入的空间不断扩大，对收入的支配能力不断在提高（参见表5-1、图5-2）。

海西州城镇居民收入增长率特征。在收入增减的结构性差异中，海西州城镇居民可支配收入增长率在结构性差异中变动。海西州2006年与2005年比较，其收入增长率为11.48%。而其他各州收入增长率按照高低顺序排列，那么就是：黄南州17.31%的收入增长率＞海北州15.62%的收入增长率＞海南州13.83%的收入增长率＞玉树州13.21%的收入增长率＞果洛州11.83%的收入增长率。其中，海西州的收入增长率显然低于各州；2007年海西州19.16%的收入增长率，既是2005—2017年的最高点，也是各州同年的最高点。各州中，海西州19.16%的收入增长率＞海北州18.79%的收入增长率＞南黄州16.7%的增长率＞海南州16.65%的增长率＞玉树州10.68%的增长率＞果洛州8.02%的增长率。2007年海西州、海北州、黄南州的收入增长率也是自身2005—2017年时段的最高点；2010年，海西州1.31%的收入增长率是2005—2017年的最低点。2010年，玉树州25.4%的收入增长率＞果洛州21.53%的收入增长率＞海南州16.2%的收入增长率＞黄南州7.64%的收入增长率＞海北州1.4%的收入增长率。其中，海北州和黄南州的收入增长率也是自身2005—2017年的最低点；2012年之后，海西州收入增长率趋于平缓。2005—2017年收入增长率的特征反映在结构性差异中，总趋势虽表现为平缓下行，但具有期末回升的特征（参见表5-1、图5-3）。

总之，2005—2017年，青海涉藏地区城镇居民人均可支配收入表现出的结构性差异及趋势有其共性，也有其个性。第一，就收入及其增加幅度的结构和趋势而言，皆呈现上扬的态势；第二，收入逐年上台阶，增加额度大幅提高，基数也逐年显著增大；第三，在结构性差异不断调适的过程中，以2015年为节点，随后平缓运行，差距大幅度缩小；第四，除了海南州，无论是收入、其增加幅度，或增长率，皆以平缓的态势运行在2005—2017年之间，其他各州结构性差异不容忽视。以2009年和2011年为节点，可见海西州、海北州、黄南州与玉树州和果洛州反向运行，尤其是增加幅度和增长率的最高点和最低点，前者是"V"形，而后者是"倒V"形，可见其中的区别；第五，增长率自2015年起，趋于黏合。海北州、黄南州、玉树州，还有海西州，收入增长率平缓下行后又上扬。

5.1.2 城镇居民支出结构及趋势特征

收入的目的是弥补消费支出的成本，以便维持生存，提高生活品质。青海涉藏地区城镇居民人均消费性支出的成本结构及其趋势，反映出生存和生活的状况。2005—2017年，涉藏地区城镇人均消费性支出呈现出上升的趋势。无论是作为整体的涉藏地区，还是其组成部分的各州，就消费性支出自身均存在结构性差异，也存在收入对消费支出覆盖能力的结构性差异（参见表5-2、图5-4）。

表5-2 2005—2017年青海涉藏地区城镇居民人均消费支出

单位：元

项目 年份	海北州	黄南州	海南州	果洛州	玉树州	海西州
2005	6044.14	5724.35	5308.76	6470.36	6694.13	6737.78
2006	7494.68	5512.20	5725.87	7226.93	6425.99	7394.21
2007	8971.26	6824.86	6995.9	8970.40	8076.74	8995.69
2008	8966.89	6824.85	7748.87	8970.40	8076.73	8995.65
2009	9945.12	7636.72	8569.15	10130.47	9048.21	12070.13
2010	8311.00	12371.00	7607.00	10419.00	7199.00	12060.00
2011	9329.00	13288.00	9021.00	11427.00	7859.00	13698.00
2012	11604.00	14344.00	10239.00	12061.00	8557.00	13515.00
2013	12544.00	15273.00	11264.00	13974.00	9234.00	14769.00
2014	13532.00	14154.00	12582.00	16090.00	12644.00	14369.00
2015	14876.00	15626.00	13828.00	17613.00	13823.00	15596.00
2016	16040.00	16981.00	14810.00	19260.00	14150.00	16432.00
2017	17173.00	17101.00	15130.00	20898.00	13875.00	17091.00

资料来源：2005—2009年数据来源于2015年青海省统计年鉴，2010—2020年数据来源于2018年青海省统计年鉴。

海北州城镇居民支出结构性特征。海北州城镇居民人均消费性支出除了

2008年、2010年较前期有所下降外,其他时间段以不断增加为主调,且每年递增。2005年消费性支出为6044.14元,2006年为7494.68元,增加幅度高达1450.54元;2007年消费性支出为8971.26元,增加幅度为1476.58元,是2005—2017年增加幅度最大的一年。随着消费性支出步步攀升,到2012年达到11604元,超过了万元。截至2017年,消费性支出为17173元,增加幅度为1133元。相对而言,海北州消费支出成本增长率在2012年为最高,即24.39%。从消费性支出、消费性支出增加幅度和消费性支出增长率来说,海北州消费性支出总体为上升的趋势,结构性差异既表现在年年不同的消费支出金额,也表现在个别年份的下降金额及其项目比重的调整。海北州消费支出增加幅度及增长率的趋势线,在起伏中趋于平稳(参见表5-2、图5-4、图5-5、图5-6)。

黄南州城镇居民支出结构性特征。黄南州城镇居民人均消费性支出在2005—2009年起伏不定,2010—2017年运行在12371~17101元,2014年较前有所回落,其他时间段逐年递增。由图示可知,其消费支出成本于2005—2009年后骤然加大,上升到万元之上,随后运行于高位。消费性支出增加幅度最大的是2015年的1472元,最小的是2014年,为-1119元,消费性支出增加幅度起伏落差大,由图示可见其2010年和2014年的高低点的落差。且增长率反复无常,2006年为-3.71%,2007年则为23.81%,2013年则为6.48%,2014年则为-7.33%,2015年则为10.40%,2017年则为0.71%。总体而言,增加幅度和增长率的趋势在大起大落中,不断走低(参见表5-2、图5-4、图5-5、图5-6)。

海南州城镇居民支出结构性特征。海南州城镇居民人均消费性支出为上升趋势,且相对而言比较稳定。除了2010年消费性支出较前期有所下降外,整个期间的消费支出以2012年为节点,之前消费性支出在5308.76元到万元之间运行,之后消费性支出运行在10239~15130元。虽然年年递增,但整体水平较低。海南州城镇居民人均消费性支出增加幅度最低为-962.15元,城镇居民人均消费性支出增加幅度最高达1414元,落差大,但基数不断加大。城镇居民人均消费性支出增长率最大为22.18%,最低为-11.23%,增长率的落差大。但是,在消费支出趋高的基础上,增长率趋于稳定,在低速增长的过程中,结构不断优化(参见表5-2、图5-4、图5-5、图5-6)。

果洛州城镇居民支出结构性特征。果洛州城镇居民人均消费性支出从图示可见其趋势及结构性差异。2005年果洛州消费支出为6470.36元，2006年增加到7226.93元，增加幅度为756.57元；2007年，在消费支出基数小的基础上，随着消费支出的增加，其增加幅度与前期相比，在大幅升高的基础上增加了1743.47元，超过了2006年的2.3倍，消费支出增加到了8970.4元。随后一路上扬，从2009年到2017年，其间虽然有起伏，消费性支出在万元之上运行。2014年，增加幅度最高，为2116元。虽然2015年起有所回落，但每一年的增加幅度都在1500元之上。随着增加幅度不断上涨，消费支出每一年的基数逐年变大。2013年消费支出为13974元，2014年为16090元，2015年为17613元，2016年为19260元，2017年消费为20898元。

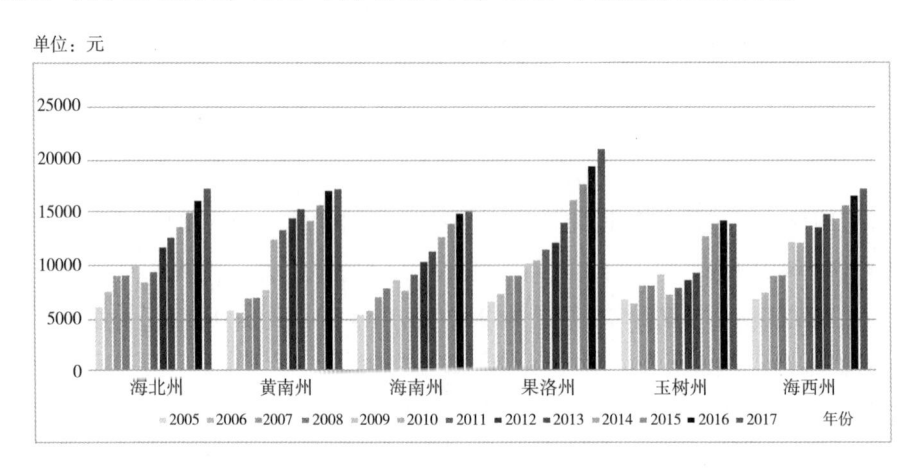

图5-4 2005—2017年青海涉藏地区城镇居民人均消费性支出

果洛州消费支出在结构性差异中的总体趋势为跨越式上行的态势。尽管2007年和2008年的消费支出相同，增加幅度没有变动，但2010年相比2009年增加幅度为288.53元，2012年的增加幅度为634元，并不断增加。2017年，消费支出突破2万元的大关。2005—2017年，果洛州消费支出的增长率在一定的区间波动运行，与其他各州比较，处于高位波动的态势。2007年，消费支出增长率为2005—2017年时段的最高，达到24.12%（参见表5-2、图5-4、图5-5、图5-6）。

玉树州城镇居民支出结构性特征。玉树州城镇居民人均消费性支出从图示可见其趋势及结构性差异，2006年玉树州消费支出6425.99元，是2005—2017年最低点。以2009年为时间节点，玉树州消费支出分为两个阶段。第一阶段是2005—2009年，第二阶段是2010—2017年。每个阶段的消费支出逐年增加，且是上升的趋势。但是，消费支出的结构性差异反映在各个时段。第一个阶段的结构性差异，表现在 2009 年前的消费支出在小幅波动中上升；第二阶段消费支出增加幅度最大的是 2014 年的 3410 元，增加后的消费支出为 12644 元，达到了万元的消费支出金额。逐年的增加幅度奠定了这个时段的最高点，2016 年消费支出为 14150 元，这个金额是最低消费支出的 2.2 倍。2017 年，消费支出略有下降，增加幅度为 -275 元。2005—2017 年，玉树州消费支出增长率的波动大，从正值 36.93% 到负值 20.44%，其间的落差毋庸置疑（参见表 5-2，图 5-4、图 5-5、图 5-6）。

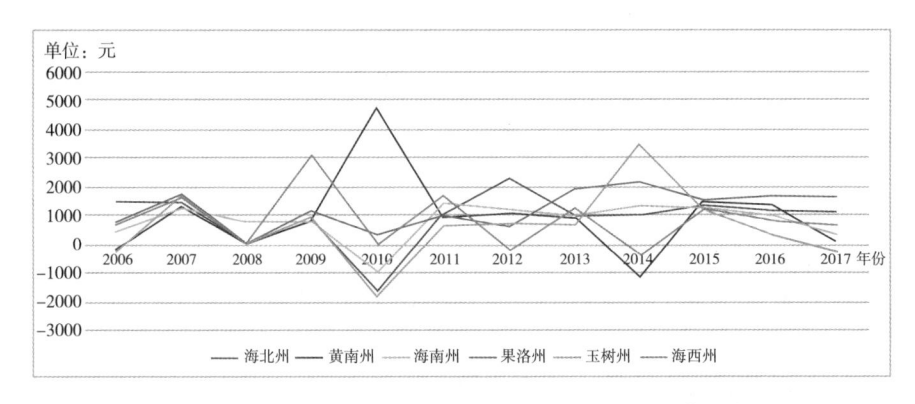

图 5-5 2006—2017 年青海涉藏地区城镇居民人均生活消费支出增加幅度

海西州城镇居民支出结构性特征。海西州 2005—2017 年城镇人均消费性支出几乎每两年上升一个平台。2005 年为 6737.78 元，2006 年上升为 7394.21 元。将每个平台视为同一个整体，2007 年和 2008 年这个平台为 8995.69 元和 8995.65 元；2009 年和 2010 年这个平台为 12070.13 元和 12060 元；2011 年和 2012 年这个平台为 13698 元和 13515 元；2015 年、2016 年和 2017 年，则不断上升到更高的平台，2017 年为 17091 元。

由图示可见，海西州不仅消费支出的趋势在不断上升，尽管每个平台之间存在不同程度的变动，但是总体的趋势是稳定上升的。2009 年和 2010 年的平台增加幅度高达 3074.48 元，也是所有平台增加幅度最大的。但，2010 年却比 2009 年略微下降了 10.13 元。其他各平台同理。自此，每一个平台的增加幅度都在一定的区间稳定波动。同时，海西州消费支出的增长率增减变动幅度较大。2009 年是 2005—2017 年增长率最大的，为 34.18%；2014 年的增长率最低，为 -2.71%。由图示可见，2005—2017 年增长率在低位波动（参见表 5-2，图

5-4、图 5-5、图 5-6）。

总之，青海涉藏地区，2017 年果洛州人均消费性支出最大。将 2017 年与 2005 年比较，城镇居民人均消费性支出的增长率排序：果洛州＞黄南州＞海南州＞海北州＞海西州＞玉树州；2017 年，城镇居民人均消费支出的增长率排序：果洛州＞海北州＞海西州＞海南州＞黄南州＞玉树州。

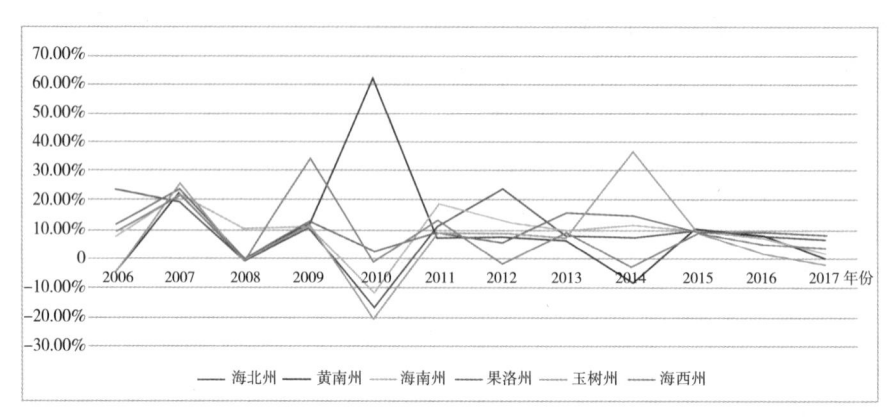

图 5-6　2006—2017 年青海涉藏地区城镇居民人均消费性支出增长率

5.1.3 城镇居民人均收支结余趋势

2005—2017 年，不同年份各州城镇居民人均收支结余存在结构性差异，趋势有别。其中，2005 年，海西州 1955.53 元的收支结余＞玉树州 1942.87 元的收支结余＞果洛州 1877.92 元的收支结余＞海北州 1754.23 元的收支结余＞黄南州 1658.65 的收支结余＞海南州 1540.79 元的收支结余；2006 年，玉树州 3352.04 元的收支结余＞黄南州 3148.69 元的收支结余＞海西州 2297.16 元的收支结余＞果洛州 2109.34 元的收支结余＞海南州 2071.14 元的收支结余＞玉树州 1942.87 元的收支结余＞海北州 1521.52 元的收支结余；2007 年，黄南州 3278.14 元的收支结余＞玉树州 2745.79 元的收支结余＞海西州 2552.62 元的收支结余＞海南州 2103.1 元的收支结余＞海北州的 1739.09 元的收支结余＞果洛州 1114.61 元的收支结余。总体而言，各州收支结余波动于 3000 元之内，存在结构性差异；2017 年，收支结余几乎是各州的最大值。玉树州 16637 元的收支结余＞海南州 13415 元的收支结余＞海西州 13142 元的收支结余＞海北州 12094 元的收支结余＞黄南州 11851 元的收支结余＞果洛州 9780 元的收支结余；其中，收支结余最大的是玉树州 2017 年的 16637 元，最小的是果洛州2007年的1114.61元，可见其差距及趋势。总体而言，收支结余起伏于20000元之内，存在结构性差异。从3000元到20000元，各州城镇居民人均收支结余的落差显示出生存空间的扩展、生存能力的提高（参见表5-3、图5-7）。

海北州城镇居民人均收支结余结构特征。海北州城镇居民人均收支结余从2005年的1754.23元增加到2017年的12094元。2007年之后，收支结余跨过2000元，直接迈上3000元的平台。2008—2010年，收支结余大幅上升，从3571.5元增加到6022元。2011—2012年，收支结余基本持平。此后，收支结余呈阶梯式上升，于2016年迈入万元大关，2017年为12094元（参见表5-3、图5-7）。

由收支结余增加幅度的趋势图示可知，收支结余增加幅度结构性差异显而易见，总体呈现上涨的趋势。2006年与2005年相比，收支结余增加幅度是该阶段呈现负向的年份。2006—2012年，收支结余增加幅度2008年的1832.41元和2010年的1831.49元是两个高点，也是2006—2017年收支结余增加幅度的高点。2013年增加幅度上升到987元，后又回落到2014年的700元，此后三年，均呈现上涨的趋势（参见图5-8）。

2005—2017年，收支结余增长率存在结构性差异。其中，增长率最大的是2008年的105.37%，最小的增长率是2006年的-13.27%。其间分为不同的起伏震荡的时段，2008—2009年，从105.37%的增长率到17.33%；2010—2012年，从43.71%到0.06%；2014—2017年，增长率从8.66%不断提高，2017年提高到12.11%（参见图5-9）。

黄南州城镇居民人均收支结余结构特征。黄南州城镇居民人均收支结余从2005年的1658.65元增加到2017年的11851元，不断攀升。2005—2017年，收支结余的特征可从2005—2009年、2010—2013年、2014—2017年三个阶段窥得一斑。2005—2009年，收支结余为阶梯式上升，从1658.65元增加到5633.89元；2010年，收支结余进入第二个爬梯上升的阶段，但，该阶段整体低于第一阶段的收支结余；2014—2017年，收支结余从7997元增加到11851元，该阶段的平台整体高于第一阶段和第二阶段，且在2017年迈入10000元大关（参见表5-3、图5-7）。

由收支结余增加幅度的趋势图示可知，收支结余增加幅度在结构性差异中，总体呈现上涨的趋势。2007—2009年，增加幅度分别为129.45元、

1658.26元和697.49元，先后大起大落；2009—2011年，增加幅度呈现"V"形特点；2013—2015年与2007—2009年表现的特征基本相似。收支结余增长率在下降中快速拉起，2006—2010年，整体下降到-66.04%，是整个阶段的最小值。之后，从2015年的9.8%到2017年的23.63%，呈现结构性向上的趋势特征（参见图5-8、图5-9）。

表5-3　2005—2017年青海涉藏地区城镇居民人均收支结余

单位：元

地区 年份	海北州	黄南州	海南州	玉树州	果洛州	海西州
2005	1754.23	1658.65	1540.79	1942.87	1877.92	1955.53
2006	1521.52	3148.69	2071.14	3352.04	2109.34	2297.16
2007	1739.09	3278.14	2103.10	2745.79	1114.61	2552.62
2008	3571.50	4936.40	2682.90	3938.64	2123.33	4526.61
2009	4190.51	5633.89	2887.13	3983.50	2142.95	3006.99
2010	6022.00	1913.00	5705.00	9143.00	4497.00	3214.00
2011	7091.00	2924.00	6516.00	9606.00	5158.00	3625.00
2012	7095.00	3891.00	7318.00	10378.00	6807.00	5854.00
2013	8082.00	4993.00	8519.00	11972.00	7269.00	6557.00
2014	8782.00	7997.00	9228.00	10754.00	7367.00	8829.00
2015	9730.00	8781.00	10197.00	11832.00	8149.00	9823.00
2016	10788.00	9586.00	11408.00	13828.00	8873.00	11288.00
2017	12094.00	11851.00	13415.00	16637.00	9780.00	13142.00

资料来源：2005—2009年数据来源于2015年青海省统计年鉴，2010—2020年数据来源于2018年青海省统计年鉴。

海南州城镇居民人均收支结余结构特征。海南州城镇居民人均收支结余从2005年的1540.79元增加到2017年的13415元，步步高升。2006年和2007年的收支结余为2071.14元和2103.1元，差距不大。2009年和2010年的收支结余为2887.13元和5705元，2016年和2017年的收支结余为11408元和13415元，这两个时间段都在加速增加。其中，2015年收支结余进入万元平台（参见表5-3、图5-7）。

收支结余增加幅度呈现上涨的趋势。2006—2009年，收支结余增加幅度基数小，最小的金额为 31.96 元，最大的金额为 579.8 元。2010 年收支结余增加幅度为 2817.87 元，呈跨越式增加。之后从 2013 年的 1201 元、2016 年的 1211 元，到 2017 年的 2007 元，趋势线不断向上。低点在结构性差异中，底部不断向上。收支结余增长率仍存在结构性差异，以 2011 年为节点，2011 年之前为第一阶段，表现为大起大落的特征；2011 年之后为第二阶段，表现较为平缓。第一阶段，收支结余增长率 2006 年为 34.42%，2010 年为 97.60%；第二阶段收支结余增长率的高点在升降中较为平缓向上，低点也在结构性差异中抬高。2014 年，收支结余增长率为 8.32%，2015 年为 10.5%，2016 年为 11.88%，2017 年为 17.59%。显然，收支结余的增长率以一定的幅度稳步提升（参见图 5-8、图 5-9）。

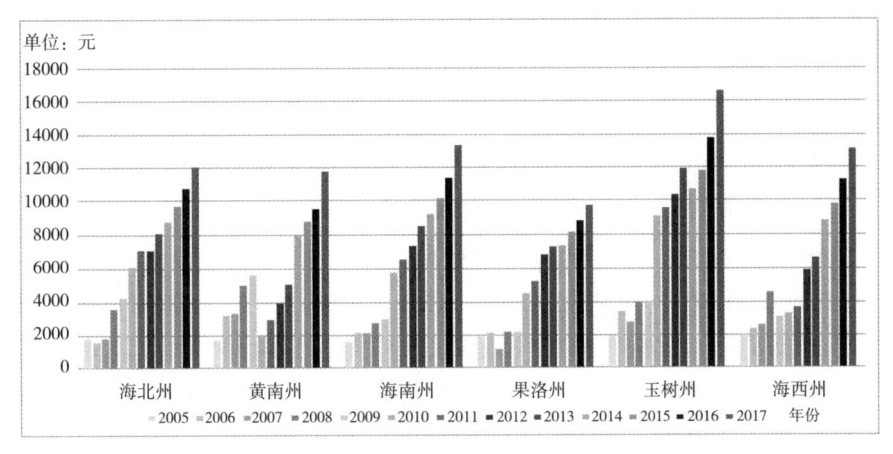

图 5-7 2005—2017 年青海涉藏地区城镇居民人均收支结余

果洛州城镇居民人均收支结余结构特征。果洛州城镇居民人均收支结余从 2005 年的 1877.92 元增加到 2017 年的 9780 元，且仍在不断增加。收支结余除 2007 年外，一直是上升的状态，且部分年份之间上升的差距较大。2005 年和 2006 年的收支结余为 1877.92 元和 2109.34 元，2008 年和 2009 年的收支结余为 2123.33 元和 2142.95 元，2013 年和 2014 年的收支结余为 7269 元和 7367 元，这三段的收支结余都表现为较为接近的特征。2005—2008 年，收支结余变化幅度平缓；2009—2010 年，收支结余上升到 4497 元，2011—2012 年，收支结余上升到 6807 元，这两个阶段上升幅度较快（参见表 5-3、图 5-7）。

果洛州的收支结余增加幅度在波动中上台阶。2006—2013 年，该阶段的特征为一年上升一年下降，轮流升降，增加幅度分别是 231.42 元、-994.73

元，1008.72元、19.62元、2354.05元、661元、1649元、462元。2014年之后，收支结余增加幅度在波动中上升。收支结余增长率在2010年前后呈现大幅震荡和小幅波动的状况，但不改上升的趋势。从2016年的8.88%到2017年的10.22%，从2007年的-47.16%收支结余增长率、2009年0.92%的收支结余增长率到2014年1.35%的收支结余增长率，底部不断抬升，但存在结构性差异（参见图5-8、图5-9）。

玉树州城镇居民人均收支结余结构特征。玉树州城镇居民人均收支结余从2005年的1942.87元增加到2017年的16637元，增速快。2005—2007年，收支结余为1942.87元、3352.04元和2745.79元，2006年的收支结余较为突出。2008年收支结余和2009年基本持平，2010年突飞猛升至9143元。2012—2017年，收支结余进入万元通道。2014年为10754元，2015—2017年的收支结余分别为11832元、13828元和16637元（参见表5-3、图5-7）。

收支结余增加幅度在曲折中上升。增加幅度最大的是2010年的5159.5元，最小的是2014年的-1218元，差距为6377.5元。2005—2015年收支结余增加幅度的特征为一增一减，但增减幅度不同。其中较为突出的是2009年-44.86元的收支结余，在2010年增至5159.5元。2014—2017年，收支结余增加幅度增速较快，级差很大，从-1218元增至2809元。玉树州收支结余增长率频繁震荡，2006—2017年收支结余增长率最小的是2007年的-18.09%，最大的是2010年的129.52%。以2010年为节点，收支结余增长率增减变动明显，2014年之后持续稳步回升（参见图5-8、图5-9）。

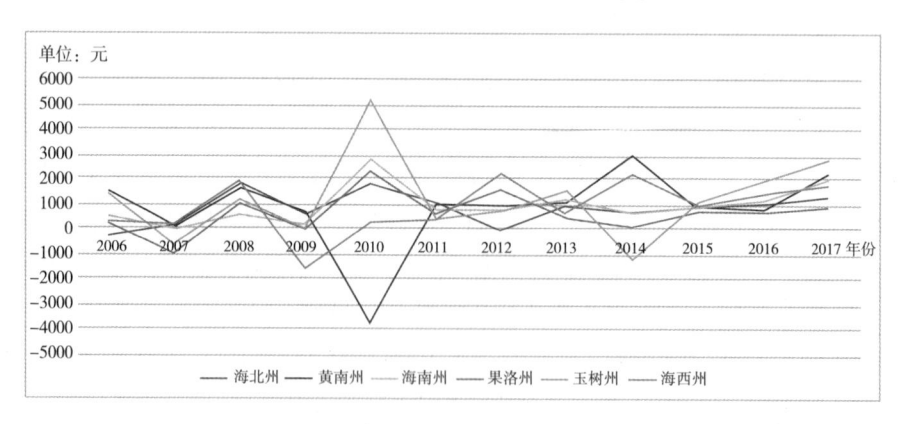

图5-8 2006—2017年青海涉藏地区城镇居民人均收入结余增加幅度

海西州城镇居民人均收支结余结构特征。海西州城镇居民人均收支结余从 2005 年的 1955.53 元增加到 2017 年的 13142 元，节节攀升。2008 年表现突出，收支结余为 4526.61 元，超越其他年份的收支结余。2005—2017 年也被 2008 年突出的金额划分为两个阶段，分别为 2005—2008 年、2009—2017 年。其中，2008 年节点前后，收支结余在平缓中不断增加；2009—2017 年为上升趋势时段，以 2012 年为节点，又被分为前后平缓小幅上涨和快速大幅度上涨的趋势。2014 年收支结余骤然上升，以前窄后宽的幅度在 2016 年迈上万元台阶（参见表 5-3、图 5-7）。

2005—2017 年，海西州城镇居民人均收支结余增加幅度为 30 度夹角的上升趋势线。2006—2008 年，增加幅度分别是 341.63 元、255.46 元和 1973.99 元。2017 年，宽幅增加类似于 2014 年。2008 年，收支结余增加幅度是 2005 的 2 倍多。2009 年下降至 -1519.62 元，之后隔年大幅增加。2012 年的增加幅度是 2229 元，2014 年的增加幅度是 2272 元，2017 年的增加幅度是 1854 元，上升趋势明显。海西州收支结余增长率表现的趋势线是一条近似小幅上行的直线，最大的增长率是 2008 年的 77.33%，最低的增长率是 2009 年的 -33.57%，增长率的差异为 110.9%；2009—2012 年，增长率开始进入快速上升的通道，增至 61.49%，与 2009 年相比，增长率上升了 95.06%。随后，收支结余增长率在波动中上升，从 2015 年 11.26% 的增长率，上升到 2017 年 16.42% 的增长率（参见图 5-8、图 5-9）。

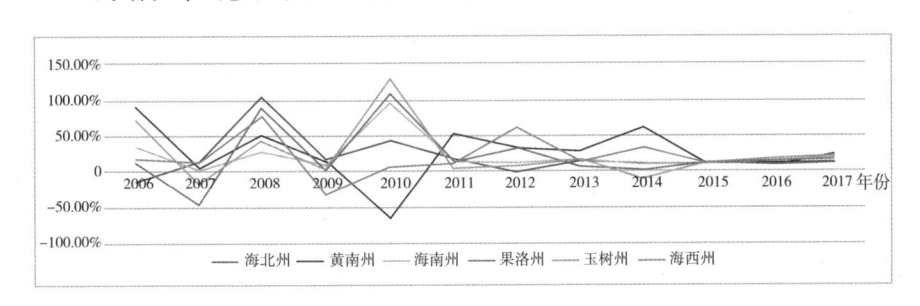

图 5-9　2006—2017 年青海涉藏地区城镇居民人均收支结余增长率

2005—2017 年，青海涉藏地区城镇居民人均收支结余表现出的结构性差异及趋势有其共性，也有其个性。第一，就收支结余、收支结余增加幅度的结构和趋势而言，皆呈现上扬的态势；第二，收支结余逐年上台阶，基数也逐年显著增大，以 2015 年为节点，2015—2017 年的收支结余明显高于 2015 年之前，差距大幅度缩小；第三，2006—2010 年，收支结余增加幅度和收支结余增长率除黄南州和海西州外，均呈现"W"形特点，2009年的海西州和2010年的黄南州与其他州反向运行；第四，增加幅度和增长率于2015年起趋于黏合，随后缓慢分离，均呈平缓上升的特点。

5.2 青海涉藏地区农村居民收支结构及趋势特征

5.2.1 农村居民人均收入结构及趋势特征

海北州农村居民人均收入的结构性特征。海北州农村居民人均可支配收入（纯收入）2000年为1357.4元，在此基础上每年都以不同程度增加，增加额在百元以上，到2004年增加额累计491.5元。随之，收入基数逐年增加，2004年为1848.9元。2005年，加大增加幅度，收入增加到2083.6元。随着增加金额的递增，尤其是2011—2014年，增加额为千元以上。2014年，收入为9049元。基数的增加为收入上万元奠定了基础，2016年，收入为10735元，2017年为11714元（参见表5-4、图5-10）。

海北州每年的收入增加幅度差距很大，最大的增加额为2011年的1244元，最小的是2002年的102.4元，落差高达1141.6元。但整体收入还是呈现上升的势头。从2000—2017年收入上升过程的图示可知，增加趋势基本为两个阶段，2005年之前为第一阶段，收入的增加保持在稳定的状态下；第二阶段为2005年之后到2017年，增加态势陡峭。2000—2017年，收入增长率最高的是2011年的27.78%，最小的增长率为2002年的6.96%（参见图5-11、图5-12）。

黄南州农村居民人均收入的结构性特征。黄南州农村居民人均可支配收入（纯收入）的趋势线，在图示中显示出非常明显的两个阶段，前一个阶段循序渐进，坡度平缓；后一个阶段以近似的线段稳步上台阶。2009年前，收入从2000年的1253.3元到2009年的2633.1元，增加幅度在300元之内。这个时段最小的增幅为86.3元，最大的增幅为263.8元。而2009年后，每一年收入的增加幅度都在500元之上，最大的增加幅度为858元，最小的增加幅度为531元，每一年都以较大的幅度增加，到2017年收入为8164元。收入增长率随着增减及其增加幅度的变动而变动，增长率最大的是2011年的26.81%，最小的增长率为2002年的6.4%。无论是收入，还是增加幅度，都以结构性差异为特征上下波动，并以平稳的特征上升（参见表5-4，图5-10、

图 5-11、图 5-12)。

表 5-4 2000—2017 年青海涉藏地区农村居民人均可支配收入

单位:元

地区 年份	海北州	黄南州	海南州	果洛州	玉树州	海西州
2000	1357.40	1253.30	1577.70	1387.30	1203.70	1924.80
2001	1477.80	1347.80	1748.60	1491.20	1335.80	2050.90
2002	1580.70	1434.10	1915.90	1591.70	1398.80	2189.90
2003	1705.10	1537.90	2083.90	1697.00	1495.90	1972.00
2004	1848.90	1659.40	2258.30	1807.90	1662.40	2120.30
2005	2083.60	1806.50	2442.10	1916.90	1793.90	2302.70
2006	2269.00	2002.90	2640.10	2038.90	1922.80	2586.90
2007	2697.90	2187.90	2904.40	2161.50	2047.60	3058.60
2008	3386.20	2369.30	3216.30	2291.20	2176.60	3724.80
2009	4023.10	2633.10	3822.20	2429.50	2335.30	4544.40
2010	4478.00	3200.00	4476.00	2750.00	4058.00	5215.00
2011	5722.00	4058.00	5222.00	3101.00	2943.00	6309.00
2012	6919.00	4781.00	6109.00	3876.00	3870.00	7597.00
2013	8048.00	5550.00	7098.00	4457.00	4531.00	8813.00
2014	9049.00	6288.00	8026.00	5050.00	5138.00	9880.00
2015	9836.00	6819.00	8737.00	5465.00	5565.00	10582.00
2016	10735.00	7455.00	9550.00	6020.00	6177.00	11539.00
2017	11714.00	8164.00	10426.00	6625.00	6839.00	12607.00

资料来源:2000—2009 年数据来源于 2015 年青海省统计年鉴,2010—2017 年数据源于 2018 年青海省统计年鉴。

海南州农村居民人均收入的结构性特征。海南州农村居民人均可支配收入(纯收入)2000—2002 年在 1000 元和 2000 元之间波动,从 1577.7 元、1748.6 元增加到 1915.9 元。2003—2007 年收入波动在 2000 元到 3000 元的平台上,从 2083.9 元,跨越式增加到 2904.4 元。2008 年到 2017 年,收入几乎是每年上一个台阶,直至从 3000 元增加到万元之上。2008 年为 3216.3 元,2010 年增加到 4476 元,2011 年增加到 5222 元,2012 年增加到 6109

元，2013年增加到7098元，2014年增加到8026元，2016年增加到9550元，2017年增加到了10426元。由此可知，2000年到2017年，海南州农村居民人均收入展示出大幅度快速增加的特征（参见表5-4、图5-10）。

由2000—2017年农村居民人均收入的图示可见，海南州收入上升趋势分为平缓和急速上涨两个阶段。第一阶段是2000—2008年，每一年收入增加的幅度相对较小，这个阶段最大的增加幅度为2008年的311.9元；而第二个阶段是2009—2017年，其收入最大的增加幅度为989元，最小的增加幅度为605.9元。第二阶段最小的增加幅度是第一阶段最大的增加幅度的3.6倍以上，可见前后两个阶段的纯收入增加的缓急程度。同时，收入的增长率随之变动。其中，最大的增长率为18.84%，最小的增长率为8.11%。收入增长率分阶段起伏震荡，总的趋势在趋缓中稳步运行（参见图5-11、图5-12）。

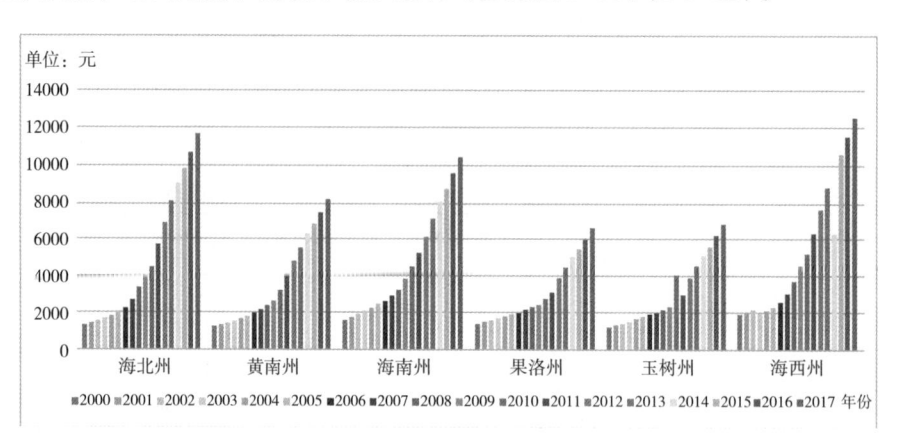

图5-10 2000—2017年青海涉藏地区农村居民人均可支配收入（纯收入）

果洛州农村居民人均收入的结构性特征。果洛州2000—2017年农村居民人均可支配收入（纯收入）最低金额为1387.3元，最高金额为6625元。收入增加基本有三个阶段的特征，第一阶段为2000—2005年，第二阶段为2006—2010年，第三阶段为2011—2017年。其中，第一阶段的收入从1387.3元一路增加到1916.9元，这个阶段每一年都上升到一个新的台阶；第二阶段从2038.9元增加到2750元，这个阶段收入的增加幅度是前一个阶段最大增加幅度的2.3倍，基数逐年加大；第三阶段，则以775元的增加幅度将收入推上了一个加速上升的阶段。2011年收入为3101元，2013年为4457元，2014年和2015年分别为5050元和5465元，2016年和2017年则增加到了6020元和

6625元。快速大幅增加的态势，一目了然。2000—2017年，收入增长率以结构性差异平稳运行，底部不断提高，以弧形通道起伏运行（参见表5-4，图5-10、图5-11、图5-12）。

玉树州农村居民人均可支配收入的结构性特征。玉树州2000—2017年农村居民人均可支配收入在上升通道中。尤其在2010年抗震救灾的背景下，以2010年为一个节点，收入被分割为前后两个阶段。第一个阶段收入逐年上升，2000年为1203.7元。此后几乎每年上一个台阶，2009年为2335.3元。2010年，收入增至4058元，是2009年收入的1.7倍。2010年，收入增加幅度高达1722.7元，是之前最高增幅166元的10.35倍。第二个阶段，从2011年到2017年，收入增加到6839元，成为整个阶段的最高点。2000—2017年，收入增长率在大幅震荡中，趋于平稳。其中，收入增长率最高为2010年的73.77%，落差大；底部不断提高，2002年为4.72%，2011年为-27.48%，2015年为8.31%（参见表5-4，图5-10、图5-11、图5-12）。

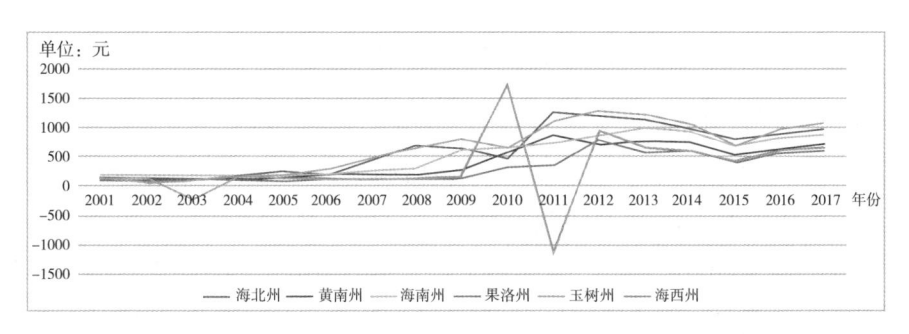

图5-11 2001—2017年青海涉藏地区农村居民人均可支配收入增加幅度结构

海西州农村居民人均收入的结构性特征。海西州农村居民人均可支配收入（纯收入）自2000年的1924.8元增加至2002年的2189.9元，又从2003年的1972元，增加到2017年的12607元。2005年前收入在起伏中稳定增加，2005年后节节攀升。2015年收入增加为10582元，2017年增加为12607元。2017年的收入金额是2000—2017年时段的最高点（参见表5-4、图5-10）。

在收入上涨的过程中，各年增加的幅度不同。最低的增加幅度在曲线上为最低点，为2003年的-217.9元；最高的增加幅度为2012年的金额，以弧形表现出最高点为1288元。其间，收入的增长率高低各不同。收入增长率最高点为2009年的22%，最低点为2003年的-9.95%。在2003年的最低点之后，收入增长率一路稳定上升。2015年收入增长率为7.11%，2016年收入增长率为9.04%，2017年收入增长率为9.26%（参见图5-11、图5-12）。

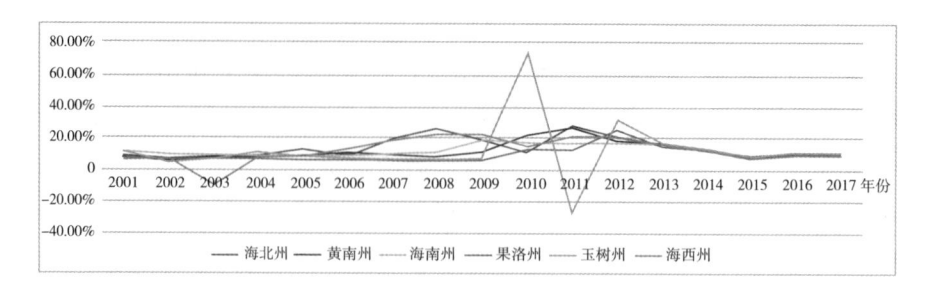

图5-12　2001—2017年青海涉藏地区农村居民人均可支配收入增长率结构

总之，2000—2017年青海涉藏地区农村居民人均可支配收入（纯收入）变动趋势特征，从趋势图可知，虽然存在结构性差异，但呈增长的趋势（参见表5-4，图5-10、图5-11、图5-12）。

5.2.2 农村居民支出结构及趋势特征

海北州农村居民支出结构性特征。海北州农村居民人均消费性支出基本每两年为一个台阶，每一个台阶跨越幅度不断加大。2010年消费支出为3806元，2011年消费支出为4540元。2012年和2013年，消费支出的金额快速增加到6031元和6755元，2012年和2013年的消费支出差距大；2014年和2015年，消费支出分别增加到7605元和7938元；2016年和2017年，消费支出分别为8448元和8934元。消费支出不断以跳跃式增加，说明消费水平和消费品质得到了大幅度的提高（参见表5-5、图5-13）。

海北州消费性支出的增加金额在消费支出基数扩大的情况下，以结构性差异反映运行的特征。消费支出最小的增加幅度为2015年的333元，最大的增加幅度为2012年的1491元。2013年到2014年，消费支出的增加幅度从724元增加到850元；2015年到2016年，增加幅度从333元增加到510元。随着基数和增加幅度的变动，消费支出的增长率也在不断演变。2011年到2012年，消费支出增长率从19.29%提高到了整个阶段的最高点32.84%；2013年到2014年，消费支出的增长率从12%提高到了12.58%。相比2010年到2014年、2015年到2017年的消费支出增长率在个位数间稳定起伏（参见图5-14、图5-15）。

黄南州农村居民支出结构性特征。2010—2017年，黄南州农村居民人均消费支出是不断上升的趋势线。从2010年到2012年、2013到2015年和2016年、2017年，不断增加至更高的平台。2010年消费性支出为2975元，到2017年增加到了7192元。其中，消费性支出从2010年增加至2011年的3620元，2012年的4863元；从2013年消费支出5319元，2014年至2015年增加至5355元和5694元；随后，增加至6393元和7192元（参见表5-5、图5-13）。

从消费支出增加幅度的图示可见，除了2012年增加幅度快速增加为1243元和2014年快速降至36元外，其他各年消费性支出都在一定的区间稳定增加。如，2015年到2017年，增加幅度逐渐增加，从339元增加至699元和799元。消费支出增加额的趋势线，是以最低点为支撑的上升通道。同时，消费支出增长率为起伏的中上升的曲线。消费支出增长率从2011年的21.68%，提高到2012年的34.34%。该阶段的消费支出增长率，为2010—2017年阶段的最高点。之后增长率降至2014年的0.68%，这也成为2010—2017年消费支出增长率的最低点。此后，逐年提高，2017年达到12.5%。海南州消费支出增长率表现为"V"形结构图（参见图5-14、图5-15）。

表5-5 2010—2017年青海涉藏地区农村居民人均消费性支出

单位：元

年份\地区	海北州	黄南州	海南州	果洛州	玉树州	海西州
2010	3806	2975	3906	2034	1731	4324
2011	4540	3620	5487	2254	2679	5826
2012	6031	4863	6389	2531	3381	7102
2013	6755	5319	7183	2848	3926	8043
2014	7605	5355	8001	3146	4218	8657
2015	7938	5694	8261	3263	4367	9000
2016	8448	6393	8821	3785	5240	9696
2017	8934	7192	9274	4219	4943	10253

资料来源：2018年青海省统计年鉴。

海南州农村居民支出结构性特征。图示中可见海南州消费支出以较大的金额行进在上升趋势中，2010年消费支出为3906元，在此基础上2011年的消费支出增加为5487元，上涨的幅度较大，以最大的增加幅度1581元助力消费支出；2012年，消费支出比2011年增加902元，增加到6389元；2013年，增加幅度为794元，消费性支出增加为7183元；2014年的增加幅度为818元，消费性支出达到8001元。虽然增加幅度没有前期大，但是，累加后的消费支出在2017年达到了9274元（参见表5-5，图5-13、图5-14）。

在消费支出逐年增加的基础上，基数及增加幅度的变动决定了消费支出增长率的高低及其趋势。消费支出增长率最高的是2011年的40.48%，最低为2015年的3.25%。之后，消费支出增长率在低位稳定起伏（参见图5-15）。

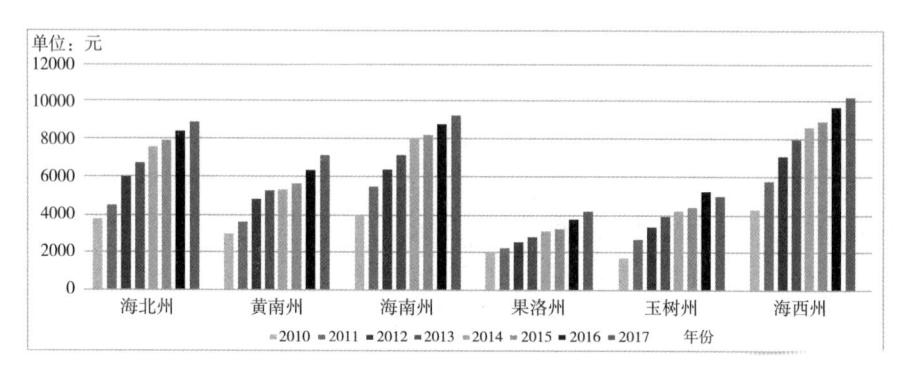

图5-13 2010—2017青海涉藏地区农村居民人均消费性支出

果洛州农村居民支出结构性特征。2010—2017年，果洛州人均消费支出经历了三个阶段，一路从2034元增加到4219元。由图示可见，其趋势平缓上行，每一层级都以加速度的状态增加。其中，2010—2013年的消费支出在2000元的平台从2034元增加到了2848元；2014—2016年的消费支出在3000元的平台从3146元增加到3785元（参见表5-5、图5-13）。同时，消费支出的增加幅度随着每一年的消费支出金额的不断变动而增减。2016年消费增加金额为522元，2017年消费增加金额为434元。消费支出增加金额最少的为2015年的117元，增加金额最大的为2016年的522元（参见图5-14）。同时，根据果洛州消费支出金额的上升趋势及增加幅度的结构性差异特征，可看到消费支出的增长率从2011年的10.82%，平稳前行提高至2013年的12.52%。2015年，消费增长率为3.72%，这是2010—2017年消费支出增长率的最低点，2016年上升到16%，为该时段的最高点。2017年的消费支出增长率在其间运行（参见图5-15）。

玉树州农村居民支出结构性特征。玉树州消费性支出趋势线在结构性差异中为上升的趋势。从 2010 年消费支出的 1731 元，上升到 2016 年的 5240 元。其中，2010—2011 年消费支出上升幅度从 1731 元到 2679 元，基数小，上升快，甚至大于 2015—2016 年消费支出的上升金额（参见表 5-5、图 5-13）。同时，消费增加幅度从 2010—2017 年，起伏中上行，且高低落差大。2017 年的消费增加金额为 -297 元，是最小的增加幅度；2011 年的消费支出增加幅度为 948 元，是最大的增加幅度，随后的增加幅度不断增减（参见图 5-14）。相应的消费支出增长率的最高值和最小值的差距很大，最高的增长率为 2011 年的 54.77%，最低的增长率为 2017 年的 -5.67%。2016 年，消费支出增长率拉升到 19.99%。总体而言，消费支出增长率在其间震荡（参见图 5-15）。

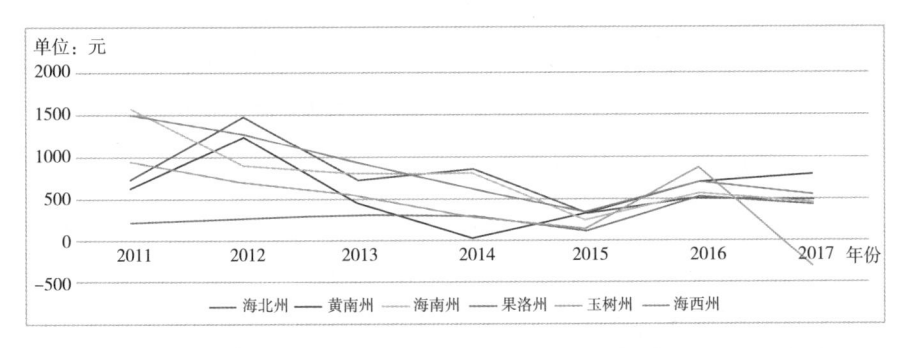

图 5-14　2011—2017 年青海涉藏地区农村居民人均消费性支出增加幅度

海西州农村居民支出结构性特征。海西州消费支出不断递增，由 2010 年的 4324 元，大幅增加到 2017 年的 10253 元。2010 年，海西州的消费支出＞海南州的消费支出＞海北州的消费支出＞黄南州的消费支出＞果洛州的消费支出＞玉树州的消费支出；2012—2017 年，各州消费支出的排列顺序为海西州的消费支出＞海南州的消费支出＞海北州的消费支出＞黄南州的消费支出＞玉树州的消费支出＞果洛州的消费支出。相对而言，果洛州的消费支出基本上比较小（参见表 5-5、图 5-13）。

每一年消费支出的增加幅度高低不同。2010 年和 2011 年，增加幅度超过 1000 元，分别为 1502 元和 1276 元。2013 年到 2017 年，消费支出的增加幅度从 941 元到 557 元，在 1000 元之下变动。由图示可知，消费支出在最高点和最低点之间运行（参见图 5-14）。海西州消费支出增长率有高位运行和低位运行两种情况，2010—2013 年，消费支出增长率在 34.79% 和 13.25% 之间震荡，高低落差为21.54%；2014—2017年，消费支出增长率在3.96%和7.73%之间反复，高低落差为3.77%。其中，2010年，消费支出的增长率为34.74%，是2010—2017年时段的最高点；2015年，消费支出的增长率，是整个时段的最低点（参见图5-15）。

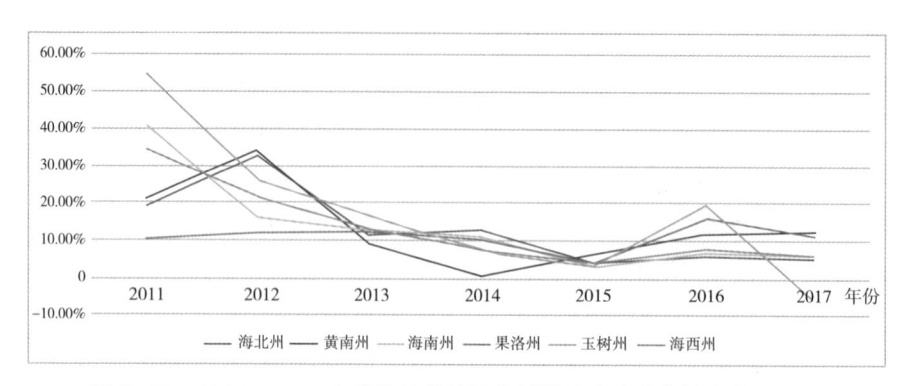

图5-15　2011—2017年青海涉藏地区农村居民人均消费性支出增长率

总之，获取人均可支配收入的目的是弥补消费性支出的需要。而消费支出可以分为不同的层次，根据马斯洛五层次需求理论，基本消费支出的目的是维持生存。满足基本消费支出而获得的收入来源，则是为了满足第一层次消费支出弥补的需要，也就是生存成本的补偿需要。假设其他条件一定，根据木桶理论，2010—2017年青海涉藏地区农村居民人均消费性支出是一个闭环，将其置于青海省农村居民支出结构及趋势和青海涉藏地区城镇居民人均消费支出结构及趋势下分析，可以得出最低的消费支出的州或年份满足第一层次的基本消费需求的支出为生存成本的支出。不同的消费支出水平意味着不同层次的生存层次。由图表可知在收支不断增加的趋势中，青海涉藏地区农村居民的生存层次存在结构性差异，而且各自在每一年的变动中不断提升生存的需求层次，优化生存成本项目支出。

5.2.3 农村居民人均收支结余趋势

2010—2017年统计数据及图所示，不同年份各州农村居民人均收支结余存在结构性差异，趋势有别。2010年，收支结余最多的是玉树州，按结余多寡顺序排列，玉树州结余2327元＞海西州结余891元＞海北州结余672元＞果洛州结余716元＞海南州结余570元＞黄南州结余225元；2017年，海北州结余 2780 元＞果洛州结余 2406 元＞海西州结余 2354 元＞玉树州结余 1896 元＞海南州结余 1152 元＞黄南州结余 972 元。各州高低各异，结构性差异突出。但是，整体的农村居民人均收支结余是向上的趋势线（见表 5-6）。

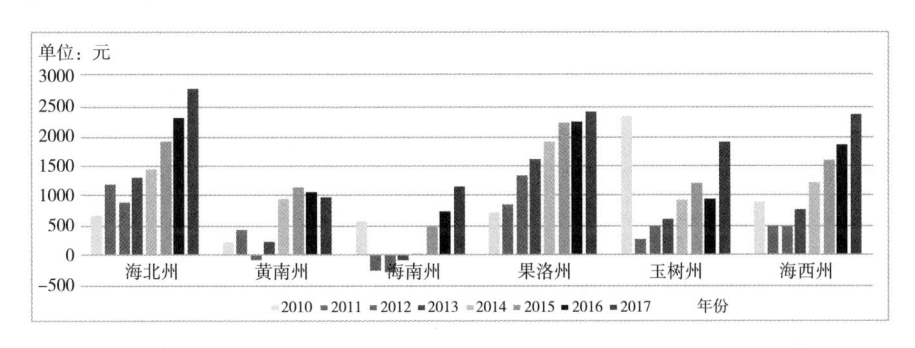

表 5-6　2010—2017 年青海涉藏地区农村居民人均收支结余

单位：元

年份\地区	海北州	黄南州	海南州	果洛州	玉树州	海西州
2010	672	225	570	716	2327	891
2011	1182	438	−265	847	264	483
2012	888	−82	−280	1345	489	495
2013	1293	231	−85	1609	605	770
2014	1444	933	25	1904	920	1223
2015	1898	1125	476	2202	1198	1582
2016	2287	1062	729	2235	937	1843
2017	2780	972	1152	2406	1896	2354

资料来源：2018 年青海省统计年鉴。

海北州农村居民人均收支结余结构特征。海北州农村居民人均收支结余从 2010 年的 672 元增加到 2017 年的 2780 元，收支结余除 2012 年是下降外，其余年份均呈现上涨趋势。2011 年、2013 年、2014 年，收支结余稳步增加；2014—2017 年，收支结余加速增加（参见图 5-16）。结构性差异决定了增加幅度和增长率。

图 5-16　2010—2017 年青海涉藏地区农村居民人均收支结余

农村居民人均收支结余增加幅度整体呈上升的趋势。2013 年、2015 年和 2017 年，收支结余增加幅度分别为 405 元、454 元和 493 元，不断增加。2010—2017 年，农村居民人均收支结余增加幅度以"V"形特征平稳增加。其中，2011 年的收支结余增加幅度 510 元和 2013 年的 405 元是"V"形的两个顶点，2012 年的 -294 元增加幅度是"V"形的低点，也是整个阶段的最低点，高低点落差为 804 元；2014 年后，收支结余增加幅度以"V"字形的起伏特点波动上升（参见图 5-17）。

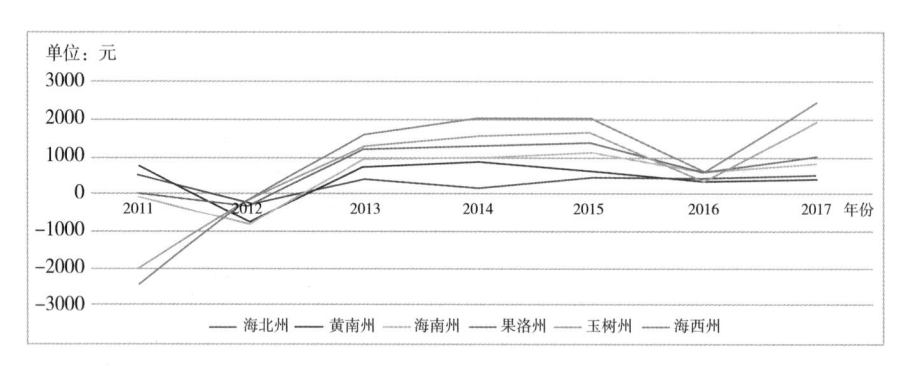

图 5-17　2011—2017 年青海涉藏地区农村居民人均收支结余增加幅度

农村居民人均收支结余增长率表现为在稳定运行中上扬的趋势特征。2010—2017 年时段中，2011 年收支结余增长率为 75.89%，是该阶段的最大值；2012 年收支结余增长率为 -24.87%，是该时段的最小值，高低差距为 100.76%。2013 年，进入快速上升的通道，增长率为 45.61%。整个时段，最低点不断提高。2012 年和 2014 年的 11.68% 是收支结余增长率的低点，到了 2016 年收支结余增长率在稳中提升（参见图 5-18）。

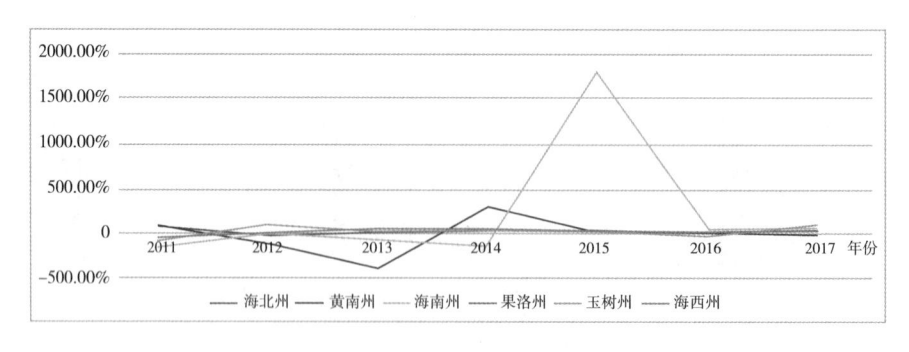

图 5-18　2011—2017 年青海涉藏地区农村居民人均收支结余增长率

黄南州农村居民人均收支结余结构特征。2010—2017 年，黄南州农村居民人均收支结余在震荡中趋于稳定。将 2017 年和 2010 年进行比较，2010 年的收支结余为 225 元，2017 年为 972 元，增加了 747 元。2015 年前，震荡幅度较大。2010—2015 年，收支结余最大的是 2015 年的 1125 元，最小的是 2012 年的 -82 元。如果以 2012 年为节点，则前后落差大。2012 年，收支结余为 -82 元，从数据看收不抵支。但随后跨越到 2013 年的 231 元，2014 年的 933 元，2015 年的 1125 元。2015 年之后起伏于千元上下，稳定波动（参见图 5-16）。收支结余基数，奠定了增加幅度和增长率的走势。

震荡和波动决定了增加幅度的高低。2012 年前后，收支结余增加幅度为 "V" 形。2011—2012 年，增加幅度由 213 元降到 -520 元；2012—2013 年，增加幅度分别是 -520 元和 313 元。2012 年收支结余增加幅度是 2010—2017 年时段的最低额，2014 年 702 元的收支结余增加幅度是最高金额。2014—2017 年，收支结余增加幅度出现下降的趋势（参见图 5-17）。收支结余增长率震荡大，2011—2014 年，增长率分别是 94.67%、-118.7%、-381.71% 和 303.9%。2013 年的收支结余增长率也是该时段增长率最低的点；2014 年增长率呈现与上一阶段相反的大幅上升的趋势，为 303.90%，也是整个阶段增长率最高的点，最低点的增长率与最高点的增长率的差异为 685.61%（参见图 5-18）。

海南州农村居民人均收支结余结构特征。2010—2017 年，海南州收支结余表现为逐年增加，但以 2013 年为时间节点，呈现前低后高的趋势特征。2010—2014 年，震荡幅度很大，表现为 "V" 形走势。2010 年，收支结余为 570 元，收入大于支出。2011—2013 年，收支结余分别为 -265 元、-280 元和 -85 元，支大于收。2014—2017 年，收大于支为正，逐年跨越式走高。2014 年，收入略高于支出 25 元。2017 年，收支结余为 1152 元（参见图 5-16）。

收支结余增加幅度在 2011 年和 2012 年分别为 -835 元和 -15 元，2012 年之后收支结余增加幅度表现出有规律的增减特征。2015 年的 451 元是整个阶段增加幅度最大的，2011 年的 -835 元是整个阶段增加幅度最小的，最低点和最高点的增加幅度相差 1286 元（参见图 5-17）。收支结余增长率则表现为上升的趋势线。2011—2014 年，增长率分别是 -146.49%、5.66%、-69.64% 和 -129.41%，呈平稳下降。而 2014—2016 年，表现出倒 "V" 形特征。2010—2017 年，收支结余增长率的差距最大（参见图 5-18）。

果洛州农村居民人均收支结余结构特征。与其他各州相比，果洛州收支结余稳步攀升，从 2010 年收支结余 716 元，攀升到 2017 年的 2406 元。以 2012 年为节点，收支结余在千元之上并稳步上升；2015 年，收支结余在 2000 元以上稳步上升（参见图 5-16）。收支结余增加幅度因收支结余的差距不同而不同，上升太快，增加幅度则大，上升太慢，增加幅度则小。由图示可见，2011 年收支结余增加幅度为 131 元。2012 年的收支结余快速增加，增加幅度上升为 498 元，这也是 2010—2017 年最大的增幅。2013—2015 年，收支结余增加幅度从 264 元上升到 298 元，但增加幅度非常小（参见图 5-17）。收支结余增长率在此状况下，不断调整。以 2013 年为节点，其前后的收支结余增长率表现为快速上升和快速下降的趋势。2011—2013 年，收支结余增长率分别是 18.30%、58.80% 和 19.63%；2014—2016 年，收支结余增长率从 18.33% 上升到 1.5%。2017 年，收支结余增长率回升为 7.65%（参见图 5-18）。

玉树州农村居民人均收支结余结构特征。2010 年农村居民人均收支结余 2327 元是 2010—2017 年的最大金额，这与当时的抗震救灾有直接关系。2011 年收支结余为 264 元，是最小值。2012—2017 年，收支结余不断高升。2011 年收支结余增加幅度为 -2063 元，是 2011—2017 年增加幅度最低的一年；2012—2015 年，收支结余增加幅度在这个时段加速提升；2015—2017 年，增加幅度呈"V"形增加。2015 年收支结余为 1198 元，2016 年为 937 元，2017 年回升至 1896 元，这是该阶段增加幅度最大的金额。农村居民人均收支结余增长率震荡提高。2011 年收支结余增长率为 -88.65%，2012 年收支结余增长率为 85.23%，2016 年收支结余增长率为 -21.79%，2017 年收支结余增长率则为 102.35%（参见表 5-6，图 5-16、图 5-17、图 5-18）。

海西州农村居民人均收支结余结构特征。2010—2017 年，农村居民人均收支结余不断趋高。2010 年收支结余为 891 元，2017 年收支结余则为 2354 元。2011 年和 2012 年收支结余分别为 483 元和 495 元，略有上升。2014 年为一个时间节点，前后期间收支结余有结构性差异。2014 年收支结余为 1223 元，2017 年则为 2354 元，后者比前者上升更快。

农村居民人均收支结余增加幅度波动大。2010—2014 年前后，收支结余增加幅度快速上升。同样以 2014 年为节点，2010—2014 年，增加幅度从 -408 元递增至 453 元。2015—2017 年，收支结余增加幅度从 359 元递增至 511 元。相应的，2010—2014 年，收支增长率也在结构性差异中变动。2011 年，收支

结余增长率为 –45.79%；2014 年，收支结余增长率为 58.83%。2015—2017 年，收支结余不断波动（参见图 5-18）。

总之，2010—2017 年，青海涉藏地区农村居民人均收支结余表现出的结构性差异及趋势有其共性，也有其个性。第一，就收支结余来看，整体趋势呈现上扬的态势；第二，收支结余增加幅度震荡中上升；第三，收支结余增长率，除黄南州和海南州外，其余各州基本稳定运行。同时，农村居民人均收支结余与城镇居民人均收支结余，既有相似的特征也有特征差异。青海涉藏地区城镇居民人均收支结余的增加幅度，均表现为上升的趋势，收支结余增长率的趋势在结构性差异中运行；农村居民人均收支结余增加幅度、增长率，与城镇所表现出来的特征结构性差异显著。

5.3 青海城镇居民人均收支框架下涉藏地区的结构特征

5.3.1 青海城镇居民收入框架下涉藏地区的结构特征

置于青海城镇居民 1984—2017 年人均可支配收入框架，青海涉藏地区 2005—2017 年的收入差异特征从具体的收支数据反映出来。相对而言，海北州 2005 年收入为 7798.37 元，基数小，比青海省的收入 8057.85 元低 259.48 元。2006—2017 年，海北州收入高于青海省的收入，海北州的收入对内含其收入的青海城镇居民收入的贡献显而易见。黄南州城镇居民人均可支配收入在 2005—2007 年、2014—2017 年时段，皆低于青海省的收入。2008—2013 年，黄南州收入高于青海省。除了 2013 年，海南州城镇居民可支配收入在 2005—2017 年比青海省的低；果洛州城镇居民收入在 2007—2009 年高于青海省的收入，其余年份都低于青海省。玉树州和海西州的收入，皆高于青海省的。其中，玉树州的收入，高于青海省的最大金额是 2017 年的 1343 元；海西州的收入高于青海省收入的最大金额，为 2009 年的 2385.62 元、2017 年的 1509 元（参见表 4-1、表 5-1）。

5.3.2 青海城镇居民消费性支出框架下涉藏地区的结构特征

比较而言，青海涉藏地区城镇居民人均消费支出在青海城镇居民人均消费性支出框架下，2005—2017 年各自具有特点。横向看 2005 年，消费支出由多到少依次为：海西州＞玉树州＞果洛州＞海北州＞黄南州＞海南州。其中，海南州、黄南州和海北州分别比青海省的消费支出低936.5元、520.91元和201.12元。而海西州、玉树州、果洛州分别比青海省的消费支出高出492.52元、448.87元、225.1元；2006年，玉树州的消费支出＜青海的消费支出104.11元，海北州的消费支出＞青海的消费支出964.58元。此外，黄南州、海南州都比青海消费支出低。2010年，海北州、海南州、玉树州消费支出低于青海的消费支出；2014—2017年，青海的消费支出＞各州的消费支出。其中，存在结构差异。2010年，海北州、玉树州的消费支出都要低于青海省。2005—2017年，海南州消费支出小于青海省的。

在青海省城镇居民人均消费支出步步增加的大背景下，各州也在年年提升。不同的是，有的年份青海省消费支出提升的幅度大于各州的消费支出，有的年份则相反，各州的消费支出提升幅度大于青海省，且各州消费支出与青海省的相似，各年份呈上升趋势。消费支出的层级结构差异，从另一个侧面反映出生存水平的结构性差异（参见表4-2、表5-2）。

5.3.3 青海城镇居民人均收支结余框架下涉藏地区的结构特征

随着青海城镇居民人均收支结余从2005—2017年的1812.59元上升到7695.9元，海北州收支结余从1754.23元增加到12094元。其中，海北州收支结余2008—2017年比全省的高。黄南州收支结余相比而言，2006—2009年、2014—2017年都以负数出现，比全省收支结余高，不仅高出幅度可观，且上升的趋势不断增加，从678.44元上升到4155.1元；海南州与全省的城镇居民人均收支结余比较，则出现两个极端的特征。2010—2017年，显示出比全省的收支结余高的程度和趋势特征；除了2006—2009年，其他各年份果洛州城镇居民人均收支结余是高于全省的；玉树州除了2007年，其余各年份收支结余均高于全省，尤其是2010年之后，各年份收支结余远远高出全省。2017年，收支结余高出8941元；除了2006—2007年、2009—2011年，海西州城镇居民人均收支结余高于全省，且收支结余比全省提高的幅度逐年增加，2017年增加了5446.1元（参见表4-3、表5-3）。

总之，青海城镇居民人均收支结余框架下青海六州地区在2005—2017年呈现出自身的结构及趋势特征，也呈现出内部的结构性差异和趋势差异特征。青海涉藏地区自2014年起每年的收支结余无一例外地高于全省。数据展示了各州收支增减的过程,展示了积累的过程,也展示了收入对生存成本弥补能力增强的过程,对生存驾驭能力增强的过程。这是城镇化、精准扶贫过程中,国家资源投入的结果。国家力量托起了该地区城乡收支结余远超全省的积累基础,支撑起了这个地区日新月异的发展过程。

5.4 青海农牧区居民人均收支框架下涉藏地区结构特征

5.4.1 青海农村居民人均收入框架下青海涉藏地区的结构特征

2000—2017年,在青海农村居民人均收入结构性差异框架下,青海涉藏地区农牧民收入对国家高度依赖的差异特征一览无余。将六州地区与全省农村收入比较,从高到低可排列为海西州、海北州、海南州、黄南州、玉树州和果洛州。其中,海西州农牧居民收入在2000年比全省平均值高了434.31元,2017年比全省平均值高了3144.7元;海北州农牧区居民收入在2000年比全省低了133.09元;海南州农牧居民收入在2000年比全省高了87.21元,2017年比全省高出963.7元,到了2005年,比全省低了67.86元。此外,海北州农牧居民收入高于全省的金额,最高的增加幅度为2017年的2251.7元;黄南州农牧居民收入在2000年低了237.19元,2017年低了1298.3元;玉树州农村居民人均收入在2000年低了286.79元,2017年低了2623.3元;果洛州农村居民人均收入在2000年低了103.19元,2017年低了2837.3元。2000—2017年,青海各州农牧居民收入结构性差异显而易见(参见表4-4、表5-4)。

5.4.2 青海农村居民支出框架下涉藏地区的结构特征

置于青海农村居民人均消费支出的结构及趋势背景下,2010—2017年海西州农村居民人均消费性支出高于青海这个大系统的消费支出金额。海南州和海北州的消费支出从金额来看,分为两个部分。2010—2013年,海南州消费支出从131.5元到1122.8元,超出了青海省的人均消费支出。而2014—2017年,消费支出小于青海省的人均消费支出。海北州的消费支出,同样分为前高后低两个部分。2010—2013年,海北州的人均消费支出从31.5元到694.8元,高于青海省的消费支出。2014—2017年,海北州人均消费性支出低于青海省的消费支出。两州的消费支出虽然具有相同的阶段性特点，但消费支出超出大系统的金额高低不同，呈现结构性差异。而海西州的消费支出每一年都超过大系统的金额，也大于海南州和海北州的消费支出。2010—2017年，果洛州、玉树州和黄南州的消费支出比青海省的消费支出低。相对而言，果洛州比青海省的消费支出低，从1740.5元到5683.7元，金额高低不同。玉树州的消费支出金额，从2010年的2043.5元到2017年的4959.7元都低于青海省。黄南州消费支出从2012年的最低金额475.91元到2015年的2872.5元，小于大系统的消费支出，高低不等（参见表4-5、表5-5）。

显然，在青海省消费支出逐年上升的趋势中，各州也紧随其后出现逐年增加的态势。而且，各州的消费支出与青海省的消费支出有着加速增加的特征，同样存在结构性差异的特征。但是，在青海省消费支出大系统内各州自有系统，各有趋势。与大系统比较，消费支出高低不同，幅度大小不等，结构性差异一目了然。

5.4.3 青海农村居民人均收支结余框架下涉藏地区的结构特征

假设各州所获农村居民人均收入在满足了生存达到贫困标准需求的基础上，或者满足了生存的基本消费支出成本，达到了区域性平均水平的需求，特别是所获收入源于自力更生的结果，则收支结余越多，说明积累能力越强，可预见的发展空间越大；同样，各州在满足了生存成本项目结构演变的需求的前提下，收支结余远超本省结余，则发展的前景是可预期的，否则不仅影响生存成本的弥补程度，也影响生存质量的期望目标的实现，甚至影响当地的发展程度。

2010—2013年，青海省收支结余是正值。在收大于支和支大于收的背景下，将各州与青海省的收支结余相比，结余的高低程度在全省的结余轴线上所呈现的波段各不相同。海北州、果洛州、玉树州和海西州的收支结余在2010—2017年都是正值。与青海省相比，这几个州的收支结余高于青海省的收支结余。而将黄南州、海南州与青海省相比，收支结余存在结构性差异。除了2012年黄南州的收支结余低于青海省的收支结余，其他年份收支结余均大于青海省。海南州的收支结余除了2011—2013年，都超出全省的收支结余。相对于全省的收支结余能力，各州结余能力的结构性差异显而易见（参见表4-6、表5-6）。

5.4.4 青海涉藏地区农村居民人均收支与贫困标准

根据2005—2017年青海涉藏地区城镇居民人均收支结构及趋势特征，可知收入对消费支出成本的弥补能力在不断增强，涵盖了当期的当年价贫困标准。每一个州每一年的收入都能补偿消费支出成本。虽然各州每年收支结余的金额不同，但都能满足基本消费支出成本。同时，青海涉藏地区城镇居民人均收支对贫困标准的覆盖程度，存在结构性差异。而且城镇收支与农村收支相比，各州结构性差异各有内涵。

贫困标准1528元，相对于2000年海北州农村居民人均收入1357.4元和2001年收入1477.8元，之间的差距所反映的收入对生存成本参考依据的覆盖能力及所反映的生存质量状况是不容忽视的。2002—2004年，农村居民人均收入分别为1580.7元、1705.1元和1848.9元，显然不仅超过了贫困标准，且与贫困标准的距离在拉大。2005年，海北州的收入超出同年的贫困标准；2009年，收入比这一贫困标准高；2011年，收入高出同年贫困标准；2017年，收入与同年贫困标准2952元的距离加大为8762元。

2000—2002年，黄南州的收入低于2000年的贫困标准；2003年，收入要高出贫困标准；2017年，收入比贫困标准2952元高出5212元；2000—2017年，海南州收入能够覆盖相应的贫困标准。2017年，收入比同年的贫困标准高出7474元；2000年和2001年，果洛州收入低于贫困标准140.7元和36.8元。2002—2017年，收入高于贫困标准。2017年的收入高出同年贫困标准3673元；海西州2000—2017年收入都高出贫困标准，高出的幅度是六州中最多的，2017年高出同年贫困标准9655元；玉树州2000—2003年收入低于同期贫困标准；2004年开始，收入涵盖了贫困标准，且随着贫困标准的不断上调，增加了这种涵盖能力。2005年超出贫困标准1742元的幅度是51.9元，2010年超出贫困标准2300元的金额为1758元。2017年，收入超过贫困标准3887元。显然，各州收入对各阶段调高的贫困标准的补偿能力和逐年加速提升的特征一目了然。

假设消费支出为基本的生存消费支出成本，则从消费支出可知这个地区各州的人均生存的支出成本高于贫困标准。海北州，2010—2017年消费支出成本超出同期贫困标准，从1506元上升到5982元；黄南州，消费支出成本高出贫困标准从2010年的675元到2017年的4240元；海南州，消费支出成本超过贫困标准从 1606 元增加到了 6322 元；果洛州 2010 年消费支出成本低于 2300 元贫困标准的金额为 266 元，2011 年低于贫困标准金额为 282 元、2012 年低于贫困标准的金额为 94 元，而 2013 年超过贫困标准的金额为 112 元，2017 年高于贫困标准金额为 1267 元；玉树州，一改 2010 年消费支出成本低于同期贫困标准 569 元，2011—2017 年，消费支出成本逐年高于贫困标准。2017 年，高出贫困标准 1991 元；海西州消费支出成本比贫困标准高，2017 年超出了 7301 元。六州中，海西州、海南州、海北州、黄南州、玉树州、果洛州，依次反映了消费支出与贫困标准的差距、趋势及结构性差异（参见表 1-1、表 5-4）。一方面反映了消费支出成本对收入的需求程度，另一方面反映了生存质量提高的程度。根据各州各年的人均收入可知，收入超过了生存成本，能够满足消费支出成本的需求；消费支出成本随着收入的增加而增加，生存的质量层次随着贫困标准的提高而提高，随着消费支出成本的上升而上升。收入对其弥补的能力，随着收入的增加而逐级提升，由收入对消费支出成本的覆盖能力可见生存质量的提升得到了足够的保障。

5.4.5 青海涉藏地区恩格尔系数特征

根据青海省 2010—2017 年城镇居民恩格尔系数，可分为富裕与最富裕两个阶段。2014 年，是该地区城镇居民恩格尔系数的转折期。2010—2013 年，恩格尔系数在 30%~40%。2014—2017 年，恩格尔系数 < 30%。根据恩格尔系数特征，2014 年以前为富裕阶段，2014 年之后为最富裕阶段。而根据黄南州 2010—2017 年城镇居民恩格尔系数，同样可分为富裕与最富裕两个阶段。2010—2016 年城镇的恩格尔系数在 30%~40%，2016—2017 年城镇恩格尔系数 < 30%。相对青海省这个大系统，黄南州这个小系统的富裕程度则要晚两年。根据海南州 2010—2017 年城镇居民恩格尔系数在 30%~40%，可知其富裕阶段覆盖了这个阶段。

根据青海省 2010—2017 年农村居民恩格尔系数，可分为小康、富裕与最富裕三个阶段。2014 年，是该地区农村居民恩格尔系数的转折期。2010—2011 年，恩格尔系数在 40%~50%；2012—2014 年，恩格尔系数在 30%~40%；2015—2017 年，恩格尔系数 < 30%。根据恩格尔系数特征，2014 年以前为小康、富裕阶段，2014 年之后为最富裕阶段。根据黄南州 2010—2017 年农村居民恩格尔系数，可分为两种情况。第一种是 2011 年、2014—2016 年，恩格尔

系数在40%~50%，为小康类型。而2010年、2012年、2013年和2017年，恩格尔系数在30%~40%，为富裕类型。根据海南州2010—2017年农村居民恩格尔系数，可分为两个阶段。2014年，为恩格尔系数的转折点。第一个阶段是2010—2013年，农村恩格尔系数在40%~50%，具有小康特征。第二阶段是2014—2017年，恩格尔系数在30%~40%，为富裕特征。相对青海省这个大系统，黄南州小系统的农村居民恩格尔系数和海南州农村居民恩格尔系数，反映了农村居民的生存状况需要得到更大的提升（参见表4-17、表5-7）。

表5-7　2010—2017年青海、黄南、海南城乡居民恩格尔系数[①]

单位：%

地区	年份	2010	2011	2012	2013	2014	2015	2016	2017
青海省	城镇	34.13	33.75	32.64	30.34	29.89	28.66	28.66	28.23
	农村	42.48	40.43	37.15	33.23	31.89	29.93	29.44	29.49
黄南州	城镇	38.13	38.88	37.23	37.31	37.61	30.39	27.42	27.59
	农村	33.66	44.72	37.06	39.82	42.71	41.54	41.48	39.15
海南州	城镇	33.00	33.50	31.40	32.04	31.42	32.04	30.88	30.48
	农村	46.00	42.80	42.45	41.40	33.48	35.60	35.34	33.29

资料来源：2011—2021年青海省统计年鉴，2010—2020青海省黄南州、青海省海南州市州公报。

总之，恩格尔系数的变动，反映了青海涉藏地区收支结构及趋势特征，也反映了与贫困标准的匹配关系，反映了黄南州城镇居民恩格尔系数从2010年的38.13%、2011年的38.88%到2016年的27.42%和2017年的27.59%，农村居民恩格尔系数从一路下降到2017年的39.15%，以及海南州城镇居民恩格尔系数从2010年的33%到2017年的30.48%，农村居民恩格尔系数从2010年的46%，一路下降到2017年的33.29%。可见，城乡居民恩格尔系数无论是黄南州还是海南州，无论是城镇还是农村，都反映出居民生活质量的提高，消费支出的结构性差异和生存成本的结构性演变。但是，因为青海涉藏地区生存环境的极端属性、饮食结构的倾向性与其他地区的差异，将影响恩格尔系数的结构性差异。

---

① 说明：因各省年鉴公布数据详略程度不一致，为保持数据的一致性和可比性，2010—2015年恩格尔系数用食品/生活消费支出计算，2016—2019年恩格尔系数用食品烟酒/生活消费支出计算。

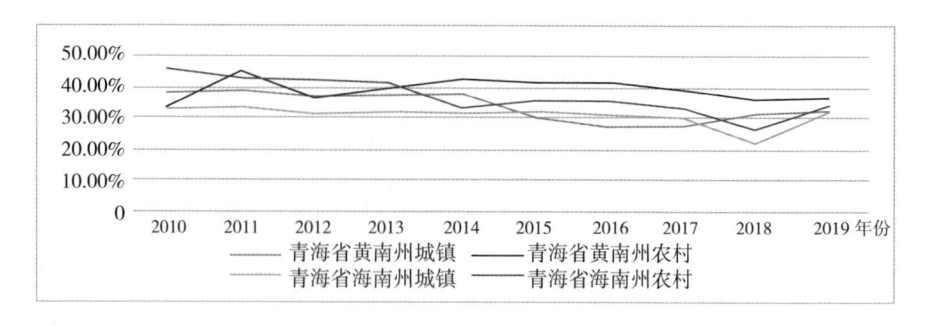

图 5-19　2010—2019 年青海省黄南州、海南州城乡恩格尔系数

5.5 小结

根据青海涉藏地区城乡居民人均收支金额结构及趋势特征可知，第一，收入对消费支出成本的弥补能力在不断增强。每一个州每一年的收入都能补偿消费支出成本，虽然各州收支结余各年金额不同，但都能满足基本消费支出成本的需求。第二，消费支出成本对当期贫困标准的涵盖能力也在不断增强。第三，收入对贫困标准的涵盖能力，在收入、消费支出成本、贫困标准水平不断抬高的前提下不断增强。第四，地区各自城乡居民人均收支结构的差异客观存在。第五，收入对贫困标准的覆盖程度不断提高，结构性差异客观存在。这反映出青海省城镇化区域特征显著，首先表现为城镇化发展不平衡；其次是青海涉藏地区，城镇化发展与青海省同步，但不同幅。六州地区2007 年城镇化率为 25.6%，而青海省为 40.07%；2011 年，六州地区城镇化率为 31.2%，青海省为 46.22%；2012 年，六州地区城镇化率为 32.7%，青海省为 47.44%；2013 年，六州地区城镇化率为 34.2%，青海省为 48.51%；2014年，六州地区城镇化率为 35.5%，青海省为 49.78%；2015 年，六州地区城镇化率为 36.3%，青海省为 50.30%；2016 年，六州地区城镇化率为 37.2%，青海省为 51.63%；2017 年，六州地区城镇化率为 31.5%，青海省为 53.07%（参见表 1-3、表 1-4）。青海省及其涉藏地区城镇化发展虽然不够平衡，但城镇化率仍呈现上升趋势。城镇化为生计模式转型提供了前提条件，城镇化率提高为收支增加和收支结构性调整提供了前提条件。城镇化的不平衡反映出的结构性差异在生存层面则是收支的结构性差异，是收入对生存的消费支出的

弥补能力上的不平衡和结构性差异。

当收入成为客观限制生存的条件,在反映需求五层次理论的生存型消费、享受型消费和奢侈型消费的消费层次结构中,消费结构则倾向于生存消费。青海涉藏地区收入的结构性差异,决定其主动还是被动地用于生存的消费支付行为及其程度。收支结余的程度意味着一定程度的积累,积累的程度可见生存质量和生存水平的上升基础和空间,以及可持续性发展的基础。当然,积累同样存在结构性差异。收入不多,则会被动地用于生存的消费支出,导致较低的跨期替代弹性,未来消费对现在消费的替代程度低的特征在2005年前客观存在。当收入增加,达到一定高度,平滑消费的意愿会引导居民有储蓄的意识,产生一定程度的跨期替代弹性。无论是可持续性生存,还是发展,都有相当的余地空间。从收支结余的程度不同,可见这一特点的展示。随着青海涉藏地区收支不断增加,其结余水平也在不断提高。结余趋势及其结构性差异可见,相对高收入、低收入的储蓄能力具有局限性;相比投资,居民有更高的储蓄倾向。收入和刚性的生存成本之间的矛盾决定了如果没有额外的收入结余用于储蓄,则更没有过多的结余用于投资。在经济发展过程中,当大多数居民的收入都被用于生计的时候,将面临"无钱可用"的困境,欠发达地区的经济发展则可能会呈现"低起点"特征。这时,外来的资源援助就显得弥足珍贵。外部资源的注入,很大程度上会减少收入低对经济发展的消极影响,以抬高经济发展水平的起点。在此基础上,调整生存型消费、享受型消费和奢侈型消费的消费层次结构。精准扶贫作为国家资源注入的模式,在城镇化不平衡和结构性差异、消费类型结构、生存成本结构中,发挥着调整和优化的功能。不仅可以改变收不抵支的境况,补偿生存成本,促进生存质量提高,而且还可以为提高地区经济发展水平奠定经济基础。

将青海涉藏地区置于青海省的收入与支出框架下,由统计数据及其图示可见其结构及趋势特征。以青海省在全国经济上的短板效应,假设收入与支出恰巧只能满足基本生存的需要,即消费生活人均支出为生存成本,那么根据研究成果可知"最低生存成本"的客观限制作用,在可支配收入有限的条件下,不得不把收入花费在生存的基本消费支出成本上。视同该地区消费支出为生存成本的假设,有其合理性。根据生活分层理论,则这个状态的生活层次只属于生存层次的范畴。超然于生存之上的状况,则是真正意义上的生活状态。这种生存的境地,即便数据显示有收支结余,却也导致较低的跨期替代弹性（未来消费对现在消费的替代程度）。而当收入达到一定高度，平滑消费的意愿又会引导储蓄增加，带来稍高的跨期替代弹性。通过与高收入对比，低收入储蓄能力是不足的。在讨论低收入居民储蓄与投资时，应考虑生存成本在总消费中所占的比例。青海涉藏地区收支和生存、储蓄及投资的关系，符合这一理论结果。因此，该地区出现了生存支出成本在很大程度由国家转移支付支持的收支结构。尽管青海省及其涉藏地区得到了长足的发展，但相对全国发达地区却仍然处于经济发展的短板区，大多数城乡居民的收入很大部分用于满足生存质量、生存水平不断提高的生计支出的需求，整体的经济呈现"无钱可用""低起点"的现象。这时，外来的经济援助则有助于改变这种现象。

延伸理论的认识，外部资源对青海涉藏地区的注入，在很大程度上将减少收入低对经济发展的消极影响的同时，更将减弱低生存成本的消极作用，提高经济发展的起点以弱化短板效应对地方经济、区域经济，甚至国家经济进入快速发展过程的消极影响。在生计模式转型的过程中，增强内力，可以有效集中有限的物质资本，挖掘区域性特色资源，带动地方经济发展。在国家资源投入的前提下，提高增加收入的能力，以增加收入；发挥可支配收入功能，提升弥补生存成本能力；优化生存成本项目结构，实现收入与支出，储蓄与投资，投资与收入的良性循环。

第6章　青海涉藏地区生计模式与生存成本转型升级个案分析

本章具有注解的功能。某种程度上，收入与生存成本平衡，远超贫困标准，则既能满足脱贫标准对收入的需要，也能满足消费支出所反映的生存成本的需要。城镇化在促进生存环境改善、提高生存质量档次提高的同时，对收入提出了满足城镇特征的生存成本的补偿要求。这一要求的实现很大程度上取决于禀赋资源转化为生产力的能力。从青海涉藏地区土地面积分布的结构而言，海北州占全省面积的5.63%、黄南州占全省面积的2.35%、海南州占全省面积的5.75%、果洛州占全省面积的9.51%、玉树州占全省面积的33.40%、海西州占全省面积的40.75%，相对而言各州拥有丰富的基础条件。青海涉藏地区城乡居民人均收支结构及趋势特征反映出发展中的短板、困境和矛盾，凸显出这一基本的生产要素所支撑和供养的城镇化及其生计模式、生存成本项目结构的演变，更多地表现为高度依赖国家资源投入的发展模式。从青海涉藏地区一个县域内的个案也能说明这一问题。

6.1 ZK 县 HR 镇生存成本支出[①]

青海涉藏地区是以藏民族人口为主的多民族共同聚居区，因自然条件迥异，决定了家庭的经济来源多样化。有的家庭主要以农业、畜牧业，半农半牧以及采掘业为生，有的仅依赖农业，有的依赖牧业和采掘业。总体上是东部农业区的农耕模式，西部与南部以游牧为主的畜牧业模式，在牧业区还镶嵌着农耕模式，这是由自然环境、禀赋差异和地理条件以及区位特点共同决定的。生计模式因城镇化而改变，城镇化主要受环境影响而衍生出诸多的发展模式，也因此发展不均衡，生存成本无论是绝对值还是相对值在不同模式下都存在结构性差异。这个地区易地扶贫搬迁促进了城镇化率的提高，城镇化理念决定其生存成本逐步进入了与城镇要求相符的轨道，生存成本项目逐

---

① 程嘉祥."黄南藏族自治州生存成本特征调查研究".2020年度青海民族大学校级规划项目（2020XJXS11）

步进入了与时代相符的良性运行的调适模式。

6.1.1 HR 镇生存成本支出及其价格基础

生存（Ⅰ类）成本：在 ZK 县 HR 镇了解到，一般养 1 头牛，1 年需要 16 亩草场的草料，草场不够，就要租别人的。拥有 100 亩草场的家庭，能养 6 头牛。如果养 12 头牛，就要另外租 100 亩的草场。按照市场价格牧场租金 1 亩 1 年 60~80 元测算，租金就要支出 6000~8000 元。

食品烟酒（Ⅰ类）支出成本：根据饮食习惯，藏餐主要包括酥油、糌粑、奶酪、牛奶等。按照大口量计算，平均每个人 1 天 8 元。条件比较好的家庭有饮料、水果的支出项目，平均每个人 5 元。烟酒方面，现在抽烟的人少了，烟的品质上去了，大概有 40% 的牧户抽烟。如果按照烟的价格为划分标准，一般分为云烟、芙蓉王、硬中华和软中华四个档次。按照 1 条云烟 100 元测算，如果 1 个家庭有 1 个抽烟的人，则平均 1 个月有 400~500 元的支出，较差的有 200 元左右的支出。一般情况下，1 个家庭烟的支出在 200 元左右。酒的消费主要表现在自己喝、送礼和宗教活动的支出上。以年轻人为例，喝酒的主要在 18~25 岁的年龄段，大多喝啤酒，1 个月的支出约 50 元。煨桑用酒 10 天 1 瓶，1 个月大致用 3 瓶，1 年 4~5 箱，酒的价格在 5~10 元。

衣着（Ⅱ类）支出成本：老人和孩子的衣着支出较成年人的支出要少，基本上 1 年买 1 次，平均 1 个人 600 元。

居住（Ⅲ类）支出成本：主要包括水、电和燃料费、取暖费、租房房租、物业管理费以及装修材料等支出费用。根据日常消费支出可知，水费每年 200 元。按照一度电 0.5 元测算，每月电费为 50 元左右，主要用于日常照明、家用电器。在燃料费用方面的支出，集中在干畜粪的购买上。一袋 50 斤的羊粪为 20 元，取暖费主要支出在干畜粪的购买。自有房支出主要在房子的保养、维修和管理方面，一年基本是 500 元左右。生活用品及服务的消费支出成本：生活用品家具及室内装饰品平均每年 200 元，家用器具一年 200~300 元，家用纺织品一年换一次，平均 1000 元，日用杂品一个家庭一年 1000 元。个人护理费，一家平均 15000 元左右。女生多的家庭，化妆品比饮食还贵。追求品牌的女孩子的家庭，消费支出一个月 300~400 元。家庭服务，一般平均 200 元。

交通通信（Ⅴ类）支出成本：交通费用平均一年支出 2000 元，跑一趟西宁需要有会普通话的人陪伴，一般需要两个人，打的到西宁一趟就要 400 元。

接送近处的孩子上学、买菜等通常骑摩托，摩托车的费用支出一般为一年150元左右。通信有最低29元的套餐，加上电话35元，一家基本两部手机，一年平均840元。根据成年人每人一部手机的现状，按照最低套餐费29元/月测算，一年一个人通信费至少需要348元。

文化教育娱乐（Ⅵ类）支出成本：教育方面，大学生、高中生花费多，一个高中生每个月200元。而攀比心态会拉高高中生的消费支出。医疗保健（Ⅶ类）支出成本：医疗器具、高血压、糖尿病，国家补助10万元，平均药品800元/年。钙锌类保健品孩子用得多，比较贵。医疗服务，低保只掏10%。其他用品及服务（Ⅷ类）支出成本：通过互联网购买商品与服务的现象很普遍，不会说普通话也能找别人帮忙买。过年各种采购，价格差别不大的商品，基本在网上采购。常规购买车上用品，车辆的保养，一年换一次机油，每次400多元。

综上生存成本项目构成可知，生存成本只有在得到收入弥补的前提下，方可维持可持续性生存。HR镇是典型的以牧业为主的地区，自国家实施"精准扶贫"以后，牧民通过易地扶贫搬迁完成城镇化。城镇化过程中，精准扶贫的诸多途径增加了收入来源的渠道，为生存成本弥补提供了条件。由当地的超市对居民日常购买物品价格调研可知，精准扶贫对生存消费支出的补缺功能及其为生存状况改善提供了保障。从当地消费习惯的改变和消费支出结构的改变，可见城镇化在生存质量提高以及现代化意识的增强过程中起到潜移默化的积极作用和贡献。

6.1.2 HR镇价格信息

通过对居民区附近两家规模比较大的超市老板的访谈，了解了当地的物价水平和居民的生活消费情况及其消费习惯，为生存成本结构性差异分析提供了数据支撑，同时，也为判断生存成本及其项目构成的可能性提供依据。老板说："最贵的是生菜，每斤6元，最便宜的是白萝卜，每斤1.5元。"这里的蔬菜和水果是从西宁和大通运来的，运一次的费用大概是2400元。这里天气变化无常，菜价受天气变化的影响大。遇上大雨天，交通可能受阻，菜价就会上涨。平时晴天，则趋于稳定。老板说："当地人在这里买蔬菜比买水果多一些。本地人不太喜欢吃水果，水果买得比较少。"这大概是当地人的饮食习惯所致，"当地人买得多的是白菜，还有一些青菜"，这应该与收入有关系。对HR镇和西宁市当天蔬菜和水果价格进行比较，HR镇的生菜比西宁的每斤贵2元，上海青、洋葱、西蓝花一斤价格差0.5元，白萝卜、土豆、橄榄、白菜、包菜和西宁价格基本一致。超市里比较多的水果是西瓜和苹果，西瓜比西宁的每斤贵0.5元，苹果每斤贵1元（参见表6-1）。

表6-1 HR镇、西宁菜品及水果价格信息

HR		西宁市		与西宁相比的差额
菜品及水果名称	单价	菜品及水果名称	单价	
生菜	6元/斤	生菜	4元/斤	贵2元/斤
白萝卜	1.5元/斤	白萝卜	1.5元/斤	单价基本一致
上海青	3元/斤	上海青	2.5元/斤	贵0.5元/斤
土豆	2元/斤	土豆	2元/斤	单价基本一致
甘蓝	1.5元/斤	甘蓝	1.5元/斤	单价基本一致
白菜	2元/斤	白菜	2元/斤	单价基本一致
包菜	2元/斤	包菜	2元/斤	单价基本一致
洋葱	2元/斤	洋葱	2.5元/斤	便宜0.5元/斤
西蓝花	5.5元/斤	西蓝花	5元/斤	贵0.5元/斤
西瓜	1.5元/斤	西瓜	1元/斤	贵0.5元/斤
苹果	6元/斤	苹果	5元/斤	贵1元/斤

6.2 HR镇牧业生计模式及其生存成本

6.2.1 户主HMC家的生计模式及其生存成本

HMC家的收入来源。访谈在村民HMC家进行。这是一个低保户家庭，有6口人。劳动力4个，学生2个，没有人外出打工。家有230亩草场，主要是儿子在放牧。牛有15只，羊有30只。因为生存条件恶劣、生态环境脆弱、家庭困难无力建房，通过易地扶贫搬迁安置，住进了镇子附近的新房，属于集中搬迁户。政府对这个家庭的脱贫帮扶措施，主要是易地搬迁、医疗

保障、社会保障、教育救助、产业扶贫、提供公益性岗位。家庭收入超过了30000元。有放牧的收入，挖虫草一年可以挣7000元左右。[①]

HMC家的生存支出成本。"现在跟扶贫之前比，收入好太多了。"户主说道，"以前（家里）老人孩子都不能劳动，收入很少。现在有了政府补贴，收入增加了许多。""家中有残疾人，主要买药。医药费1年大约能花20000元。吃饭1年大概花40000元，主要是买肉多一些，大概1年20000元。有米、面、油和青稞。米大概100斤，花200~300元；面1000斤、2050元；青稞2元1斤、1500元；油每年用100斤、500元。水果蔬菜15000元左右，白菜、辣椒吃得多一点，其他少一点。买衣服的钱每年3000元左右。交通费5000元。""在政府补助之前的花费主要靠向亲戚朋友借款和借高利贷来维持生活。因为家里有病人，妻子生病，儿子也没结婚，收入又少，所以欠的钱比较多，现在已基本上还清了。"对于易地搬迁政策，这个家庭的成员非常认可，回答说："各方面都好，这边住下来，肚子不饿，不用挨冻。"

6.2.2 户主NTJ家的生计模式及其生存成本

NTJ家的收入来源。访谈在村民NTJ家进行，80平方米的房子收拾得非常整洁。这个家庭有5口人，丈夫、妻子、3个孩子。其中1个孩子在卫校上学，2个儿子在打工。2015年人均可支配收入为1811元，2016年成为贫困户，2018年脱贫。致贫原因主要是因残致贫，因缺资金致贫，对其具体脱贫帮扶措施为易地搬迁、教育补助、生态管护员。根据2019年"易地扶贫搬迁建档立卡贫困户后续脱贫方案表"显示，其家庭总收入为51824.07元，家庭人均收入约为10364.81元。外出打工年收入6000元。政策性收入中，有低保收入。"低保二档，1个月432元，残疾补贴1年555元，高龄补贴1年555元，平均下来我一个月补贴524.5元，家里其他人1个月432元。"表中显示，低保收入20705.35元；草原生态、湿地、林业补贴一年是3421元，其他收入为27697.72元。"疫情补贴先发了3000元，然后每个人又发了300元。有养老金，1个月180元。烤火费1年发了800元。"

NTJ家的生存支出成本。户主说，以前家里没有劳动力，孩子也都在上

[①] 虫草收入，被雇用去挖虫草，一根虫草，能获利5元。不下雨的时候，虫草呈现白色毛茸茸的，看不出。雨后去挖，显出虫草本色，容易被人发现。

学，家里人口也多，花钱的地方多，所以欠得多。全家衣服的消费支出一年在 3000 元左右；食品、烟酒主要表现在肉 15000 元左右，米 137.5 元左右，面约 600 元，糌粑大概 400 元，酥油需要 1110 元，煨桑用酒支出约 180 元，水果大约 450 元，蔬菜约 1800 元；燃料用煤约 350 元，主要依靠干畜粪的消费支出满足取暖的需要；一般水费支出 200 元左右，电费支出大概 600 元；通信按照成年人使用手机的现状，最低套餐费可知需要 1740 元；根据家庭成员的身体状况，一般常规药品的支出约 800 元；交通费主要是用于孩子上学时坐大巴车，根据每个月往返一次测算，交通费约 1000 元。这个家庭在满足基本支出后，略有结余，因此对扶贫政策非常满意。

6.2.3 户主 ZX 家的生计模式及其生存成本

ZX 家的收入来源。户主 ZX 初中文凭，家有 3 口人。易地扶贫搬迁的房子分配标准："房子的面积单人户有 25 平方米，两人户有 50 平方米。3~6 人户为 80 平方米，再多 1 人加 15 平方米。最大面积是 140 平方米，7~10 个人住，这样的人家占 4%~5% 的比例，一般女儿比较多"。"我们家草地 400 亩，牛羊也特别少，那时候父亲的病特别重。以前没有多少钱，收入低，主要靠草场的收入。""17 年被识别为精准贫困户。精准扶贫以后收入增加了许多，主要收入来源就是打工。打工的话，1 年下来有 1 万元左右，是净收入。""没有牛羊，就把草地出租出去了，草地出租的收入是 1 万元左右。"家里有个学生，国家给学生的补助年收入是 2400 元，到户产业资金分红，按照国家政策要求，应该是 1920 元。每一年能不能实现这个目标，在于产业收益大小。烤火费每年补助 800 元。"工资性收入从 2013 年至 2020 年，每年 6000 元，年底一次性发放。2021 年开始每月工资 1419 元，涨了点"。

ZX 家的生存支出成本。这个家庭一年的服装费要花掉 4000~5000 元。"里面的衣服一年要买 4 次，外套过年的时候要买 1 件"。饮食主要吃肉，是牛羊肉，牛肉多一些。肉一般一年要吃掉 12000 元。最主要的饮食支出还有糌粑、酥油，习惯了吃糌粑，直接买糌粑，糌粑 1 斤 3.5~4.5 元。糌粑的分类很多，最好的糌粑 1 斤 4.5 元。一般 1 年下来能消耗 200 斤糌粑，大概 700~900 元。面要吃 1000 斤左右。1 年最少消耗 100 斤酥油，3000~4000 元。吃菜少，不会炒菜，也不会用调料，菜一般 720 元。以前用水不要钱，在草场上就地取水。现在搬到这里，定居后院子里安装了水管，开始收水费，一年 200 元左右。定居后，电器多了，电费也多了，在 600 元左右。一般头疼感冒也不去医院，就是去医务所或者药店买点药品，大概花费 700~800 元。因为工作的原因，经常开会出差，1 年能跑 2 万公里。最远去过拉萨、玉树，去过色达，五明佛学院。学生的校服两套 180 元，学杂费大概 200 元。煤要用 350 元，主要用干畜粪。用酒大概 180 元，主要是煨桑的时候用。通信费用主要消费是家里两个手机，一般用的是最便宜的套餐，大概 700 元。

6.2.4 户主 ZB 家的生计模式及其生存成本

ZB 家的收入来源。这个家庭，有 6 口人。其中，劳动力 4 人、残疾 1 人、义务教育阶段学生 1 人。因残致贫，①属于一般贫困户。②现有住房面积为 96 平方米，牧草地面积为 257 亩，牲畜 20 头。因为生存条件恶劣、生态环境脆弱、家庭困难无力建房，已建设新村集中搬迁。通过国家住房建设 14 万元，基础设施农区 6 万元，农户自筹 1 万元，2018 年 10 月迁入新居。为了帮其脱贫，政府采取具体帮扶措施为易地搬迁、教育补助、短期技能培训。③这个家庭收入不稳定的原因，主要是没有工资性收入和经营性收入，家庭收入主要是政府补贴。2015 年年底，人均可支配收入为 1490 元。2018 年财产性收入是 3000 元，转移性收入主要有三项：低保金收入、养老金收入和其他收入。低保金收入为 18436.25 元，养老金收入为 1575 元，其他收入为 4221 元。2019 年，家庭总收入为 38776.29 元，家庭人均可支配收入为 6462.72 元。家庭年收入构成中，有后续产业就业收入④、政策性收入。⑤这个家庭侧重的是政策性收入。其中，草原生态、湿地、林业补贴收入为 2310 元；低保收入为 23924.1 元；其他收入为 12542.19 元。如果按照纯收入，这个家庭的纯收入可

---

① 致贫原因备选项目：因病、因残、因学、因灾、缺土地、缺水、缺劳力、缺资金、交通条件落后、自身发展电力不足、其他。
② 贫困户备选项目：一般贫困户、低保贫困户、低保户。
③ 具体帮扶措施备选项目：产业发展、资产收益、易地搬迁、转移就业、大病救助、教育补助、低保兜底、小额信贷、危旧房改造、生态管护员、大学生资助、"两后生"补助、短期技能培训和其他。
④ 后续产业就业措施项目：种植业收入、养殖业收入、外出务工就业收入、自主创业收入、公益性岗位收入（安排草原管护员）、采集业收入（有的表为采挖汉藏药材，季节性采挖）、到户产业项目（主要是到户产业项目收益分配收入）、经济合作组织分红（贫困户参社入股后的分红收入）、村集体经济分红（村级集体经济发展产业效益后的收入）、光伏扶贫收入（光伏扶贫项目实施后贫困户分红资金）。
⑤ 政策性收入的备选项目：1. 粮食直补、2. 草原生态、湿地、林业补贴、3. 退耕还林、还草补贴、4. 低保收入、5. 养老金收入、6. 残疾人补助、7. 其他收入。

以通过建档立卡贫困户收据条显示。2018年财产性收入是3000元；转移性收入中低保金收入为18436.25元，养老金收入是1575元，其他收入为4221元。家庭纯收入为27232.25元，人均纯收入为5446.45元，该家庭在2018年就实现了脱贫（参见表6-2）。

ZB家的生存支出成本。该家庭的生存支出成本表现如下：衣服、鞋子，春夏秋冬，衣着一般为3000元，食品烟酒支出为最大的生存成本项目。在牧区，自己家里有草场，所以肉是饮食中的主食。主要吃牛肉，也有羊肉。通常吃肉需要支出15000元，米吃得少，定居后，学生回家会吃一些米饭，一般花费300元。面比米吃得多，面的花费有2000元。青稞大概要花费1500元，油500元。水果吃得非常少，主要作为供品用，大概400元。蔬菜吃得不多，这里不种蔬菜，人们也不会种。住到这里后，开始慢慢地吃些蔬菜，大概花费700元。水费一年收200元左右，电费600元左右。燃料主要是干畜粪，用煤少，花费400元左右。煨桑用酒一般要用100元左右，家庭常规是药品支出，花费800元左右。教育支出成本方面，主要是学杂费，一个学生学杂费差不多190元，校服一年两套，180元。交通费150元左右。通信费四部手机一年1536元。

表6-2　HR镇建档立卡贫困户收入条

单位：元

年份	财产性收入	转移性收入			家庭纯收入	人均纯收入
		低保金	养老金	其他收入		
2018	3000	18436.25	1575	4221	27232.25	5446.45

6.3 DGER社区牧业生计模式及其生存成本

6.3.1 户主JBC家的生计模式及其生存成本

JBC家是低保户，一共四口人，夫妻二人有两个孩子，都是义务教育阶段的学生。一个儿子，一个女儿。他们夫妻不会汉语，孩子会，孩子的汉语都是学校教的。家里只有一个劳动力，政府对这个家庭采取的帮扶措施是易地搬迁、教育救助、社会保障、短期技能培训。JBC家属于2017年的"建设新村集中搬迁户"。易地搬迁前，他们居住在村子里。易地搬迁后，迁入县城附近居住。搬迁前生存的环境恶劣且脆弱，通过易地搬迁，国家投入住房建设14万元，JBC家搬进了新房。通过短期技能培训，JBC装饰装潢短期培训班结业。他学会装修技术，并从事装修业务为生。JBC指着自己住的房子说，"这个房子就是自己装修的，花了3万元"。自己装修大概省了一半的装修费。JBC家的收入来源主要有以下途径：第一，JBC以装修为业支撑家里的收入。第二，牧草地租金收入。在这个地区，一般草场每年一亩租金为60~80元。因为以前草场涉及纳税问题，牧户上报的草场比实际的少。所以，会出现租金和理论计算的有出入，这个出入往往是瞒报草场导致的。JBC家有牧草地80亩，草场租金收入大概在1万元左右。第三，低保收入。低保户档次不同，发放的低保金额也不同。每个年度的低保金额会随着时间不断增加，从255元/年上涨到550元/年。JBC被确认为一档的低保户，每个人每个月300元，一年3600元，一档不考虑公益岗位。二档以下，考虑财政的公益岗位。有16岁以下的孩子的每人每月补助200元。当问及在外面接装修活一年下来，大概能挣多少钱，JBC说，净收入为3万元左右。本书调研组的翻译人员确认了JBC的说法。翻译说，JBC自己打工、草场租金、低保，一年下来纯收入为3万元左右。随着精准扶贫的落实，根据近年来涉藏地区装饰装修市场的繁荣程度，JBC所说的净收入3万元，应该是真实的。比较社区测算的每人每年超过8100元结果，按照国家4000元的标准，根据社区的测算结果和实际达到的这个收入，该社区完全满足脱贫的生存成本线，且实现了温饱。当问及最远到过哪里，JBC回答说，"走得最远的地方是40多公里""没有去过西宁市里"。大多给藏族居民家里装修。之所以没有走远去接装修的活的原因是"除了孩子之外，语言不通也是很大的问题。"

JBC家生存支出情况。2021年上半年，当问及"家里的支出大概是多少"，JBC一家饮食支出主要集中在肉类、糌粑类。翻译人员说，"肉类一年要花掉15000元左右，因为羊肉比较贵，吃的牛肉比较多一点""糌粑之类的，他的姐姐们在牧区，会给送过来，这个不需要花钱""蔬菜水果400元到500元，主要是假期孩子们在家的时候才会经常吃""衣服主要是过年的时候会买一些新的，一年支出2000元左右"。随着精准扶贫，收入对生存成本的弥补能力不断增强；随着生存成本的增加，JBC家的生存质量和生活水平发生了翻天覆地的变化。

6.3.2 户主 HM 家的生计模式及其生存成本

HM 家的收入来源。HM 家是易地扶贫搬迁安置的贫困户，HM55 岁左右，"她家一共 5 口人，劳动力只有她一个。本子上写的 6 口人，有 1 个人出嫁了。两个学生"。原来居住地是一个村子，2017 年 9 月集中搬迁到了社区集中定居点。"原来条件不好，草场面积小"，家庭困难，没有能力建造房子。"以前只有几头牛。把牛卖了，没有放牧了，房子拆了，就（搬）过来了。"HM 家住进了带着宽大院子的 80 平方米的新房，易地扶贫搬迁，国家投入住房建设 14 万元，基础设施牧区资金投入 6 万元，一共 20 万元的收入和牧户自筹 1 万元的支出。"喜欢安置点。小学、初中都在附近，公交车很方便，到哪都 1 块钱。"通过易地搬迁、医疗保障、社会保障、教育救助、产业扶贫、公益性岗位途径实现了脱贫。HM 家有 1100 亩草场，易地搬迁后"草场还是自家的草场"。收入来源：第一，是低保补助金；第二，当了环卫工人，一个月工资 2100 元；① 第三，草场补助只有她一个人有，一年 2500 元左右。

HM 家生存支出情况。"饮食支出这一块，因为孩子们都在上学，米面都少一些。（一年）米 50~60 斤（2.5 元 1 斤），面 300~400 斤（1.5 元 1 斤），糌粑 100 斤左右（4 元 1 斤）；肉吃得多一些，每年购买 4000~5000 元的肉，牛肉多是牦牛肉。酥油一年要买 30 斤左右（1 斤 37 元）"。"每年孩子上学会收一些钱。孩子最小的上幼儿园，大的上高中。"HM 掰着手指回忆着孩子交的钱。对于这是几年级的，哪一学期的，各是哪个孩子的学校收的多少钱，"这个不清楚"。"孩子的运动服冬天一套加棉的，夏天一套薄的，每套 90 元。""煤的话，一袋子 35 元 70 斤。"HM 对精准扶贫很满意，"如果没有这个政策，不知道这么多孩子怎么办。"他们对后续生活计划，以打工（做装潢等）接续。

6.3.3 户主 JTJ 家的生计模式及其生存成本

JTJ 家的收入结构。青海省建档立卡贫困户明白卡显示，户主 JTJ 家有 7 口人，5 个劳动力、1 个义务教育阶段学生、1 个残疾人。有牧草地 300 亩，主要致贫原因是缺土地、缺技术。针对这种情况，对 JTJ 家的帮扶措施是产业发展、易地搬迁、教育补助、生态管护员、短期技能培训。2015 年年底，

---

① 工资性收入中，包括草管员、林管员、湿地管护员、就业人员等的收入。

人均可支配收入为1989元。到户产业收益分红为每人640元[①]，共计4480元。残疾补贴每年1200元。

JTJ家的支出结构。衣服4000元左右；吃肉多，主要是牛羊肉，一般20000元左右；酥油支出大概1554元；糌粑支出600元左右；米吃得不多，大概200元；面840元左右；主要烧牛粪，所以煤用得不多，420元左右；水果主要作为供品，约450元；孩子学杂费195元，校服两套180元。

6.4 小结

在国家城镇化宏大背景下，青海涉藏地区的城镇化是青海城镇化的重要且关键的组成部分。其短板效应所反映的特征在于运行低于青海城镇化率，更是低于国家城镇化率，面临着生存成本内涵与时代进步、与城镇化调适的问题。仅以案例中的饮食结构与家庭恩格尔系数参考标准所反映的生存特征关系可知，青海涉藏地区极端的生存环境，其生存成本中饮食结构所表现出的偏爱，与其他地区截然不同，对生存成本的需求不同于其他地区。同时，生存成本中的每一个消费支出类型中的子项目，凸显了结构性差异及其对收入的要求。相对于其他地区，青海涉藏地区仅就饮食这一项所表现出的结构性差异，所针对的自身恩格尔系数与参考标准在总体趋势相关的同时，应该通过具有自身的内涵和结构特征的方式加以诠释，以更好反映出城镇化及精准扶贫对居民生活水平提高的积极作用。

收入结构和支出结构显示出资本积累不足以支持产业的调整，城镇化了的农牧居民依然不敢走向市场去尝试特色产业以支持自力更生的生存路径，更多的仅限于周边打零工。一方面缺少想法，另一方面缺少实力，且生计模式转型升级存在困境。第一，基础设施建设滞后，生存成本结构有待优化，需要结合该地区生计模式转型升级，预设基础设施；第二，固有的不符合时代进步的观念、理念、文化，影响生计模式效能，需要设计扶志与扶智相结合的生计模式；第三，缺乏引领先进思想的管理人才，人才结构要和创设的城镇化多元的生计模式匹配，促进产业的多元化发展，引领居民优化生存成

---

① 财产性收入项目包括分红、草场流转、土地经营等收入。

本结构思想；第四，公共文化服务体系不健全，影响自力更生能力提升。

城镇化有城镇化的要求，城镇化前和城镇化后对于进入城镇的农牧居民不仅是个人素养的要求，而且存在对生存能力的要求。城镇化前，在以农牧业为主的传统生计模式下，收入来源相对比较单一，收入稳定性也容易受到自然环境影响。薄弱的工业决定了产业结构缺乏合理的产业体系，决定了就业的倾向性结构。就业趋向受收入稳定性的影响，绝大多数谋求就业的居民只要有可能，都会在财政有保障的领域、部门寻求机会。大多有稳定收入来源的城乡居民，尤其是农牧居民集中在政府行政事业单位。换句话说，都流向了政府行政事业单位等部门。但是，这与政府的机构精简政策又有了矛盾。城镇化中，就业渠道有了增加，就业途径也如个案中显示的有了广泛的增加。随着易地扶贫搬迁，部分居民从原来传统的生产生活模式转变为城镇化的生计模式，随着就业能力的提升，家庭有了多种收入来源。同时，城镇化需要更高的就业能力、市场适应能力，以获取能够涵盖生存成本支出的收入来源。反过来，这些要求也助推了生存成本的不断提高，以满足城镇化对生存质量提高的需求。城镇化的居民有其城镇的生存特征，其中，精准扶贫在解决生存困境方面成绩斐然，为城镇化生计模式转型的每个村落、每个家庭、每个个体的城镇生存成本的弥补奠定了坚实的基础；由此带来的收入积累，为禀赋资源与产业契合的特色体系化理念奠定了基础。青海涉藏地区农牧居民在精准扶贫中得到了实惠，对政策非常满意。农牧居民对政策的预期及依赖具有可持续性。个案为涉藏地区契合资源禀赋的城镇化模式及其生计模式设计，独立自主提高城镇化和精准扶贫效能，推动生存水平和质量上台阶提供依据。

第7章　青海涉藏地区生存成本结构性差异的决定因素

本章具有承上启下,演绎生存成本优化路径影响因素的功能。青海涉藏地区生存成本结构性差异反映的是贫困的结构性差异的决定因素,既有历史原因和自然环境原因,也有叠加并演变为城镇化经济结构的调整极其不适应带来的影响;既有共性的影响因素,也有个性的影响因素。有的贫困家庭由于历史原因,长期处于绝对贫困状态而难以自救;有的居民缺乏技能,长期处于低工资状态而难以突破"瓶颈";绝大多数的贫困地区都在自然环境恶劣的地区,加上自然灾害,对生存影响的客观性是毋庸置疑的,也是长期的,贫困者形成的面也相对更大。有的贫困者,由于地区发展不平衡造成的收入差异,对于心理不平衡的影响是不容忽视的。收入分配的高低不等,虽然收入会随着"蛋糕"做大而增加,但是分配的标准比起收入多少对心理的影响是显而易见的。而收入也与就业能力相关,就业能力影响收入来源渠道的宽窄。就业能力不足以获取足够的收入,则有可能陷入生活困境,只能维持生存,甚至成为贫困者。就业能力与家庭和个人教育程度有关,这个因素持续影响生存成本优化路径,这与生产力水平和政策密切相关。共性因素是个性因素的基础,青海涉藏地区生存成本优化路径的影响因素在共性因素的基础上凸显自身的特殊性和复杂性。因自然条件迥异,语言障碍、民族教育、特色产业因素,对该地区城镇化、生计模式、生存成本及生存成本项目结构的影响,具有与其他地区不同的特征,决定了家庭的经济来源因此分化。研究基于共性因素,从个性因素的视角,着重分析对生存成本优化路径的影响程度,以便提出为扩大收入来源,优化生存成本补偿能力的路径。

7.1 生计模式决定了经济基础结构性差异

7.1.1 自然环境决定经济基础、消费结构

　　自然环境决定生计模式差异。自然环境差异一开始就影响着人类的生产、生活,左右其水平,是生产方式定式基础也是基本影响因素,决定着生存成本。复杂的自然条件影响着生活,在不同地域,依据自然条件的特点形成了

不同的生产和生活方式。生计模式决定了商品交换的方式，市场模式按照传统方式配置自然资源，禀赋差异的结果是增效增收的空间和潜力有限。收入来源由于季节性、周期性等造成局限性，限制了收入。自然环境恶劣和脆弱，决定了内生力弱，靠天吃饭，贫困面较大，返贫率高，没有累积，基础薄弱，基础设施建设预见性深度的欠缺，与今天科技发展条件不断升级的要求存在持续性对接困境。

经济基础薄弱，基础建设投入几乎以国家财政补贴及其他收入形式的转移支付完成。如黄南州地方财政收入占财政总收入的4.7%，占财政支出的4.8%，国家财政补贴及其他收入占财政总收入的比重达95.31%；果洛州地方财政收入占财政总收入的3.4%，占财政支出的3.5%，国家财政补贴及其他收入占财政总收入的比重达96.55%。几乎所有的州都有国家财政补贴，分解到基层这个特点更加明显（参见表7-1）。青海涉藏地区财富累积观念与农耕区不同，各种因素的综合作用，影响个体积累的基础和能力。

表7-1　青海涉藏地区2017年财政收支情况

单位：万元，%

地区	财政总收入	国家财政补贴及其他收入		地方财政收入	财政支出	地方一般预算收入占	
		金额	占财政总收入的比重			收入合计的比重	支出合计的比重
海西	1619027	1117818	69.04	501209	1258264	31.0	39.8
海北	906081	858321	94.73	47760	860933	5.3	5.5
海南	994898	891789	89.64	103109	967842	10.4	10.7
黄南	748462	713361	95.31	35101	73492	4.7	4.8
果洛	725335	700335	96.55	25000	717931	3.4	3.5
玉树	991220	972281	98.09	18939	985044	1.9	1.9

资料来源：根据《青海统计年鉴2018》相关数据整理。

7.1.2 经济基础与职业能力的结构性差异

就业岗位与转移速度、职业能力的错位。已经达到中年以上年龄的居民，有的已不能及时适应生计模式的转型而转换就业岗位。城镇化所能提供的岗位数量，赶不上转型而来的新增居民对岗位的需求数量，以及转移的速度。而且随着城镇化从工业化、现代工业化到信息化智慧城市转变，城镇化的居民，所能提供的就业能力、职业能力和执业能力赶不上不断提高的岗位对人才综合素质的要求。

随着城镇化转移的就业人口，其基本知识、技能结构、职业能力，一般达不到城镇化所提供的新岗位的要求。根据文化程度的结构，低年龄组中，高学历比例高于高年龄组的。教育程度不同于就业选择机会，就业岗位及其贡献和工薪呈正相关关系，这是生存成本结构性差异的经济基础。

随着涉藏地区就业机制演进为"市场竞争型"，城镇化了的居民进入了就业市场竞争时代。招聘单位对学历要求的提高，内地人力资源供给的加大，可供选择的增加收入和拓宽收入来源的渠道对能力的需求及供给的矛盾和难度加大，城镇化与工业、体系化特色产业相互支撑的基础的薄弱与所能提供就业岗位与收入的矛盾，影响职业发展能力的提升。

7.2 观念和意识差异

7.2.1 观念差异

农牧区比较集中的问题是在城镇化生计模式的转型中，依然保留着传统生计模式的思维定式。因此，利用当地禀赋资源，统一规划闲置的资源，运用科技发展特色产业以巩固拓展脱贫攻坚成果，支撑城镇化的深入以及居民的生存成为关键。

基于涉藏地区的自然环境、经济基础、社会基础和市场成熟度，乡村特色旅游产业成为快捷实现资本积累的有效途径。将闲置资源与乡村特色旅游产业结合，提高居民闲置资源的利用率，让更多的居民参与进来，增加其收入，转变其发展的观念，逐渐形成自己的核心能力。当时有扶贫干部认为，引导居民将空置的房子转化为民宿，发展"农家乐""牧家乐"，是与其能力相匹配的拓展收入来源的有效模式。怎样能够在缺乏原始积累情况下，依托精准扶贫的力量实现这一生计模式的转型？包村干部坦言："对于个人，6400元做不了什么大的产业。如果积少成多，先搭帐篷，从露营做起，集体联合形成规模，一起统筹安排，就能吸引更多的游客。"凭借禀赋资源，以规模化使乡村特色旅游产业化,就能提供更多的岗位,也能快捷增加收入,同时改变观念,并且为国家通用语言文字的推广和普及提供平台和机会。"如果这几年真的能一直像这种模式发展起来,就是一个持续性的产业链,以后就不用愁可持续性生存和发展了。"有扶贫干部提出:"村委会管理上存在的问题,可能是没有精力,或没有能力、经验等。村委会如果实在没有能力,可以请第三方公司来管理。"有的扶贫干部说:"如果做乡村旅游,市场上要有一个统一的管理。50块钱、100块钱,早上要吃个简单的早餐,什么样的早餐,要有一个统一的管理。要不,肯定要烂。"而村干部对于这一模式的认识是:只有大力吸引客源,有人来,民宿才可以搞起来,百姓才能受益。没人来,百姓的房子改了也是白改,没有用。由此可见,这是两种不同的理念。长期生活在牧区的农牧民,习惯于"知天乐命、随其自然"的生产生活方式,养成了无拘无束的集体族群性格。并且,这些地区缺乏旅游与产业以及对生存模式关系的认识,欠缺现代企业集团化、规模化、企业化的运作理念和思路,缺乏管理经验,这不利于凝练可持续发展的核心能力,完成原始资本积累。

7.2.2 政策、风险与人才

农耕区新问题。所在调研村的村民,接到了"拆除家门口的家禽家畜圈棚的通知"。村民说,"家门口的,都要拆除"。"要养,可以搬到自家院子里去养,这个没人管。""村干部会检查,督促各家各户拆除。"有人说,"出于卫生的考虑,现在大多数人家不会再养在院子里,但也不能不养。不养了,到市场上去买,价格就高了""会增加餐桌成本""会影响(周边)市场上的物价,涉及不少问题"。有村民说,"门口养点,就不用去买了,一年四季吃肉就不愁了""家里吃剩的饭菜也不浪费了"。也有人认为"拆了也对,要不家门口、村子里不卫生。味道大得很。到了夏天,苍蝇蚊虫多,对人有影响"。这一点,村民也认同。矛盾中,涉及切身利益,声音各不相同了。有人说,"拆了后,怎么解决餐桌上吃肉的问题,你得有解决问题的办法,""关键的时候,还得是干部拿主意,政府出政策。"

说到对策,该村的第一书记建议擅长养殖的村民,"把你的羊别放到家里,牵到山上统一建大棚,修个像样的养殖场。村民一两只不好养,有没有可能你把大家的羊统一管理,代养,形成规模,规模化的农场一样,或带上他们一起养，也顺便从技术上帮帮他们，也是增加一份收入"。这个村民回答："不行，不行"。村民认为，养殖应该形成规模，他同时担忧若自己成了领头人，养的羊出现病亡，自己要承担更大的责任和风险。如果搞成合作社或股份制集体养羊，村民纷纷表示对股份不太了解。即便"入股的这些管理不到位，羊会生病之类的""摊子大了也管不到位"。为规避风险，即便是具有专业养殖能力的村民也不敢发挥"领头羊"的作用，村里也不敢以这种模式发展集体经济，这影响了后续乡村旅游产业的发展和消费支出的弥补。

7.3 语言障碍

语言障碍是指不同语种在交流沟通中，由于传播符号障碍，未发挥出应有作用，造成的信息不对称现象。导致涉藏地区语言障碍在于家庭、社会和学校三个难以形成一体对话的平台，对汉语言教育的重视程度存在很大差异，难以协调配合。语言障碍制约提升旅游产业竞争力，制约学校教育教学体系运行溢出效应最大化，制约教学成果社会效益发挥。同时，制约学生、家长、社会运用汉语言文字能力的提高，影响个体、家庭高质量的生存能力，也影响社会高效运行。

7.3.1 教学效果的视角审视语言障碍影响

调研组在民族地区从学校包括教学点的汉语学习氛围可知，学校缺乏汉语的学习氛围，影响课堂教学效果的巩固和推广、普及的程度，影响普通话推广和汉字规范的4E。从学前教育、完小、非完小、初中等学校采用民族语言完成早操、课间操、放学的广播播放，到课间的师生沟通，学生打闹嬉戏，包括教师间的对话、讨论，会议学习，习惯于用方言完成。汉语的教学、普及、推广，只限于课堂之上。即便是家庭教育，也存在诸多的困境。青海涉藏地区许多学生家长文化水平不高，几乎难以为孩子创造巩固汉语学习的语境。甚至当孩子放学回家后，需要迁就家长的语言习惯而弱化汉语学习的动力，这无形中制约了学生与家长共同学习的语境，影响了汉语言普及推广的效率。因此，许多学生由于语言文化差异，出现不同程度的文化适应困难的现象。况且两种语言思维的相互转换，比起汉语方言与汉语普通话的转换更困难。

语言不通，对地方经济、社会发展会带来不利影响，对个人、家庭生产、生活造成不利影响，甚至可以说是造成深度贫困的重要因素。正如青海涉藏地区 16 位藏族父母对学习汉语的认识：如果不会汉语，孩子就不能在城市里找到工作。影响自身发展，无法适应城镇化的生计模式，难以承担家庭生存责任。如果掌握了汉语，至少可以给存在语言障碍的人提供帮助。

7.3.2 社会视角审视语言障碍影响

青海涉藏地区因环境等因素的局限，当地居民汉语言水平参差不齐，越往基层，语言障碍越普遍，影响就业能力，是该贫困地区的显著特征。长期存在的语言障碍不仅影响与市场沟通，影响信息对称，同时影响公共服务、行政成本和效率。国家通用语言文字的推广和普及，作为教育扶贫的重要内容，是精准扶贫战略实现的重要前提和保障，也是阻断贫困代际传递的基础条件与重要手段之一。发展，首先就要解决语言交流障碍的问题，只有交流无障碍，才能解决认知偏差，才能为高效发展提供前提条件。国家通用语言文字教育，对精准脱贫具有重要的经济价值、文化价值和社会价值。人们对于该地区语言能力、语言障碍及对农牧居民生产生活、行政管理和社会治理的影响，有着最直接的感受。

该地区绝大多数基层干部不会普通话，有村书记介绍：村子共有 240 户、970 多人。其中，公务员、高校毕业生、外出做生意的人会汉语。村子里能够使用汉语做一般日常简短交流的人数，占全村人口的 50%，而 85% 以上的人基本无法深入交流。一旦发生自然灾害，会因为沟通问题造成救援不畅。由信息不对称造成的后果不堪设想。

汉语学习的途径，主要来自学校和课本。有观点认为，牧区的居民对于教材反映的农耕文化的内容不是非常了解，甚至是陌生的，以此作为学习的载体，既要认知内容，又要进行语言转换，犹如汉语言学习者学习英语一样，学习的兴趣不大，效率也就不高。如果用汉语讲优秀的民族文化，可以让基层的居民轻松接受，也有兴趣，而且很快通过故事就记住了。熟悉的故事有助于记忆汉字，也好学。

有的干部坦言，这些地区普遍文化水平很低，即便是本民族语言，大多也是会说不会写。有村干部说，经济发展水平高的村子，年轻人多的村子，主要是上过学的年轻人，50% 的人有能力读写本民族语言。50 岁以上人群，由于时代原因，读写能力基本没有。语言障碍对生产生活影响越来越大，看一些介绍生产技术的书籍都困难，大部分生产技术都是口口相传。同样，语言障碍还能影响到认知，影响到文化的认同。

除此之外，语言障碍影响到村务监督。就以会计岗位而言，学历层次结构不平衡且偏低，缺乏专业知识，知识结构与专业岗位不匹配；语言沟通交流存在障碍，不能及时、完整反映经济信息。一位村支书介绍说，牧区各村的会计都是藏族村民，"把里面（村民）认真的选出来当会计"。有人被选为会计的原因是，这个人是初中毕业，有文化。毕业后"放过牧、搬过砖、去拉萨那边打过工"。大家认为这个人见多识广，办事认真，便选他当了会计。"这边没有会计知识的人多（普遍存在的现象）"，交流还有语言障碍。"除了政府下发的文件是汉语的，其他都是藏文。会计记账是藏文，后面附上清单，清单也是藏文。""比如说发票，你去银行打印出来一张发票，不认识汉字，银行前台专门有一个人，负责向你解释，问你（需要填写的内容），给（帮）你写上。一般，每个村都有一个这样的人（既懂汉语又懂民族语言）。""这个人忙不过来，只能自己找人（帮忙填写），现在都会去找村里的包村干部。"有的会计公司"根本就不懂藏文，还要找一个懂藏语、汉语的翻译"。

7.4 产业转型升级困境

7.4.1 资源契合的矛盾

根据自然环境、禀赋资源以及基层的社会基础，要想摆脱资金积累薄弱、文化水平不高、专业技术人才缺乏、产业与禀赋资源契合度以及居民与产业契合度低、参与产业转型程度有限、语言障碍、固有的思维定式等发展困境，需要快捷培养内生力，调整适合城镇的有效途径。将自然环境、禀赋资源和自身的"短板"结合，以适合其融合的产业，凝练、打造特色，转化劣势为特色优势，孕育特色产业群和产业链，实现农耕、牧业等传统产业借助高科技和旅游结合转型升级。就涉藏地区现状而言，适合的产业莫过于乡村特色文化旅游业，特色嵌入公园式的牧场，以牧场为圆点，以体验为抓手，以影视为手段，以经典文学作品为载体，演绎与衣食住行相关的旅游产业群和产业链。如金庸小说与荒漠、沙漠、雪景、喀斯特地貌、丹霞地貌等原始地貌结合，与古丝绸路结合的体验式的，融入农牧区特色文化，演绎属于青海特质符号的旅游产业体系。脱离禀赋资源与自身契合的产业，将无法支撑可持续性城镇化生计模式的生存，也影响产业的效益，影响生存成本的优化能力。如根据产量小的特有水果申办了企业，即便顾客好评、市场青睐，但因为原材料的稀缺，不足以支撑市场的需求，影响企业的可持续性生存。农牧区乡村文化旅游产业群和产业链的开发依托自然环境、禀赋资源设计的游览、观光和体验活动，旅游资源不会随着旅游产业发掘而消耗。源源不断的禀赋资源支持特色旅游产业，与生活主体、生产经营主体、文化承载者契合，并且居民与其的契合"门槛"在初级阶段不高，所能带来的效益将促进农牧民参与的积极性和可持续性，还可能为产业结构和生存成本结构优化提供经济基础，进而推进城镇化进程，实现可持续发展。

生活主体、生产经营主体、文化承载者没有着力将风俗习惯、生产生活方式等独特的文化与旅游这个载体恰当地结合，以实现其经济功能和社会功能。城镇化之前，第三产业所占比重不大，以农牧业为主导的产业结构体系主要满足基本生存需要，满足温饱的需要。畜牧业随西部大开发战略深入逐渐产业化，但水平仍然较低，缺乏和旅游业契合的意识。旅游业所占比重虽然不断在提高，但发展缓慢，市场适应性更是不足，影响经济水平和发展动力。无论是城镇化前还是城镇化后，无论是农牧居民还是城镇居民，都缺乏参与意识、旅游意识，限制了走出封闭、走下高原的步伐。即便是参与者，参与形式单一、信息不对称等，影响经济收入对生存成本的弥补能力，效能达不到预期的目标，直接影响其参与的积极性、创造性，最终影响政策实施和社会全面发展的高效运行。

城镇化后，涉藏地区产业发展战略随着国家发展战略而调整，逐步关注从禀赋资源优势向产业优势转化的问题。根据城镇化、精准扶贫、乡村振兴新路径下的环境资源选择主导产业，产业转型升级，以促进产业资源的优化配置和产业整体结构的合理化。但由于第三产业规模小，短期行为严重，以旅游业作为主导产业的地位并不突出，旅游业与农业、种植业、畜牧业、建筑业等的契合度并不高，未形成统一、有序、有效率的体系，陷入旅游产业布局同质化，旅游产品单一化，产业转型升级力度不够等困境。这会在一定程度上影响旅游业作为主导产业向纵深发展，影响核心竞争力的培育，影响居民参与的可持续性。

7.4.2 运行机制与科学评估的困境

所谓机制即系统内各要素之间相互作用、相互联系、相互制约的原理和方式。一个良好的机制能实现系统结构的优化，从而保证系统功能的充分发挥。每一个要素需要有自身的机制，如生存成本，有其构成项目要素，要素之间不是割裂的，而是相互之间存在联系，由其构成运行的机理和方式。生存成本与生计模式之间、生计模式与环境之间、环境与城镇化之间、城镇化与禀赋资源之间、禀赋资源与人文文化之间、人文文化与语言之间、语言与生存成本之间、生存成本与收入之间、收入与获取的途径之间、获取的途径与产业之间、产业与特色之间、特色与禀赋资源之间、禀赋资源与环境之间、环境与生计模式之间，都有其各自运行的机理。规律的运行不仅能够优化系统结构，保证系统功能所作的贡献，而且能促进相关系统与其咬合、配比，优化更大的系统结构。如城镇化促进生计模式转型优化其结构，生计模式促进生存成本结构优化，生存成本结构优化不仅组成要素重组，成本项目的比重也要相应地调整优化，以支持该系统良性运行，并对收入来源和收入金额提出要求，收入将对与禀赋资源匹配的生计模式提出要求并得到供给，以收入的弥补能力促使生存成本系统发挥最大功能，以内力为主，外力辅助，满足生存水平及其质量判断功能发挥的大小。

涉藏地区支持收入来源以弥补生存成本的特色乡村文化旅游产业运行，主要依靠的是市场力量，缺乏文化承载者的参与。"社区参与旅游发展"这一概念从西方引入我国后，仍存在理论和实践相脱节的困境，青海涉藏地区也不例外。居民参与旅游发展的绩效评估问题一直处于被忽视的状态。在实践中，它可以成为参与效果的反馈机制，既能自身反馈，也能促进运行机制的反馈。青海涉藏地区评估标准与评估体系还未建立完善，更多的评估具有随意性、利益导向性，且较少体现参与主体的评价地位和话语权。二者的困境需多方协作，形成自然资源、人文、城镇化互相融合的生计模式，以巩固拓展脱贫攻坚成果，满足城镇化后的居民生存成本结构调整的需要。

7.5 小结

根据国内外文献研究显示，与城镇规模正相关的收入与生存成本是相关的，但两者不是对等的，收入与生存成本关系是反映区域经济质量与水平的关键因素。根据收入与生存成本的相关关系以及两者的不对等性，及其显示出更明显的区域趋势，根据涉藏地区战略定位，生存成本结构性差异的决定因素主要体现在生计模式、观念和意识、语言和产业等维度，决定了青海涉藏地区追求效益的模式，不能以牺牲社会效益、质量、环境为代价。应该重新审视禀赋资源，通过运用成本效益原则，采取有效的优化生存成本的途径。

鉴于城镇规模与收入和生存成本是正相关关系，则扩大城镇化规模是提高收入和优化生活成本的途径。其中，根据收入与生存成本的相关关系，从收入和生存成本两个方面提出对策，对优化生存成本而言是有效的途径。如果提高收入，劳动力参与程度、教育程度和产业结构则在很大程度上影响城镇收入。劳动力参与程度和教育程度决定了对工资收入的影响，有研究表明，生存成本 COL 与工资收入间存在正相关关系。（Michael C. Sturman，Andrey D. Ukhov，Sanghee Park，2017）文化程度、教育、收入、生存及生活质量有着密切的关系。文化程度越高，受教育程度专业性越强，有更宽路径的收入来源。高质量的就业，有利于获得高收入并使收入具有稳定性。有研究表明，优质专业人员的平均工资高于平均水平。（Anonymous，2014）根据就业的机会及其收入的高低与产业结构及其差异性相关，不同地区的禀赋资源决定了产业分布的结构性差异，产业分布决定了城镇化及生计模式的结构差异特征，决定了就业人员择业观念及就业的结构差异，也决定了收入的结构性差异。同时，生存成本显示出更明显的区域趋势。（Harrison S. Campbell，Ryan D.James.A，2020）提高教育程度、摆脱语言障碍、适合的产业结构是优化生存成本的前提条件。

第8章 青海涉藏地区优化生存成本路径及对策

本章具有归集的功能。研究在青海涉藏地区生计模式城镇化转型背景下，根据生存的消费支出与收入平衡关系，借鉴《我国农村贫困标准线研究》中贫困线划分类别，依据现行农村贫困标准，依托青海及其涉藏地区的消费支出是以生存为对象的成本支出和以贫困标准为最低生存成本逻辑关系的认识前提下，假设当人均可支配收入=消费支出时，即收支平衡为生存成本。意味着居民把收入全部用于基本生存必需品的消费支出，既没欠债，也没有积累，收入刚够弥补生存成本支出。这为青海涉藏地区及其个案以总分的逻辑关系，和注解功能的分析方式提供了前提条件。基于精准扶贫国家化、中国特色城镇化背景，生计模式城镇化和生存成本优化路径区域特征背景，1984—2017年青海城乡收支测度计量、收支结余、贫困标准及其相互关系，为青海涉藏地区收入弥补生存成本能力分析铺垫了背景基础。随着城镇化率不断提高，农牧区居民不断减少，城镇居民不断增加。无论是城镇增加了的居民，还是农牧区发展中的居民，都面临着生计模式转型升级以及消费支出城镇化，演绎着生存成本项目结构城镇特征调适。2010—2017年，青海涉藏地区显示的消费支出的结构性差异及趋势特征，收入的结构性差异及趋势特征，以及收入差异与消费支出差异关系，为个案从成本的角度体现城镇化发挥了积极作用，也为精准扶贫弥补功能铺垫了背景基础。在此基础上，根据生存成本结构性差异的决定因素，研究从优化生存成本视角，从生计模式城镇化路径、旅游产业竞争力路径、推广普及国家通用语言文字路径，提出社会经济运行中突出的个性矛盾和个性困境解决的对策。由研究可知，青海涉藏地区生存成本随着城镇化生计模式转型升级而呈现震荡上升趋势，其特征和趋势结构具有复杂性特点。审视青海涉藏地区经济所显示的短板效应，消费支出所显示的生存成本提升中弥补的困境和丰富的禀赋资源之间的矛盾，了解国外城镇化在凸显阶段性的特点，反思该地区城镇化所处的发展阶段及其赖以生存的禀赋资源，借鉴逆发展模式，提出契合城镇化的以特色产业为依托的生计模式。

8.1 生计模式城镇化路径

城镇化是生计模式城镇化的前提条件。城镇化相对城镇和非城镇的生存模式的实质性差异，在于生存成本，且具有区域特征。生存成本指维持劳动力再生产的费用，包括饮食、衣着、房租、交通、通信、教育、日用品和医疗费等，可以归为各大类的生存成本项目，并设置总账科目以及各层次的明细科目。城镇化前后的区别在于所呈现的生存成本的项目结构具有差异，内涵具有时代的烙印。其中，成本结构因城镇化具有显著的城镇生存的特征。选择生计模式城镇化路径，为生存成本可持续性满足生存需求创造了条件，最大限度地提升了生存成本的城镇化特征；随着生存成本趋高，从生存品质的视角，意味着生存质量的提高，对收入来源路径拓展和收入增加以及收支平衡的水平及其要求也不断提高。从系统论的观点可知，生存模式城镇化是生活模式城镇化的基础，生活模式城镇化的前提条件是农牧区城镇化。根据青海涉藏地区影响生计模式、生存成本的区域特征，该地区应该就地城镇化。基于成本效应理论，相比其他地区，青海涉藏地区生存成本有其特色内涵，就地城镇化可以最大限度地优化磨合对接资源分配及其成本支出。

城镇化前，城镇的容量，产业对城镇及城镇生计模式的支撑能力，法律法规规章制度，政策的导向，生产要素市场的成熟度，交易市场的条件，弥补生存成本的高收入的预期等前提条件，决定了劳动力转移到城镇的机会、平台、技能、管理、行政、流动性、收支距离，无论从必要性，还是从可能性，可预期的生存能力，都不能充分满足农牧区剩余劳动力向城镇转移后达到可预期的生存质量和水平的需求，以支持城镇属性的生存成本及其优化的项目结构。城镇化需要成本，无论是政府、社会，还是家庭和个人，都需要支出转型升级的成本，需要成本项目的结构优化，需要质量升级的可预期的成本。随着城镇化发展，生存成本构成项目不断凸显城镇的要素结构。对家庭和个人而言，城镇居民化身份的转化，也需要成本。狭义的定义是城镇化后为实现身份转化，成为城镇居民的实际投入。个人生存投入，包括以生存和发展为对象归集的成本费用。城镇居民化成本分层分类，由大系统成本和小系统成本组合而成，小系统分属于大系统。大系统成本层次包括个人成本、公共成本、企业成本三项成本。横向分析，个人成本和公共成本是影响角色定位的主要成本，而且呈现区域化结构性倾向。第一，从全国来说，平均个人成本相当于公共成本，两者基本平衡；第二，东部地区，个人成本大于公共成本；第三，其他地区，个人成本小于公共成本。小系统成本层次包括生活成本、住房成本和基础设施成本，这三种成本，所占城镇居民化成本的比重分别为14.6%、33.7%、43%。这三个小系统成本要素，是各大系统成本的子项目。这三个成本子项目的合计占比超过90%，是最重要的子项目。纵向分析，在个人成本结构中，生活成本所占比重为94%以上；公共成本中，基础设施成本占70%以上。

对一个家庭而言，家庭总成本主要是家庭转移成本或外出的流动成本、失地成本和生存成本及其他家庭成员的生存成本。家庭转移成本，主要包括迁移成本、获取务工资格成本。迁移成本包括家庭转移进城支付的交通费和其他旅途开支。获取务工资格成本，包括劳动力市场上的交易成本、教育成本和城市政府职能部门收取的各种费用，如获取城镇暂住证和就业证，及其他相关证件的开支、职业介绍信息费、学习培训费等。失地成本，包括放弃土地的损失。生存成本，包括农牧民初到城市的家庭安置费用、房屋租赁费用及相关的生活费用，由于户口限制而导致的子女就学的额外费用等。由于家庭转移成本和失地成本都是一次性成本，家庭转移阶段的成本主要是获取务工资格成本和城市生存成本。根据这些生存成本的基本内涵，无论是按照什么标准划分的生存成本分类，分类又包括哪些成本项目，成本项目的结构又是如何组成的，以及反映的是区域的何种特征，生存成本都会随城镇化的城镇特征的增加而不断趋高，需要收入的补偿，才能维持可持续性生存。由城镇化就生存成本与收入的关系可知，收入增长的同时，生存成本也在增加。城镇居民化成本与地区经济发展水平近似呈正相关（西藏除外），经济越发达的地区，其城镇居民化总成本越高，且存在明显的地域性差异。据此，设计的生计模式城镇化路径，所追求收入增长的前提条件是提高地区经济发展水平，以满足对生存成本增长的覆盖能力。同时，应该追求个体收入增加，拓展收入途径，以满足城镇居民化成本和满足城镇化后居民可持续生活成本弥补的需求，尤其是满足城镇化后居民可持续生存成本补偿能力的需求。青海涉藏地区也不例外，这是由自身禀赋资源特征所决定的。

涉藏地区生计模式，无论是保留原有模式，还是转型升级，抑或创设新的生计模式，一要依赖禀赋资源；二要城镇化，禀赋资源应该与城镇化有较高的匹配程度。由生计状况、生态参与以及多方力量互动关系可知，国家、地方政府和居民三方主体共同互动、作用，搭建可持续性多元共享生计模式框架，是改善生计模式参与社区良治，实现高匹配的主要方法。应该在国家主导下，依靠政府和居民，才能取得显著效益。一方面，政府要统筹全局，把握城镇化建设和生计模式发展重点，引领居民契合禀赋资源达到脱贫致富；另一方面，居民自身也要积极主动适应新时代的要求，适应新环境、新形势的要求，从传统农业、畜牧业及季节性的采集活动的生计方式，转变升级为多元化的生计方式。综合发展特色产业，使经济来源途径更为多样，以获取、积累更多的生计资本，增强抵御外来风险的内生力。

8.1.1 匹配的差异资源化

城镇化的生计模式与禀赋资源配比与否，意味着城镇化的生计模式、成本结构优化的程度，对精准扶贫是否起到的补缺的作用。由资源稀缺理论中的短缺理论可知，有的资源短缺在历史的进程中会随着溢出效应的作用逐渐得到修复、弥补，于是，承载这个阶段的载体随之转型；有的短缺却会因为其存在的广度、深度、复杂程度不同，可能会因为资源的富足程度不同、所处不同的历史阶段的生命周期不同、不同阶段的要求不同，需要国家力量的作用才能弥补和克服。这种情况下，承载历史使命和责任的载体将会随着这诸多不同的组合不断优化完善，直至转型契合配比。

涉藏地区生计模式城镇化，就是基于禀赋资源，改变和转型生计模式与城镇契合，赋予城镇特质的过程，并适应和推进城镇化。这个地区发展水平差异很大，禀赋资源各具特色，既有传统的生计模式，也有现代的生计模式；既有以牧业为主的生计模式，也有以农耕为主的生计模式；既有半农半牧的生计模式，也有电商等现代元素的生计模式，每一种生计模式都有其生存的空间。改变和转型生计模式就是转变传统的不适合城镇化运行的、不适合提升居民就业能力、职业能力、执业能力的传统模式，不适合城镇化与禀赋资源契合的生计模式，都应该以改变这一现状为前提，改变生计模式；存在的需要改变的、与禀赋资源契合的却不能获得高效到足以弥补生存成本，且能够支持可持续性生存，无论是城镇化的生存、生计模式自身的生存，还是人的生存，都应该转型升级，赋予这样的生计模式多元化的承载责任及功能。如牧业，不仅仅是以牛羊承载供给生存，应该进一步拓展其体验式特色文化旅游的功能，以发挥旅游业的快捷实现积累的特点，为完成实现、巩固、拓展乡村振兴相衔接，不仅提供经济基础、思想基础、能力基础，还要提升其防御、抵抗、应对自然灾害风险的能力。

生计模式城镇化，应该是特色的禀赋资源支持的产业群和产业链，及其支持的多元的城镇化的生计模式体系。假如缺乏产业群和产业链支撑，城镇不仅不能养活流入的人口，甚至会拖垮城镇化前原有城镇的功能。我国发达地区城镇化以乡镇企业托起的产业，消化了生计模式转型带来的人口转移问题，以小工业化养育了城镇化。但是，涉藏地区缺乏类似的资源。通常听到的是"没有资源""没有产业""没有大型企业"等声音，却没有意识到差异就是支撑产业群、产业链，生计模式和城镇赖以生存的资源的逻辑关系。

涉藏地区生计模式城镇化，没有可供模仿的案例。通过借鉴，在避免简单模仿其他发达地区模式的基础上，创设适合该地区城镇化运行的、有利于居民形成城镇化理念、生产生活方式、习惯的生计模式。涉藏地区生计模式依附于一般性的农产品和畜产品，工业有限，没有区位优势，交通不发达，运输费用很高，很难和发达地区相比较。虽然本身不发达，但无论是生态环境，还是人文环境都得保持完整和原始，这是该地区最大的禀赋资源；生态环境是差异化资源以特色为特征的资源基础，虽然该地区地势复杂，但生产力发展不平衡，差异资源丰富。差异是禀赋资源，差异禀赋资源是差异化的资源基础，这是最大的优势资源，是核心竞争力凝聚和提炼的基础资源，是能够创设附加值生计模式的特色资源。一直以来，涉藏地区很少视差异为资源，对资源差异都是从消极的角度认识和理解，以传统生计模式使用传统资源。而市场取胜的法宝就是追求差异化，对于青海涉藏地区而言，差异资源化是至关重要的理念。所谓差异资源化，就是让差异转化为资源，并且有意识地差异化资源，使资源转化为生产力的过程。目的就是将其他地区没有的，或者附着不同元素的"特色"转化为或视同"资产"。这个地区禀赋资源最大的特征就是"结构性差异"，赋予差异资源的理念是禀赋资源差异化的依据。资源的结构性差异决定生计模式的多元特点，多元的、特色鲜明的生计模式，既能满足本土禀赋资源的多元生计模式传承的需求，又能满足与其匹配的公共治理目的的需求。涉藏地区如果不是建立在禀赋资源基础上的城镇化生计模式，则犹如无源之水，既不能形成差异的竞争力，也不能形成具有特色的核心竞争力。没有差异化竞争力的生计模式，会使参与市场竞争的能力非常有限，投入得不到可持续性的回报，影响其对生存的支持力度。

精准扶贫是促进城镇化的有效途径，扶贫与经济社会发展的相互作用在于集全社会之力促进生计模式转型，在生存台阶的基础上，为经济发展支持可持续性生存的脱贫奠定基础。进一步的可持续性生存能力，应该在借鉴的基础上，有赖于城镇化、精准扶贫与禀赋资源契合的高附加值的产业群和产业链，通过差异化资源构建核心竞争力，促进经济发展，支撑城镇化的深入推进，进一步为改变硬件条件和软件条件、环境，提高家庭和个人生存能力奠定基础。

产业体系架构，应该将特色人文资源与现代元素融合，创设城镇特色符号，使每一个符号独具内涵，每一个符号组成符合中国社会主义核心价值观的文化体系，赋予其无形资产的价值，为改善生存环境和条件，为生计模式转型升级创造条件，这也是解决自身发展能力不足的途径。根据优势发展理论，多元模式集合的模式体系，应该有不同的层次与结构性差异资源匹配的需求。创设与结构性差异禀赋资源高度契合的生计模式，以支撑不同阶段的城镇化，旅游产业生计模式体系——以国家公园式生态牧场循环系统为核心的产业群和产业链，依托禀赋资源，深化城镇化，以城镇为载体，深入产业群的分层开发，开发高附加值的衍生产业，不失为适合涉藏经济基础、人文基础、社会基础、市场基础的生计模式城镇化途径。无论是传统模式的改变，还是传统生计模式转型升级，都为这一模式体系提供了取之不尽、用之不竭的资源。如在生计模式体系城镇化的过程中，发挥定居点多元功能，与旅游功能结合，向游客提供具有藏式风味的食宿，售卖酥油茶、奶渣子、羊毛毯等具有特色的旅游产品，展示传统与现代生活相结合的差异文化，满足了传统生活方式在转型升级中的传承需求，又契合禀赋资源差异资源化适应现代生存环境的需要，符合城镇化中"住得下、留得住、可发展、能致富"的可持续性生存目标的要求。由此可见，这一模式的传承性取决于生产差异载体的丰富程度和可持续生产的可能性，涉藏地区恰恰具有这一源泉。这一特色源泉的载体包括地理特征、自然资源、文化特色、价值取向、民族性格、生计模式、生活习惯、家庭内涵、民间风俗等具有极端属性的本土资源，是差异的载体，也是差异资源化的源泉。

8.1.2 城镇化生计模式经济功能和社会功能

契合禀赋资源的城镇化生计模式具有积极的经济功能和社会功能，契合生计模式的旅游产业体系，是优化生存成本的前提条件。所谓产业是以相同的生产要素聚集的生产者的集合，而这些生产者之间是互补的关系，集合为一个完整的产业链或产业集群，实现资源配置最优化和高效利用。资源的本质特征是稀缺性和时空局限性，各州到各县、各村都有自身的特色资源。以国家公园式生态牧场循环系统为核心的旅游产业生计模式体系，具有优化资源配置，提高经济功能和社会功能的积极作用。

海南州2010年的旅游收入为0.93亿元，2015年为13.09亿元，2015年较2010年增长1307.53%，增幅显著，经济功能突出。2010年，海南州旅游收入排名在涉藏地区位列第四，2015年上升到第三名。海南州的旅游在发挥经济功能的同时，还发挥着社会功能。人们的服务意识、观念在不断转变。海西州2010年的旅游收入为6亿元，2015年为31.59亿元，2015年较2010年增长426.50%。差异资源化的经济功能发挥显著，旅游的经济收入排名始终为涉藏地区之首，且每年的旅游收入都呈递增趋势。海北州2010年的旅游收入为2.9亿元，2015年为16.53亿元，2015年较2010年增长470.00%，增幅和海西州相近。2010年，海北州的旅游收入排名在涉藏地区中位居第三，2015年为第二名，海北州的旅游发展仅次于海西州，经济功能在禀赋资源开发差异化的过程中，起到了积极的作用。并且由于海北州旅游产业的蓬勃发展，成为了青海的名片，扩大了声誉，人们对青海的认识由此不断更新，社会效益显著。黄南州2010年的旅游收入为3.15亿元，2015年为10.75亿元，2015年较2010年增长241.27%。2010—2012年，黄南州的旅游收入在涉藏地区中排名第二，2013年、2014年排名第三，2015年排第四名，从旅游收入增幅来看，黄南州特色旅游的经济功能在发展中不断凸显，且在旅游收入上升趋势中，带动居民特色奶制品等的销售收入，在参与市场竞争中，不断提高服务意识，在服务中提高了语言能力。玉树州2010年的旅游收入为0.5亿元，2015年为2.53亿元，2015年较2010年增长406.00%。尽管2010—2014年，玉树的旅游收入在涉藏地区中排名第六，2015年排第五名，但是玉树州的旅游在平缓中发展。重要的是玉树州对旅游业的经济功能、社会功能的认识在宣传和实践中不断加强。果洛州2010年的旅游收入为0.61亿元，2015年为2.2亿元，2015年较2010年增长260.66%，2010—2015年，果洛州的旅游收入反映出旅游产业差异资源化意识不断加强（参见表8-1）。

表 8-1　2010—2015 年青海涉藏地区旅游收入情况

单位：亿元

年份 地区	2010	2011	2012	2013	2014	2015
海南州	0.93	1.84	5.52	7.02	8.64	13.09
海西州	6.00	8.80	13.9	18.83	25.00	31.59
海北州	2.90	3.77	5.10	8.44	12.74	16.53
黄南州	3.15	3.89	5.79	7.02	8.69	10.75
玉树州	0.50	0.77	0.79	0.96	1.60	2.53
果洛州	0.61	1.49	0.97	1.22	1.69	2.20

　　提升城镇化生计模式经济功能和社会功能，应该遵循城镇化安全的原则。空间经济学认为，民族地区空间结构分散，城镇和产业布局密度低。而城镇化伴随着人口与产业空间集聚，从边疆战略的角度谋划长远的安全城镇化体系，这是涉藏地区应该坚守的实现城镇化生计模式的原则。根据极端环境下的地理环境及条件的承载能力，优化城镇空间布局，构建不同层级的城市群。以产业发展，促进城镇扩张，集聚经济效益，优化城镇功能。当产业和经济活动空间位置趋于临近，产业聚集，距离缩短，能节约运输成本。节约产业成本，即为报酬递增。城镇是区域人口、产业的高度集聚区。这一原则将为民族地区安全、社会良性治理奠定基础，也将进一步提升城镇化生计模式的社会功能。由此可见，生存成本的区域差异，采取优化生存成本的途径，对于青海省及其涉藏地区，契合禀赋资源的基层特色文化全域旅游，是有效的途径。

8.2 特色旅游产业体系路径

　　城镇化的一般动力结构，以经济动力和文化动力为主导。由于特殊的自然环境、社会经济结构和历史文化等条件，青海涉藏地区类似于四川民族地区，其城镇化发展不同于其他地区，动力结构不同，具有位序差异性。政治动力和文化动力是城镇化发展的主要动力，经济动力则是次要动力。优化该地区城镇化动力结构，强化文化的经济动力功能，培育农牧区特色产业，突出政治动力,提升公共服务均等化,利于发展多极化的城镇化体系。2014 年,国家提出新型城镇化建设战略,协调新型城镇化与生态环境的关系。根据资源环境能力,构建科学合理的城镇宏观布局。寻求生态文明建设和民族传统文化发展"双赢"、均强,传承文化,发展有历史记忆、地域特色、民族志特点的美丽城镇。四川民族地区各县域多维生存贫困程度,在波动中不断减轻。该地区利用丰富的旅游资源、鲜明的农牧业特色,创设农旅融合发展的典型模式,增加收入,提高系统性优化生存成本结构的能力。归纳农牧业与旅游相融的生计模式,一般为三类。一是旅游赋能型发展模式,指以农牧业为基础,农牧业产品为主要收益来源,旅游附属发展;二是农牧附属型发展模式,指以旅游业作为主要收益,农牧业是旅游业发展的重要支撑;三是现代农业综合型模式,主要依托地方现代农牧产业园区,典型代表为田园综合体、国家现代农业产业园和农业主题公园等。许多地区将旅游产业作为城镇化生计模式与禀赋资源契合的有效途径,以提升旅游产业竞争力,增加就业岗位、提高收入,促进经济增长,为青海涉藏地区发展以国家公园式生态牧场和乡村特色文化旅游产业,提供启示和借鉴。由 2014—2018 年青海统计年鉴 13 个相关指标构建的旅游产业竞争力评价体系,可知青海旅游产业竞争力和经济发展状况的相关关系。通过各市州旅游产业竞争力及其对经济增长作用的测算可知,发展全域特色旅游产业体系是有效的途径。

8.2.1 旅游产业竞争力趋势特征

研究将青海省及其涉藏地区在内的 8 个市州基础数据代入旅游产业竞争力表达式,获得竞争力得分排序分值,反映出 2014—2018 年,在政府和城乡居民的努力下,青海各市州的旅游产业都在快速发展,旅游产业竞争力呈上升趋势。但各市州之间差距很大,呈现结构性差异特征。

西宁旅游产业竞争力一直高居首位,旅游产业发展有极大优势;海东市旅游产业竞争力由负转正的得分,反映超过平均水平的趋势特征;海西州旅游产业竞争力提升最快;海北州、黄南州、果洛州和玉树州得分均为负数,表明旅游竞争力处于平均水平以下的现状。众所周知,这几个州拥有丰富的特色旅游资源。由此可知,就地城镇化,以城乡一体化思路依托禀赋资源,顶层设计特色旅游产业体系,多快好省地补齐短板,大力提升旅游产业竞争力,推动经济发展,增加收入,提高生存成本补偿能力,势在必行。

8.2.2 旅游产业竞争力对经济的影响

为进一步了解青海及其涉藏地区旅游产业竞争力对经济增长的影响程度，研究通过青海旅游产业竞争力与经济发展的回归直线方程可得，旅游人数（X_2）、人均花费（X_3）、A级以上景点数（X_4）、第二产业增加值（X_{11}）指标对第三产业增加值的促进作用很大，移动电话普及率对经济增长的影响较小，但都呈正相关关系。人均可支配收入（X_6）与第三产业增加值（Y）呈负相关，可能是由于物价上涨等因素，对第三产业增加值的提高有一定消极影响。

第一，提升旅游产业竞争力。近年来，青海各市州旅游发展迅速，旅游产业经济功能提升较快，发挥了特色乡村文化旅游的经济功能和社会功能。针对地区间的结构性差异，禀赋资源开发潜力，差异资源化观念，缺乏以文化为纽带的乡村特色旅游产业互嵌的模式，各自为政、单打独斗，缺乏规模和规范的运营模式等问题，应该采取强有力的对策：以扩大旅游产业规模，惠及城乡居民；以强化规范，避免恶性竞争；以加强交通、通信等基础设施建设，提供多元化的旅游方式；以产业融合，拓展大产业的理念；以保持原生态，打造多层次的旅游产品；以现代科技，搭建人文旅游指南平台；以改善居民居住环境，改善旅游环境；以强化管理、稳定价格，改善旅游体验；以提高居民参与度，增强对旅游与生存关系的认识；以强化服务意识，塑造品牌形象；以旅游公司对就业的贡献，打造明星企业；以建立健全制度，强化游客文明旅游，保护原生态旅游资源；以普法、教育，提高居民自觉、自信、自省的意识，构建和谐的旅游关系。以此极大提升旅游产业竞争力，为经济功能和社会功能的进一步发挥，提供前提条件。

第二，赋予原生态更多的附加值。旅游人数、人均花费、A级以上景点数等指标对第三产业增加值具有很大的推动作用。因此，青海及其涉藏地区应在生计模式城镇化进程中，积极提高差异资源化和资源差异化理念，开发禀赋资源的经济和社会功能。基于规模效应，扩大旅游产业发展的规模。将旅游产业落脚在乡村，以特色文化资源嵌入大产业体系，建设特色景点、景区，促进和支撑生计模式城镇化转型。转变基础设施劣势为优势，挖掘并赋予原生态更多的附加值。将禀赋资源与城镇化生计模式契合，为旅游产业体系形成，提供经济基础和社会基础。

8.2.3 提升特色旅游产业体系内生力

第一，提高景区服务意识和服务质量，完善基础设施及其配套功能。长期以来，游客对青海及其涉藏地区旅游产业所提供的旅游产品反映最集中的问题是缺乏服务意识、基础设施落后，体验感偏弱，达不到宣传信息或预期的要求；没有明确的市场细分；缺乏明确的市场分层，缺乏相应的服务态度。为此，旅游地居民、导游、管理者三位一体，都要树立互惠互存的思想；换位思考，用规模效应理念，为游客提供高性价比的旅游体验。

第二，提升差异资源化，资源差异化意识。根据青海及其涉藏地区旅游地的劣势，基于SWOT理论和差异资源，转化劣势、危机为优势和特色资源，提升差异资源价值。青海以其独特的自然环境和人文环境等为载体的禀赋资源，提升差异资源化、差异即禀赋资源的意识，最大限度挖掘差异资源，避免旅游产业资源同质化，满足市场的差异旅游资源的需求，使禀赋资源转化为生产力，提高并发挥其经济功能，拓展居民收入渠道。凝聚社会力量，以禀赋资源构建核心竞争力，提升其内在价值。

第三，创新产业融合。以全域旅游的观念，由乡村特色文化旅游产业延伸为产业群、产业链和产业体系，为国家公园牧场式旅游体系奠定基础。青海是我国四大牧区之一，拥有特色农牧业及其禀赋资源，具有延伸畜牧养殖产业链的条件；也有特色工业基础，如茶卡盐湖等，既是工业基地又是旅游景区，近年来吸引了大批游客。为此，结合特色文化、生态，依托扶贫资金和地方工业、农业、金融等扶贫政策，创新畜牧业的产业模式，推动农牧业与旅游业相结合，工业与旅游业融合，发展壮大民族特色产业，既有旅游基础又可以促进生计模式转型升级。同时，通过国家公园牧场式旅游体系，提高游客追逐差异的体验感，由此增加就业岗位，扩大就业面，提高就业率，拓宽收入渠道，增加经济收入，以提高弥补生存成本的能力。

第四，科学定位，细分市场。根据不同特色的旅游资源，结合不同地区的特征，细分旅游产业级次，满足市场不同层次的需求；细化市场，明确不同层次市场的需求特征，结合旅游产业分层，定位旅游产品，提供高质量的产品和服务。

第五，稳定物价，增加无形资产。加快建立现代化生产基地，形成完善的旅游市场体系，为增加无形资产创造条件。加强旅游资源物价的监管力度，构建使其更加透明、合理、公开、公平的平台，强化制度建设，使旅游资源及其产品和当地物价运行于可控的系统，避免短期行为。积累无形资产，提升旅游竞争力，促进经济发展，为可持续性生存奠定基础。

第六，加大引导和辅导。结合生计模式城镇化转型升级和保留、维护特色资源、差异化资源，既要对传统畜牧业进行现代化的转型升级，又要通过引导和辅导使农牧居民现代化，满足城镇生计的需求；既要进行转型升级和创新产业融合的产业知识与技能培训、指导，也要进行大产业语境下的转产转业的知识传授与技能培训，以提高职业能力和执业能力；既为青海及其涉藏地区旅游产业内生力的提升储备资源，又为可持续性生存创造条件。

8.3 国家通用语言文字推普路径

语言和谐是人类社会发展的基本条件，是人类语言自身的发展要求，是人类交际获得成功的前提，是构建和谐社会的基石。学校教育是学生学习语言最主要的途径，规范的语言习惯源自学校教育教学的结果。但单一学校教育是有限的。推广普及"国家通用语言文字"，提升汉语言能力，除了有效增强学校教育教学的功能，还要"靠汉语环境影响，说汉语的人越多越好"。即便在民族语言为主的语言环境，也应该多使用标准的汉语言文字，养成说汉语写汉字的良好习惯。为此，以国家为主导，学校、社会、家庭三位一体推广普及国家通用语言文字，是摆脱语言障碍的有效途径。在多语种的环境里，应该恰当处理其间的关系，正视汉语学习与就业的关系，创设汉语言能力提高的平台，走出语言封闭的环境，以便培育和提升参与市场竞争的内生力。

8.3.1 国家主导三位一体推普"国家通用语言文字"

第一，国家出台政策，行之有据，保证师资力量满足教学需求。在涉藏地区，普通话、汉字普及的资源供给短缺，从师资供需缺口可见一斑。汉语师资供给与需求既有全国共性的短缺问题，也有该地区短缺的个性问题。首先是师资不足。最突出的表现是即使学校硬件设施现代化，但是部分学校不但缺少具有特长的专业师资力量，甚至语文、数学和英语等主科的师资都难以满足汉语言教学的需求。其次是留不住师资。多民族聚居的基层，家长、社会对于教育教学的态度决定了学生在学校的表现和学生对教学过程的认知程度，这同样影响师资的发展空间。因此，教育教学在学生不断适应新教师，学校不断招聘新教师这样的循环中显得力不从心。这既不利于学生学习，也不利于学校管理。最后是教师自身的汉语言能力有待提高。一方面，课堂上，教师会不由自主地采用自己本民族语言授课。普通话的能力有限，决定了普通话授课效果的有限性。这既不利于学生汉语表达与沟通能力的提高，也不利于师资力量的普通话能力的提高。另一方面，师资在普通话语境下，知识更新频率低。多年来，虽然在教学手段和授课内容上有所更新，但速度赶不上知识更新的速度，缺乏突破常规学习和实践普通话模式的理念。总之，学校普遍面临着师资匮乏的多重压力。为此，就师资招聘、培训、上岗、考核、激励奖惩制度等环节的规范而言，应该以国家政策为主导，在国家通用语言文字推广普及师资方面，给予大力支持。

第二，合理重构教材内容的结构。教材是学校推广普及国家通用语言文字的主要载体，选择优秀的民族文化，合理布局教材的内容结构，以此为载体，既能多快好省地提高讲标准普通话、写规范汉字的能力，也能推广民族优秀文化。根据语言学、心理学、行为学可知，以熟知的生产生活为内容的国家通用语言文字推广普及，更容易掌握并且达到多快好省的效果。

社会层面。涉藏地区汉语能力提高的困境在于：民族传统文化的心理影响，经济欠发达，辅导普通话、规范汉字的教育机构有限，缺乏汉语言氛围，语言障碍现象时有存在。需要制定一些改善困境的方式，第一，开发媒介的教育功能。现代信息传播媒介是一种有力的宣传工具，对涉藏地区政治、经济、文化发展，社会进步具有极为重要的作用。计算机、手机、电视等电子产品对语言学习的影响是直接而重要的，通过互联网主动学习新知识是普遍现象。第二，完善志愿者体系，设置支教平台，将有意愿长期（至少一个教学周期）支教，且具有专业能力的社会力量组织起来，以补齐师资供需缺口，摆脱师资不足的困境。

学校层面。学生在学校这个平台学习汉语言，提高汉语能力的困境在于：生活、学习的环境较为闭塞，且很少参加社会活动，缺少汉语言学习的语境；民族语言自身的学习习惯与农耕背景下的生产生活为内容的教材等的错位，制约了汉语言沟通交流的机会和能力的提高。如以藏语为母语的学生，成长于民族地区，从小在家庭接受藏语教育教学，汉语理解能力不足以消化教材的内容。相对而言，系统学习汉语的载体主要还是学校教育。但封闭的环境中，汉语言教育教学条件不足，大部分学生缺乏汉语言学习资源辅助课后巩固复习。这些都制约了学校汉语学习的绩效，也制约了学生讲标准普通话，写规范汉字的能力。要解决这些问题，第一，从教育工作者做起，充分认识到汉语学习与就业的关系，与生存能力的关系，提高汉语学习的认同感。第二，开发课程资源，融合优秀的民族文化，身临其境的阅读模式，贴近地域文化的写作方式，以激发学习兴趣。第三，依据汉语特点创设情境，丰富实践活动，在实践中提高语言能力。既要外聘师资，更要注重加大教师培养。定期培训师资力量，创造交流学习的机会，关注第二语言学情，注重课堂生成。第四，结对子帮扶的模式。采取适合的模式，如观摩、讲评、讨论等，学习新的授课方法并扩充新知，为教学效果的提高提供前提条件。

  家庭层面。在基层，家长对孩子汉语言学习关注度不高，这是涉藏地区普遍存在的现象。有的家长外出打工，学生多与祖辈一起居住生活。无论是汉语文课程，抑或是其他课程，难以得到有效的督促和指导。有的家庭，家长文化水平不高，汉语言能力有限，甚至有完全不会的状况，难以为孩子创造汉语言学习的语境，同时也局限了自身参与市场竞争的生存能力。有的孩子放学回家后，需要迁就家长的语境而弱化汉语言学习的动力。在日常生产生活中，人们沟通交流的话题，大多是各自所在地理环境中相应生计模式下熟悉的内容，没有熟悉的生产生活内容的普通话和汉字的学习，只能停留在课堂上、试卷中。回到家，进入熟悉的人群中，学生们还是使用母语讨论日常的生产生活，这无形中制约了学生与家长共同学习的机会。为此，第一，要营造说普通话的氛围；第二，要摒弃落后观念，提升认知水平，与学校配合，形成社会、学校和家庭对接平台；第三，要利用新媒体媒介，提供汉语言类或双语类视频，增强汉语言学习效率。

  总之，无论是社会力量、学校力量还是家庭力量，仅依靠单方面进行国家通用语言文字推广和普及是有限的。需在国家力量主导的背景下，进行三方对接，形成对接平台，共同作用。同时借鉴推普工作的模式和经验，促进涉藏地区居民汉语言能力的提升，为就业能力提升，家庭收入增加，提供语言条件。

8.3.2 结对子模式经验借鉴

目前，国家通用语言文字推广普及主要是依靠学校汉语文教育教学的力量。理性的教育工作者在不断探索中，创新机制和模式，以推进汉语文的教育教学，提高师生汉语言能力。近年来，涉藏地区加大汉语文的授课力度，这是提高内生力和增强谋生手段，增强市场中就业竞争能力的契机。随着汉语文教学的实质性推进，师资短缺的问题更加凸显。为保证汉语文课程教学的正常实施，只有挖掘现有师资力量的潜力，以保证教学秩序按部就班进行。这就涉及师资转型问题，即以藏语文为主的师资迅速成为汉语文教学的力量。即刻解决这个问题，成为各个学校、教学点最大的难点。探究适用的、有效的对策，成为基层教育教学管理者实践的课题。其中，有的学区以结对子的模式提高师资汉语言能力和汉语文教学质量，为此提供了可资借鉴的经验和启示。

所谓结对子模式，是以学校间结对子帮扶，组成合作交流学习汉语文授课的模式。通过组织结对帮扶学校的汉语文教学研讨活动，由汉语区的教师现场示范授课过程。授课的教师从大纲、教案、板书、课堂组织到内容讲授，对每个环节有序演绎。整个教学环节，授课教师展示了教学思路、节奏把握，和学生逻辑思维进度的配合过程。课堂上"思一思、想一想和做一做"的教学理念，使学生一定程度地掌握了课堂所学知识。课后讲评帮扶活动，完成汉语文达标的可资借鉴的方式方法的传授。讨论中，教师从汉语文教学用书的结构、变化、国家的规范标准到达标要求，进行精讲。结对子模式，关键且重要的是，在教与学的环节中，营造一个汉语文学习的氛围。通过观摩听课，课后讨论，为提高汉语文授课能力提供了相互学习、共同进步，提高教学质量的平台。

结对子模式在讨论中达成共识，养成习惯，从我做起。即从领导做起，从教师做起，由领导和教师引领并创设汉语文学习的氛围和环境。具体要求：教师上课应该推广和运用国家通用语言文字，并运用于师生沟通交流中。提出把观看《新闻联播》作为快速提高师生汉语言能力的对策，使老师可以更快掌握国家通用语言文字，为逐步转型提供可供借鉴的经验。

8.4 小结

优化生存成本的路径很多，有效的优化生存成本的路径应该符合国家战略要求，与禀赋资源契合，研究认为，当下优化生存成本的路径为以下几点：第一，就地城镇化。契合禀赋资源，生计模式城镇化转型升级，巩固拓展脱贫攻坚成果，同乡村振兴有效衔接，建设美丽宜人、业兴人和的城镇化乡村。第二，顶层设计资源循环利用，全域特色文化旅游产业体系转变经济发展模式。第三，普及推广国家通用语言文字，提升语言能力，改变语言生态环境。总之，以保护生态环境为起点，基于大产业理念设计契合禀赋资源的全域特色旅游产业，以此为基础，构建传统产业现代化的立体产业体系支撑就地城镇化。同时，为推普国家通用语言文字，提升汉语言能力，增强内生力提供前提条件。以多元生计模式体系，拓展收入来源，优化生存成本。

第 9 章　启示与展望

9.1 启示

青海涉藏地区的城镇化，是从非农化和非牧化到农牧与城镇化契合的发展过程；不仅仅是通过新的居民点的建设，县改市，或者是镇改市，再给予原有的存在形式一个新的名称，所呈现的是赋予了时代内涵的城镇化的模式。这个过程和这个模式的体系化设计，内涵品质要求，生态利用和保护，在国家城镇化背景下以精准扶贫和乡村振兴战略将传统模式与时代元素契合，在追赶时代的历程中潜移默化地优化生存成本。

如果传统模式只是模仿发达地区或国外的发展模式，而不是在模仿中借鉴、创新、超越，仅与当地资源禀赋不契合带来的运输成本也会加大生存成本；如果在借鉴中的突破，难以突破以城镇化数量为衡量依据的绩效考察要求，则其短期行为必定与可持续性发展和群体依赖环境资源长期形成的生产模式、生活习惯及其生存成本发生冲突而加大社会成本。对个人而言，生存成本结构性差异一定程度上反映了生计模式的结构性差异，反映了生存的技能手段的差异及其转型的成本差异，影响就业能力、生存能力和贡献能力。只有契合本土资源的模式才能优化无论是政府还是社会、个人的系统化生存成本。城镇化中，尽管国家投入越来越大，但是建设中确实存在诸多问题。忽视长远预设，模仿中缺乏创新和超前意识；规划滞后，缺乏系统性，科学性；存在规模偏小、建设水平低、功能不健全等问题，缺乏完整的与环境质量配套的设施、未来理念、高新科技产业嵌入的理念；最核心的问题是缺乏文化符号，尤其缺乏具有差异化的文化符号，缺乏内涵价值。缺乏差异化的影响基于差异化资源设计现代元素，如"互联网+传承"的文化体系和传承的产业谋略。所以，依然是短期行为下的各自为政的模式，自然弱化文化品位社区建设及其集聚带动功能。从支撑城镇化产业的角度分析，则反映出产业集群意识不足，依然是传统的产业发展模式，产业升级仍然固守传统的层次，同构现象严重，区域缺少特色支撑产业，难以拔高内涵价值。从产业结构分析，则现代服务业发育不足。假如缺乏产业支撑，城镇化的可持续发展便是个问题。而且因此切断了转移人口原有的生计模式带来的生活来源，将加大生存成本，压缩生存空间。

城镇化不仅意味着人口的流动，而且更重要的是职业的转变，一种文明向另一种文明的递进，它将带来科技的进步、产业结构的改变、社会的发展，这涉及成本效益问题。传承和嵌入以及对接，需要在可依托本土资源支撑的产业及其衍生的生计模式中实现。由于生存成本的趋高或难以与城镇化契合，对未来的预期收益存在未知的风险，使人们感到不踏实。为此，可持续弥补生存成本的途径是亟待解决的问题。精准扶贫作为可持续性弥补生存成本的途径，给予了生存成本最大限度的弥补，奠定了借鉴中创新的基础。乡村振兴战略的实施，需要在借鉴和创新中提高生存的能力，借鉴也是途径之一。

借鉴之一，制度预设避免发达国家或发达地区曾经出现的问题。罗列国外城镇化发展阶段的规律及其表现出的问题，目的在于可预见涉藏地区经历的三个阶段，避免可预见的发展阶段的通病，实现创新、超越。从国外城镇化过程来看，每一个阶段都有对应的产业支撑延续城镇化的生命周期，以此解决生计模式转变后人们的生存成本及其优化问题。无论是第一阶段还是第三阶段，核心的条件是产业需要资源从乡村向城市汇集。换句话说，城市有就业岗位，有空间可以容纳归集的资源，这是个过程。在这个过程中，市场这只无形的手不断完善基础设施，政府也因市场所需规范补缺来完善保障政策。先有产业，后有归集。为此，城镇化本身是发展的必然，关键在于，未必以现有的城市元素建设未来的城镇化，也未必必须经历第二阶段。科技发展到今天，国家愿景的提出和"互联网+"理念的深入，可以在此背景下融入国家战略的转变，发展实现本土预设的城镇化。

借鉴之二，基于生存成本预设禀赋资源背景下的模式。假如缺乏产业支撑，不仅不能养活流入城市的人口，甚至会拖垮原有的城市功能。同样，我国发达地区城镇化也反映出这个共性。内地农业区最起码有乡镇企业托起的产业消化乡村生计模式转型的人口转移，以小工业化养育城镇化。为此，需要借鉴的是"第二、第三产业在具备特定地理条件的地域空间集聚，并在此基础上形成消费地域，同时，其他经济、生活用地也相应建立多种经济用地和生活用地集聚的过程就是城镇化过程"。这一论述隐含了支撑城镇化的产业，需要特定地理条件和自然禀赋与之匹配。

借鉴之三，转变固有的思维方式，差异化资源意识下打破行政区划分割制约的功能，实现区域资源共享，优化可持续发展的生存成本的系统化预设模式。打破非均衡的制约理念，以差异即为资源的理念发展层级城镇化模式。不均衡的经济社会发展现状和问题，资源短缺状况决定涉藏地区的城镇化模式。依托本土资源需要，依托本土差异资源化发展城镇化模式，为创设优化生存成本生计模式创造条件。国家富强、民族振兴、人民幸福，落实到微观层面，最基本的就是在适合的生计模式下保证家庭、个人生存成本的来源。当生存成本通过比较显示出趋高的状况时，要做的是使收入远高于生存成本，保证幸福感的认同。

借鉴之四，给现代科技发展预留加速区域产业升级，优化产业布局和产业结构调整的空间。

借鉴之五，基于生存成本的基本判断，以逆向思维的方式，突破国外城镇化发展的阶段，避免第二阶段中存在的问题重现。借鉴第三阶段的发展模式，直接跨越式设计花园式生态牧场生计模式，构建以此为核心的彼此为前提的多层级、多元化优化成本的生计模式体系。以此拓展农牧民的生存空间，提高其对国家投入以及现代化成果的受益度及幸福度，使该地区，甚至青海省成为差异资源化的经典生计模式典范，由此使基层社会政治、经济、文化等进入良性循环的法治治理轨道。并且因为跨越式模式的创新，势必造成逆向流动的资源，这将为文化融合提供新的模式。

借鉴之六，跨越式模式设计。国外城镇化发展到今天，逆发展模式的结果是在过程中付出代价。此时，我国的城镇化基本处于第二阶段，而涉藏地区则是处于起步阶段。不同国家、不同区域、不同的发展阶段，形成了发展阶段的阶梯式排列。涉藏地区的发展阶段排列在后，正因如此，才因启发而借鉴。通过国家力量的推动，结合区域特色，借鉴先发展地区的经验，选择契合的模式，避免发展阶段曾经出现的弊端而实现跨越式发展。

9.2 展望

青海省脆弱的生态环境、多民族聚居、多宗教并存，多文化、多生态、多资源等共生，成为青海显著的人文社会特点。随着城市化进程的不断加快，青海涉藏地区也将逐步进入现代化城市的行列。该地区传承千年的古老传统文化与现代化融合，在推进城镇化进程中，既在保留传统文化的基础上赋予新时代的内涵，又能享受现代化的便利，后续可做进一步探讨。

一是对所调查的青海涉藏地区居民在城镇化生计模式下生存成本的调查进行追踪，得出在城镇化不断推进的过程中，生存成本演绎脉络；扩大对青海涉藏地区居民的生存成本的调查样本，进一步横向对比，得出普遍适用的规律。

二是进一步研究城镇化、生计模式、生存成本与地理环境的关系，为因势利导提高地理环境对生存能力的贡献度提供依据。

三是对青海城乡居民生活满意程度进行测算和比较研究，系统地对城镇化生计模式生存成本与生活满意程度进行相关性分析，探究生存成本优化对涉藏地区城镇化居民整体福利的影响，以此进一步提高生存质量。

9.3 结束语

我国城镇化是国家发展到一定阶段的必然产物，是国家力量自觉打破城乡级差格局，将不同生计模式置于城镇化背景，使其趋于"四化同步"，以补齐短板而实现城乡居民享受同等文明，获得同等实惠为目的的重大举措。改革开放以来，我国走出了一条中国特色城镇化发展道路。从稳妥推进到加快进程、从以有形的硬件为标志的空间城镇化到以无形的软件为标志的"人的城镇化"，我国城镇化展示出对于由一种生计形态向另一种生计形态转型的关注点的转换。每一个关注点，演绎了城镇化发展的历程。从最初居住地搬迁的简单空间位移到人的教育、思想、观念位移，城镇化从不成熟到逐步成熟的历程，反映的不仅仅是生计模式外在形式的转变，更关键的是与之匹配的人的思维模式的内涵转变，这是质的飞跃。但区域发展不平衡在质的飞跃中愈发凸显。青海涉藏地区因其不平衡中的短板效应，成为城镇化的重要地区，城镇化为外力作用带动内力发挥作用补齐短板提供了契机。以城镇化支撑生计模式、生存成本，需要探究以禀赋资源为特色的产业化支撑的城镇化模式，增强生计模式的承载能力，优化生存成本。

青海省在国家城镇化大背景下，先后出台了《青海省城乡一体化规划（2010—2030）》《青海省新型城镇化规划（2014—2020年）》《青海省城镇体系规划（2014—2030）》等，从2014年开始，涉藏地区与全省其他地区一起，落实"全面推进以人为本的新型城镇化建设"。预计到2030年，全省城镇化水平达到68%，城镇体系空间格局基本完善。这对该地区而言，是破解城乡隔离，实现同步发展的制度设计。这既是促使农牧区城镇化的动态过程，又是促使农牧民赖以生存的传统生计模式升级换代，或随之匹配城镇化条件，或满足城镇化要求的转型过程；以城镇化为契机，既促使农牧区现代智能化，也促使个体生存方式现代智能化，实际意义是改善个体生活条件，提高生活质量。

众所周知，城镇化程度越高，意味着现代智能的生计模式替代原有生计模式越广泛、越深刻。随着生计模式的改变，不容回避的是生存成本增加的问题。生存的过程就是消费的过程，获得收入是为了足够地弥补生存所耗支出归集的成本。随着生存成本的增加，生计模式获得收入超过生存成本的距离越大，城镇化功能及其承载生计模式的能力就越强。生存成本是生计模式的经济基础，是城镇化的基础经济问题。从成本会计理论的角度分析，生存成本现代智能化结构的转型，意味着与其匹配的衣、食、住、行支出也因此具有城镇化特征，城镇化前后生存成本变化从量化指标上见证了这一过程。目前，生存成本市民化、市场化和社区化的元素，城镇化生存成本结构差异，反映了生活方式追求的现代智能化特征。确切地说，生存成本项目更多地融入了现代化的元素，融入了科技的元素，与禀赋资源结合形成了自身的特色。如果现代智能化生存成本支出及其收入来源匹配性的弥补途径，具有制度全方位和系统化的安排，以解决后续就业、教育、社保、医疗等问题，弥补城镇化前后生存成本的缺口，则城镇化的成本效益原则自然会得到更加充分的显现。当缺乏配套的可持续制度体系保证收入弥补城镇化前后生存成本的缺口，将面临制度认可风险，甚至是社会治理的风险。因为农牧民最担忧的是城镇化使其改变生计模式后，将失去原有的最基本的保障，以及对保障的主动权，人们往往通过对未来生存成本及其弥补可能性的预期，判断未知的生存风险，以此决定对制度的认可程度。为此，承载生存成本的生计模式制度设计，承载生计模式的产业化的制度设计，承载产业化的与禀赋资源契合的城镇化模式的制度设计，尤为关键。

在以往的生计模式下，农牧民习惯于原有的依靠自然、自给自足的低成本生存传承方式。当转化为现代智能化的生计模式，必然会改变生存状态和提升品质，可预期的生存成本支出加大的趋势是不可避免的，生存成本随着生存质量的提高而不断增加和调整生存成本项目结构。由此可见，城镇承载功能和能力的局限、生计模式现代智能化转型、生存成本项目结构性调整、固化的传统产业模式、禀赋资源与政策设计预期目标实现的多重矛盾和困境，需要探讨依托禀赋资源的产业支撑的城镇化生计模式来化解和摆脱。

青海省部署"四个转变"，正是根据短板理论，依托禀赋资源，明确化解矛盾、摆脱困境的特色城镇化模式。这一模式对涉藏地区而言，意味着将自然环境、人文特色资源化，以人为本的宜居宜业的生计模式融入了国家战略。长期以来，农牧民赖以生存的是一个"单一种植、养殖、生态看护"的传统生计模式。相较于缺乏资源依托的工业化模式，从另一个视角审视，依托迥异的自然资源，衍生的人文资源，多种形态的生命价值观资源，种植、养殖和生态看护生存模式城镇化升级转型，不失为外力作用下内力作用增强的表现，是优化系统性生存成本，实现社会和谐、人民幸福的途径。

参考文献

一、专著

[1] 大卫·李嘉图. 李嘉图著作和通信集 [M]. 北京：商务印书馆，1962.
[2] Northam R. M. Urban Geography [M]. New York：Wiley，1975.
[3] 马克思，恩格斯. 马克思恩格斯全集 [M]. 北京：人民出版社，1979.
[4] Sen A. Famines and Poverty [M]. London：Oxford University Press，1981
[5] 约翰·冯·杜能. 孤立国同农业和国民经济的关系 [M]. 吴衡康，译. 北京：商务印书馆，1986.
[6] R. 科斯. 社会成本问题、财产权利与制度变迁 [M]. 上海：上海三联书店，1994.
[7] 穆勒. 理论环境经济学 [M]. 上海：上海三联书店，1992.
[8] 世界银行. 1997年世界发展指标 [M]. 北京：中国财政经济出版社，1997.
[9] Carney D. Implementing a Sustainable Livelihood Approach [M]. London：Deparment for International Development，1998.
[10] DFID. Sustainable Livelihoods Guidance Sheets [M]. London：Department for International Development，2000.
[11] Ellis F. Rural Livelihoods and Diversity in Developing Countries [M]. New York：Oxford University Press，2000.
[12] 赫尔曼·E. 戴利. 超越增长 [M]. 上海：上海译文出版社，2001.
[13] A. 迈里克·弗里曼. 环境与资源价值评估 [M]. 北京：中国人民大学出版社，2002.
[14] 藤田昌久，保罗·克鲁格曼，维纳布尔斯. 空间经济学、城市、区域与国际贸易 [M]. 北京：中国人民大学出版社，2005.
[15] Peter Laurence J. The Peter Principle：Why Things Always Go Wrong [M]. Curve，2009.
[16] 奈杰尔·拉波特，乔安娜·奥弗林. 社会文化人类学的关键概念 [M] 鲍雯妍，张亚辉，译. 北京：华夏出版社，2009.
[17] 亚当·斯密. 国民财富的性质和原因的研究 [M]. 郭大力，王亚南，译. 北京：商务印书馆，2013.
[18] 大卫·李嘉图. 政治经济学及赋税原理 [M]. 北京：商务印书馆，2013.
[19] 亚当·斯密，凯恩斯，熊彼特. 国富论 [M]. 上海：立信会计出版社，2017.
[20] 辜胜阻. 非农化与城镇化研究 [M]. 杭州：浙江人民出版社，1991.

［21］崔功豪，王本炎，查彦玉．城市地理学［M］．南京：江苏教育出版社，1992.

［22］周一星．城市地理学［M］．北京：商务印书馆，1995.

［23］钟鸣，王逸．两极鸿沟？——当代中国的贫富阶层［M］．北京：中国经济出版社，1999.

［24］陈佐忠，汪诗平，等．中国典型草原生态系统［M］．北京：科学出版社，2000.

［25］费孝通．江村经济——中国农民的生活［M］．北京：商务印书馆，2001.

［26］马生林，刘景华．青海湖区生态环境研究［M］．西宁：青海人民出版社，2003.

［27］郑度．青藏高原形成环境与发展［M］．石家庄：河北科学技术出版社，2003.

［28］张忠孝．青海地理［M］．西宁：青海人民出版社，2004.

［29］费孝通．费孝通在2003——世纪学人遗稿［M］．北京：中国社会科学出版社，2005.

［30］张磊．中国扶贫开发历程［M］．北京：中国财政经济出版社，2007.

［31］郑长德．中国西部民族地区的经济发展［M］．北京：科学出版社，2009.

［32］中国科学院地理科学与资源研究所，青海省旅游局．2009—2005青海省三江源地区生态旅游发展规划［M］．北京：中国旅游出版社，2009.

［33］陈新锋．生存成本的经济学分析［M］．北京：光明日报出版社，2010.

［34］高连奎．中国大形势［M］．北京：电子工业出版社，2011.

［35］胡鞍钢．国情报告［M］．北京：社会科学文献出版社，2012

［36］游俊，冷志明，丁建军．中国连片特困区发展报告（2013）：武陵山片区多维减贫与自我发展能力构建［M］．北京：社会科学文献出版社，2013.

［37］段进军，等．中国城镇研究报告——城镇化转型与健康城镇化道路［M］．苏州：苏州大学出版社，2013.

［38］沈燕萍，等．藏区国家基层政权建设及成本实证报告——以青海藏区为例［M］．北京：经济日报出版社，2014.

［39］张丽君．中国民族地区新型城镇化机制与路径研究［M］．北京：中国经济出版社，2015.

［40］张占斌．城镇化蓝皮书：中国新型城镇化健康发展报告（2016）［M］．北京：社会科学文献出版社，2016.

［41］岳利萍，任保平，郭晗．西部蓝皮书：中国西部发展报告（2018）——新时代西部高质量发展［M］．北京：社会科学文献出版社，2018.

二、期刊

［1］Liews，W. A. Economic development with unlimited supplies of labor［J］. The Manchester School of Economic and Social Studies，1954（22）：139-191.

［2］Eric E. Lampard. The History of Cities in the Economically Advanced Areas［J］. Economic Development and Cultural Change，1955（2）：81-136.

［3］Hardin，G. The Tragedy of the Commons［J］. Science，1968（162）：1243-1248.

[4] Jiggins J. How poor women earn income in sub-Saharan Africa and what works against them [J]. World Development, 1989 (7): 953-963.

[5] Mullins P. Tourism Urbanization [J]. International Journal of Urban and Regional Research, 1991 (3): 326-342.

[6] Freeman. War of Medoles: Which labor market instituions for the 21st century? [J]. Labour Economics, 1998, 5 (1): 1-24.

[7] Baar H. von Liebig's law of the minimum and plankton ecology (1899—1991) [J]. Progress in Oceanography, 1994 (4): 347-386.

[8] Bebbington. A. Capitals and Capailities: A Framework for Analyzing Peasant Viabilaty, Rural Livelihoods and Poverty [J]. World Development, 1999 (12): 2021-2044.

[9] 纳列什·辛格, 乔纳森·吉尔曼. 让生计可持续 [J]. 国际社会科学杂志, 2000 (4): 123-124.

[10] Cervero R., Duncan M. Land value impact of rail transit services in Los Angeles County [J]. National Association of Realtors Urban Land Institute, 2004: 16-29.

[11] Bruce Glavovic, Saskia Boonzaier. Confronting coastal livelihoods in South Africa [J]. Ocean & Coastal Management, 2007, 50 (1/2): 1-23.

[12] Harald Kaechele, Sunil Nautiyal. From Thaer and Thünen until Today: Past and Future of Agricultural Landscape Use in Germany [J]. Natural Resources, 2010 (1): 57-68.

[13] Marjolein C. J. Caniëls, Herman van den Bosch. The Role of Higher Education Institutions in Building Regional Innovation Systems [J]. Papers in Regional Science, 2011 (2): 271-286.

[14] Anonymous. California's Cost of Living [J]. Quality Progress, 2014 (12): 29-33.

[15] Michael C. Sturman, Andrey D. Ukhov, Sanghee Park. The Effect of Cost of Living on Employee Wages in the Hospitality Industry [J]. Cornell Hospitality Quarterly, 2017 (2): 179-189.

[16] 约翰·弗里德曼, 刘合林. 中国城市化研究中的四大论点 [J]. 城市与区域规划研究, 2017 (9): 26-38.

[17] Jonathan A. Cook, Fred Gale. Using food prices and consumption to examine Chinese cost of living [J]. Pacific Economic Review, 2019 (1): 6-19.

[18] Lubei Zhang, Linda T. H. Tsung. Tibetan bilingual education in Qinghai: government policy vs family language practice [J]. International Journal of Bilingual Education and Bilingualism, 2019 (3): 3-13.

[19] 童星, 林闽钢. 我国农村贫困标准线研究 [J]. 中国社会科学, 1994 (3): 86-98.

[20] 范剑平, 向书坚. 我国城乡人口二元社会结构对居民人均消费率的影响 [J]. 管理世界, 1999 (5): 35, 38, 63.

[21] 蔡昉, 都阳. 加快城市化进程启动城乡消费 [J]. 会计之友, 1999 (12): 12-13.

[22] 蓝勇.中国西部大开发的历史回顾及思考[J].廉政瞭望，2000（5）：17-18.

[23] 郭克莎.工业化与城市化关系的经济学分析[J].中国社会科学，2002（2）.

[24] 胡鞍钢.城市化是今后中国经济发展的主要推动力[J].湖南社会科学，2003（6）：78-84.

[25] 罗康隆.论民族生计方式与生存环境的关系[J].中央民族大学学报，2004（5）：44-51.

[26] 鲍文，张志良.青藏高原开发、保护与特色经济发展[J].世界科技研究与发展，2004（6）：53-54.

[27] 陈新锋.从生存成本看对失地农民的补偿标准[J].中国土地，2005（5）：26-27.

[28] 陈新锋.自然环境与个人生存成本[J].生态经济，2005（6）：46-49.

[29] 刘志勇.城镇化引领中国经济增长的趋势分析[J].北京劳动保障职业学院学报，2007（4）：40-41.

[30] 周建新，张勇华.新农村建设背景下乡村生计模式转型探析——以客家古村三僚文化生态旅游为例[J].广西民族大学学报（哲学社会科学版），2008（6）：68.

[31] 刘永思.准确把握新标准新要求　推进新阶段扶贫和移民工作科学发展[J].老区建设，2009（13）：11.

[32] 蔡昉.谨防"梅佐乔诺陷阱"[J].中国改革，2010（Z1）：110-111.

[33] 蒋焕洲.贵州少数民族地区农村人口城镇化的制约因素及发展路径[J].安徽农业科学，2010（9）.

[34] 罗承松.苦聪人生计模式的变迁及其适应——以镇沅县恩乐镇易地搬迁的苦聪人为例[J].经济研究导刊，2010（33）：117-118，150.

[35] 叶飞霞，李波."民工荒"：生存成本变迁的阐释[J].浙江经济，2011（1）：34-35.

[36] 曲丹婷，蔡果兰.坐标四分法下民族地区城市化与工业化的协调度分析——以农村居民人均纯收入4500元以上民族城市为例[J].中央民族大学学报（自然科学版），2011（3）：77-80.

[37] 阳宁东.四川藏区农牧民参与旅游发展的可持续性研究[J].西藏大学学报（社会科学版），2011（4）：50-55.

[38] 岳小国.藏族社会生计模式与家庭经济状况调查研究——以西藏贡觉县三岩区为例[J].西藏民族学院学报，2011（5）：65-70.

[39] 邵侃，田红.藏族传统生计与黄河源区生态安全——基于青海省玛多县的考察[J].民族研究，2011（5）：40-48，109.

[40] 阳宁东.四川藏区农牧民参与旅游发展的可持续性研究[J].西藏大学学报（社会科学版），2011（4）：53.

[41] 汪丹.白马藏族生计变迁的自主性研究[J].西藏民族学院学报（哲学社会科学版），2012（3）：65-70.

[42] 段学慧，侯为波.不能照搬"诺瑟姆曲线"来研究中国的城镇化问题[J].河北经贸

大学学报,2012(4):22.

[43] 魏乐平.云南藏区乡村多元生计变迁的经济学人类学分析——以云南德钦县茨中村为例[J].经济问题探索,2012(4):32-35.

[44] 覃志敏,陆汉文.藏区牧民生计分化与能力贫困的治理——以川西措玛村为例[J].西北人口,2012(6):107-110,115.

[45] 王艳,朱翔.价格变动对中国居民生活和产业影响的传导路径分析[J].统计与决策,2012(23):120-125.

[46] 钟海燕.城镇化、工业化与民族地区经济发展方式转变[J].广西民族研究,2013(2):134-141.

[47] 苏海红,德青措.依托园区构建青海特色城镇化发展研究[J].青海社会科学,2013(4):73-78.

[48] 陈斌开,林毅夫.发展战略、城市化与中国城乡收入差距[J].中国社会科学,2013(4):81-102,206.

[49] 王平.民族地区新型城镇化的路径与模式探究——以甘肃临夏回族自治州临夏市为个案[J].民族研究,2014(1):50-59,124.

[50] 雷潇雨,龚六堂.城镇化对于居民人均消费率的影响:理论模型与实证分析[J].经济研究,2014(6):44-57.

[51] 周斌.青海藏区城镇定居牧民生计模式适应性调查研究[J].柴达木开发研究,2014(3):33-36.

[52] 李小敏,涂建军,付正义,等.我国农民工市民化成本的地域差异[J].经济地理,2016(4):133-140.

[53] 李劼.生计方式与生活方式之辨[J].中央民族大学学报(哲学社会科学版),2016(1):45-47,49.

[54] 朱夫静,李芬.黄河源头不同安置方式生态移民的生计适应性研究——以玉树藏族自治州曲麻莱县为例[J].农村经济与科技,2016(9):36-39.

[55] 陈明雄,余剑平,毕普云.新常态下海南省城镇居民生存成本研究[J].新东方,2016(6):44-47.

[56] 谢剑锋,贾凯威.我国城乡居民生活成本实证研究——基于SYS-GMM方法的PVAR估计[J].辽宁工程技术大学学报(社会科学版),2017(6):610-616.

[57] 桑晚晴,柴剑峰.川甘青毗邻藏区农牧民生计困境调研——基于川甘青三省八县的调查实证[J].资源开发与市场,2018(2):211-217.

[58] 马子量.藏区城市少数民族流动人口流入生计研究——基于甘南藏族自治州合作市的调查[J].云南民族大学学报(哲学社会科学版),2018(2):116-122.

[59] 许文静,方齐云.城乡收入差距、市场化与城镇化[J].经济问题探索,2018(5):100-109.

[60] 宋冬林,姚常成.改革开放四十年:中国城镇化与城市群的道路选择[J].辽宁大学

学报（哲学社会科学版），2018（5）：45-52.

［61］沈燕萍，程嘉祥.基于生存成本理念青藏地区城镇化模式思考［J］.江苏商论，2018（8）：95-98.

［62］邹迪.新经济地理学下青海省承接产业转移的动力机制研究［J］.青海社会科学，2018（6）：91-92.

［63］赵莎莎，张东辉，张伟.新型城镇化、民生财政支出与城乡收入差距基于经济增长门槛模型的实证分析［J］.华东经济管理，2018（12）：78-85.

［64］罡拉卓玛.共建共治共享理念下的青海藏区社会治理研究［J］.青海师范大学民族师范学院学报，2019（2）：6-8.

［65］姚斌.最低生存成本在经济发展初期的阻碍作用——针对新古典主义经济增长模型在低收入国家中适用性的调整［J］.辽宁大学学报（哲学社会科学版），2019，47（2）：53-66.

［66］郝志景.新中国70年的扶贫工作：历史演变、基本特征和前景展望［J］.毛泽东邓小平理论研究，2019（5）：50-57.

［67］任伟，陈立文.城镇化、城乡收入差距与房价波动研究［J］.价格月刊，2019（6）：14-21.

［68］李瑞华.精准扶贫背景下民族贫困地区国家通用语言的教育价值探析——基于对青海省贫困藏区语言使用情况的调查［J］.民族教育研究，2019（6）：58-63.

［69］廖望.建国70年我国居民消费价格变迁研究［J］.价格月刊，2019（6）：90-95.

［70］王林梅，段龙龙.川甘青结合部藏区经济发展协调度评估及优化策略研究（英文）［J］.中国藏学，2019（33）79-94.

［71］和捷.浅析藏区汉语播音主持工作的问题及对策［J］.西部广播电视，2019（11）：138-139.

［72］王备，钱学锋.贸易自由化、生活成本与中国城市居民家庭消费福利［J］.世界经济，2020（3）：69-92.

［73］李金津.云南传统藏区生计方式变迁研究［J］.理论观察，2020（4）：85-88.

［74］李月，刘义兵.推普扶贫视域下少数民族成人国家通用语言教育培训的困境与突围［J］.中国成人教育，2020（7）：92-96.

［75］彭华，刘仙，卢宗源.四川藏区农旅融合发展模式及对策研究［J］.经济研究导刊，2020（14）：119-120，137.

三、论文

［1］陈文雅.香格里拉上桥头村藏式木碗制作及其对村落的影响研究［D］.昆明：云南大学，2014.

［2］交巴草.迭部藏族女性服饰研究［D］.北京：中央民族大学，2015.

［3］旦增成林.藏族牧民生活方式变迁及其影响因素研究［D］.成都：西北民族大学，

2016.

[4] 罗永萍.甘肃涉藏地区农村生态移民家庭移民前后生计变迁研究——以天祝藏族自治县为例[D].兰州：兰州大学，2017.

[5] 曾仁利.西藏中部农村生产与生活的生态文化研究——以西藏自治区扎囊县扎西林村为例[D].成都：西南民族大学，2018.

[6] 闫毅龙.藏族高中生汉语学习困难及解决策略研究[D].成都：西北师范大学，2018.

四、报纸

[1] 吴晓颖，江毅.四川实施农牧民安居工程重实效[N].经济日报.2010-07-28.

[2] 高连奎.构建"低生存成本型社会"[N].上海证券报，2012-12-05（F12）.

[3] 高连奎.幸福方程式[N].企业家日报，2013-08-19（002）.

[4] 高连奎.低生存成本社会的另一种实现方法[N].企业家日报，2014-03-31（002）.

[5] 解丽娜.青海省全面推进以人为本的新型城镇化建设[N].青海日报，2014-06-08.

[6] 金磊.城镇化发展应坚守"文化传承"的要义[N].中国经济时报，2014-01-16.

[7] 金碚.准确把握现代产业体系的开放性[N].中国日报，2018-07-19（14）.

[8] 次仁央宗.推进语言文字发展服务涉藏地区社会经济建设[N].语言文字报，2019（02）：1-2.

五、网站

[1] 中国网.青海省概况[EB/OL].[2009-12-09][2018-12-10].http：//www.china.com.cn/aboutchina/zhuanti/09dfgl/2009-12/09/content_19033522.htm.

[2] 中国国际扶贫中心课题组.世界各国贫困标准研究[R].中国国际扶贫中心研究报告.2010（1）：4-5.https：//www.docin.com/p-1158154967.html.

[3] 腾讯网.新闻背景：青海省玉树藏族自治州[EB/OL].[2010-04-14][2019-04-13].https：//news.qq.com/a/20100414/001264.htm.

[4] CNTV.军事纪实——中国藏之南.2011.09.16.新浪网—新闻中心.瞭望：中央启动最大规模对口援疆明年资金可能超百亿[EB/OL].[2010-05-04][2019-03-19].http：//news.sina.com.cn/c/sd/2010-05-04/111620201984.shtml.

[5] CNTV.军事纪实——中国藏之南—第五集.2011.09.16.http：//jishi.cntv.cn/zhongguoznagzhinan/classpage/video/20110912/100768.shtml.

[6] 中国经济导报.城乡一体化是消除二元结构不是消灭农村[EB/OL].[2013-01-31][2019-04-16].http：//www.ceh.com.cn/llpd/2013/01/169250.shtml.

[7] 中国经济网.2013年《城乡一体化蓝皮书》发布：城市化不是越快越好[EB/OL].[2013-12-13][2019-03-15].http：//district.ce.cn/zg/201312/13/t20131213_1916400.shtml.

［8］中华人民共和国中央人民政府国务院公报（2014年第9号）.国家新型城镇化规划（2014-02-20）［EB/OL］.［2019-03-05］.http：//www.gov.cn/gongbao/content/2014/content_2644805.htm.

［9］北晚新视觉.中国真实城镇化率已超60%"胡焕庸线"该如何破解？［EB/OL］.［2014-12-10］［2019-5-13］.https：//www.takefoto.cn/viewnews-249422.html.

［10］国土部网.社科院发布蓝皮书称中国真实城镇化率仅2.2%［EB/OL］.［2013-08-05］［2019-05-13］.http：//news.163.com/13/0805/10/95GNQ9RA00014JB5.html.

［11］人民网—青海频道.李富生：中国乡村游创客示范基地互助小庄村榜上有名［EB/OL］.［2015-08-23］［2018-10-15］.http：//qh.people.com.cn/n/2015/0823/c182765-26086670.html.

［12］中国经济网.李克强：到2020年常住人口城镇化率达到60%［EB/OL］.［2016-03-05］［2019-03-17］.http：//www.ce.cn/xwzx/gnsz/szyw/201603/05/t20160305_9297708.shtml.

［13］国务院印发《国家八七计划扶贫攻坚计划（1994—2000年）》［EB/OL］.http：//www.cpad.gov.cn/art/2016/7/14/art_343_141.html.

［14］国务院印发《中国农村扶贫开发纲要（2011—2020年）》［EB/OL］.http：//www.gov.cn/gongbao/content/2011/content_2020905.htm.

［15］国务院印发《中国农村扶贫开发纲要（2001—2010年）》［EB/OL］.http：//www.gov.cn/zhengce/content/2016-09/23/content_5111138.htm.

［16］洁洁赢.《国家新型城镇化综合试点总体实施方案》三批城镇化试点地区公布（名单）［EB/OL］.http：//www.360doc.com/content/16/1207/16/5896561_612753584.shtml，2016-12-07.

［17］人民网.我国城镇化率已达56.1% 城镇常住人口达7.7亿［EB/OL］.人民日报，2016-02-01.https：//www.takefoto.cn/viewnews-249422.html.

［18］人民网—青海频道.薛军：青海省委十二届十三次全体会议召开［EB/OL］.［2016-12-30］.［2019-1-15］.http：//qh.people.com.cn/n2/2016/1230/c182775-29535532.html.

［19］宋洪远.改革开放以来我国农村扶贫政策的历史演变和扶贫实践.http：//www.71.cn/2018/1023/1021706.shtml.

［20］人民网—财经频道.统计局：2016年GDP增6.7%"十三五"国民经济开局良好.［2017-01-20］［2019-04-07］.http：//finance.people.com.cn/n1/2017/0120/c1004-29038589.html.

［21］国家统计局.扶贫开发成就举世瞩目 脱贫攻坚取得决定性进展——改革开放40年经济社会发展成就系列报告之五［EB/OL］.2018-09-03.http：//www.stats.gov.cn/ztjc/ztfx/ggkf40n/201809/t20180903_1620407.html.

［22］青海经济信息网.三江源生态环境保护监督机制和相关立法问题研究报告［EB/OL］.［2008-07-14］［2019-05-11］.http：//www.qhei.gov.cn/xbkf/kflt/t20080714_277140.shtml.

后 记

曾经我对这片土地的认知源于天气预报，这与自己生活环境有巨大的反差。每每好奇那些与寒冷天气关联的地名。在老家正是硕果累累的季节，人们还在忙碌着收获，这些地方已经开始漫天大雪。"大雪封山"这个词所描写的情景，不是我当时那个年龄所能了解和想象的，脑海中出现的便是动画片《草原英雄小姐妹》里的情节。就知道那里和牛羊有关，那里和人高马大有关，那里和雪山草原有关。那里，透出阅读的神秘，想象中遥远的神奇，摇曳在高原山顶风低吟的色彩里……

后来有了电视，黑白的到彩色的，天气预报中渐渐地少了飘着雪花的天气。那里春风送暖，万物复苏，这片土地热闹了起来。

我曾在夏天的大雪的黎明，感受着草原特有的风韵。围坐在牛粪燃烧的阵阵热浪的帐篷里，在酥油茶的香气里，听着经筒转出的厚重的年轮。每每的好奇成就了一次次的感知，认知便也有了分量，改革开放、西部大开发、城镇化、精准扶贫，这片土地在润物细无声中，潜移默化地日新月异。

不知不觉，好多年过去了，每年的春天孕育了夏天的成长。不仅仅是自己，还有团队，在感知这片土地百花齐放的岁月里静静地成长。为此，由衷地感谢那些默默地陪伴和成就了我成长的亲人、朋友。感谢那些自愿参与调研、一起成长的师生朋友，郭福山、阿太、仁增、吴晓玫、张红云、刘昆莺、王占荣、王丹、赵思思、邢通余、周欢欢、宿恒桥、李丽鹏、褚青海、昂秀多杰、格措佳、拉巴扎西、刘超、杜亚楠、薛瑞祥、郝先玲、多杰措、旦正、娘结合加、朋措、青措、义西、张学士、卢玉玲、陈培育、朱洁，等等。让人感动的是程嘉祥和杨涛涛同学，每每想起他们朴实的作风，积极参与、虚心学习的态度，有太多的感动。在一次次的调研中，大家收获了这片土地上多彩文化的感知和认知。对那些参与翻译本书的朋友们，由衷地说声"谢谢"，是你们让调研能够沉到农牧村落，社区家庭，帐篷牧场中。

最后，感谢学校给予的平台，感谢各职能部门给予的支持。